高校转型发展系列教材

保险理论与实务

郝 乐 主编 / 石丽云 副主编

清华大学出版社
北京

内 容 简 介

本书充分考虑高等学校学生的专业基础和学习特点，按照"理论以简明为度，应用以务实为重"的原则，以风险理论、保险基本理论、保险业务经营为主线，详细讲解主要保险险种的相关知识，内容翔实、全面。

全书由两篇组成。第一篇为保险理论，介绍保险基础理论和基本知识，包括风险与风险管理、保险概述、保险合同、保险的基本原则；第二篇为保险实务，介绍保险业务种类，包括财产损失保险、责任保险、信用保证保险、人身保险、再保险。每章后附练习题，供学生课后巩固所学知识。

本书理论联系实际，紧跟时代步伐，除详细介绍保险理论与保险实务知识，还分析了中国保险市场的变化及其发展趋势。本书有理论、有实务，有法规、有案例，适合高校和业界不同层次的保险学课程教学与培训使用。

本书配套教师教学课件及练习题答案，读者可扫描封底二维码获取。

本书封面贴有清华大学出版社防伪标签，无标签者不得销售。
版权所有，侵权必究。举报：010-62782989，beiqinquan@tup.tsinghua.edu.cn。

图书在版编目(CIP)数据

保险理论与实务 / 郝乐主编. —北京：清华大学出版社，2023.9
高校转型发展系列教材
ISBN 978-7-302-64657-0

Ⅰ.①保… Ⅱ.①郝… Ⅲ.①保险学—高等学校—教材 Ⅳ.① F840

中国国家版本馆 CIP 数据核字 (2023) 第 173977 号

责任编辑：施　猛　王　欢
封面设计：常雪影
版式设计：孔祥峰
责任校对：马遥遥
责任印制：丛怀宇

出版发行：清华大学出版社
　　　　　网　　址：http://www.tup.com.cn，http://www.wqbook.com
　　　　　地　　址：北京清华大学学研大厦A座　　　邮　编：100084
　　　　　社 总 机：010-83470000　　　　　　　　　邮　购：010-62786544
　　　　　投稿与读者服务：010-62776969，c-service@tup.tsinghua.edu.cn
　　　　　质 量 反 馈：010-62772015，zhiliang@tup.tsinghua.edu.cn
印 装 者：天津鑫丰华印务有限公司
经　　销：全国新华书店
开　　本：185mm×260mm　　　印　张：14.5　　　字　数：318千字
版　　次：2023年9月第1版　　　印　次：2023年9月第1次印刷
定　　价：49.00元

产品编号：088327-01

前　言

保险是分散风险、消化损失的一种经济补偿制度。自1979年我国恢复保险业以来，随着人口老龄化时代的到来和各种风险的频发，人们规避风险的意识越来越强，保险业风生水起。如今，保险业在国民经济中发挥着越来越重要的作用，已成为与银行业、证券业并存且互补的三大金融产业之一。中国作为经济发展转型国家，保险业是国民经济中发展最快的领域之一。

习近平总书记在中国共产党第二十次全国代表大会上的报告中提出："健全社会保障体系。社会保障体系是人民生活的安全网和社会运行的稳定器。健全覆盖全民、统筹城乡、公平统一、安全规范、可持续的多层次社会保障体系。完善基本养老保险全国统筹制度，发展多层次、多支柱养老保险体系。实施渐进式延迟法定退休年龄。扩大社会保险覆盖面，健全基本养老、基本医疗保险筹资和待遇调整机制，推动基本医疗保险、失业保险、工伤保险省级统筹。促进多层次医疗保障有序衔接，完善大病保险和医疗救助制度，落实异地就医结算，建立长期护理保险制度，积极发展商业医疗保险。"

保险学的产生与发展是一个不断变化、不断完善的过程，从保险法学到保险数学，从综合保险学到微观保险学，保险学科逐渐相对独立。虽然我国保险业发展速度较快，但毕竟起步较晚，在保险学领域还有很多有待研究的问题。保险理论与实务是一门研究保险基本原理及保险险种的课程，它包含金融学、法学、医学、数学、经济学等多个学科领域的知识。教材是教师开展教学的主要资料，也是学生学习的主要依据。一部理论严谨、脉络清晰、通俗易懂、理论联系实际的保险学教材对教师教授保险学和学生学习保险知识具有重要的意义。

本书内容紧跟保险业的发展实际，通过提供最新的保险产品信息，使学生直观了解保险产品，激发学生的学习兴趣；通过介绍保险公司产品条款等相关内容，使学生了解保险实务，熟悉保险公司的业务流程，从而为将来从事保险一线工作打下坚实的根基。

本书由郝乐(沈阳大学)担任主编，石丽云(沈阳体育学院)担任副主编。编写分工如下：第一章至第六章由郝乐编写；第七章至第九章由石丽云编写。全书由郝乐、石丽云统稿。

编者在借鉴国内外众多保险类经典教材内容的基础上，结合教学经历和研究成果编写了本书。为方便学生预习和总结，本书在各章首明确了学习目标；为方便学生理论联系实际，提高独立思考能力，本书在各章尾给出了练习题。本书内容虽然经过精心设计，但限于编者水平，书中难免存在不妥之处，敬请广大读者和同行提出宝贵的建议，以便本书不断完善。反馈邮箱：wkservice@vip.163.com。

编者
2023年3月

目 录

第一篇 保险理论

第一章 风险与风险管理 …………… 002
第一节 风险 …………………… 002
一、风险的含义 ………………… 002
二、风险的特征 ………………… 002
三、风险的要素 ………………… 004
四、风险的分类 ………………… 006
第二节 风险管理 ……………… 009
一、风险管理的含义 …………… 009
二、风险管理的目标 …………… 009
三、风险管理的程序 …………… 010
第三节 风险管理与保险 ……… 015
一、风险管理与保险的联系 …… 015
二、风险管理与保险的区别 …… 016
三、可保风险 …………………… 016
练一练 …………………………… 017

第二章 保险概述 ………………… 019
第一节 保险的起源与发展 …… 019
一、古代保险思想的起源 ……… 019
二、现代保险制度的产生 ……… 019
三、我国保险业的创立与发展 … 023
第二节 保险基本知识 ………… 024
一、保险的含义 ………………… 024
二、保险的要素 ………………… 026
三、保险的特征 ………………… 028
四、保险与类似活动的比较 …… 029
第三节 保险的职能与作用 …… 030
一、保险的职能 ………………… 030
二、保险的作用 ………………… 032
第四节 保险的分类 …………… 035
一、按保险经营分类 …………… 036
二、按保险技术分类 …………… 037
三、按保险标的分类 …………… 040
练一练 …………………………… 041

第三章 保险合同 ………………… 043
第一节 保险合同概述 ………… 043
一、保险合同的含义 …………… 043
二、保险合同的一般法律特征 … 043
三、保险合同的个性特征 ……… 044
第二节 保险合同的要素 ……… 046
一、保险合同的主体 …………… 046
二、保险合同的客体 …………… 051
三、保险合同的内容 …………… 052
第三节 保险合同的订立与
履行 …………………… 056
一、保险合同的订立 …………… 056
二、保险合同的履行 …………… 058

第四节 保险合同的变更 ………… 061
　一、保险合同主体的变更 ………… 061
　二、保险合同内容的变更 ………… 063
　三、保险合同效力的变更 ………… 063
第五节 保险合同的争议处理 ………… 065
　一、保险合同争议的解释原则 ……… 065
　二、保险合同争议的处理方式 ……… 068
练一练 ……………………………… 069

第四章 保险的基本原则 ………… 073
第一节 保险利益原则 ……………… 073
　一、保险利益及其成立要件 ………… 073
　二、保险利益原则存在的意义 ……… 074
　三、保险利益原则的应用 …………… 075
第二节 最大诚信原则 ……………… 078
　一、最大诚信原则及其存在的原因 … 078
　二、最大诚信原则的基本内容 ……… 079
　三、违反最大诚信原则的表现及法律后果 …………………………… 083
第三节 近因原则 …………………… 084
　一、近因及近因原则 ………………… 084
　二、近因的判定 ……………………… 085
第四节 损失补偿原则 ……………… 088
　一、损失补偿原则及其存在的意义 … 088
　二、损失补偿原则的基本内容 ……… 089
　三、损失补偿原则的例外 …………… 090
第五节 损失补偿原则的派生原则 …… 091
　一、代位追偿原则 …………………… 091
　二、重复保险分摊原则 ……………… 095
练一练 ……………………………… 098

第二篇 保险实务

第五章 财产损失保险 ……………… 104
第一节 财产损失保险概述 ………… 104
　一、财产损失保险的概念 …………… 104

　二、财产损失保险的特点 …………… 104
　三、财产损失保险的运行 …………… 105
　四、财产损失保险的业务体系 ……… 106
第二节 火灾保险 …………………… 107
　一、火灾保险概述 …………………… 107
　二、企业财产保险 …………………… 108
　三、家庭财产保险 …………………… 110
第三节 运输保险 …………………… 113
　一、运输保险概述 …………………… 113
　二、货物运输保险 …………………… 113
　三、运输工具保险 …………………… 116
第四节 工程保险 …………………… 120
　一、工程保险概述 …………………… 120
　二、建筑工程保险 …………………… 121
　三、安装工程保险 …………………… 123
　四、科技工程保险 …………………… 124
第五节 农业保险 …………………… 125
　一、农业保险概述 …………………… 125
　二、种植业保险 ……………………… 127
　三、养殖业保险 ……………………… 129
练一练 ……………………………… 130

第六章 责任保险 …………………… 133
第一节 责任保险概述 ……………… 133
　一、责任保险的概念 ………………… 133
　二、责任保险的特点 ………………… 134
　三、责任保险的基本内容 …………… 136
第二节 公众责任保险 ……………… 138
　一、公众责任与公众责任保险 ……… 138
　二、公众责任保险的基本内容 ……… 138
　三、公众责任保险的主要险种 ……… 140
第三节 产品责任保险 ……………… 141
　一、产品责任与产品责任保险 ……… 141
　二、产品责任保险的基本内容 ……… 142
第四节 雇主责任保险 ……………… 144
　一、雇主责任与雇主责任保险 ……… 144
　二、雇主责任保险的基本内容 ……… 145

三、雇主责任保险的附加险 ……… 147
第五节　职业责任保险 ………… 148
　　一、职业责任与职业责任保险 …… 148
　　二、职业责任保险的基本内容 …… 149
　　三、职业责任保险的主要险种 …… 151
练一练 …………………………… 152

第七章　信用保证保险 ……… 155
第一节　信用保证保险概述 …… 155
　　一、信用保证保险的起源 ………… 155
　　二、信用保证保险的概念 ………… 156
　　三、信用保证保险的特点 ………… 157
　　四、信用保证保险的作用 ………… 158
第二节　信用保险 ………………… 158
　　一、国内信用保险 ………………… 158
　　二、出口信用保险 ………………… 159
　　三、投资保险 ……………………… 160
第三节　保证保险 ………………… 161
　　一、忠诚保证保险 ………………… 161
　　二、确实保证保险 ………………… 163
　　三、产品保证保险 ………………… 163
练一练 …………………………… 165

第八章　人身保险 ……………… 166
第一节　人身保险概述 …………… 166
　　一、人身保险的概念 ……………… 166
　　二、人身保险的特点 ……………… 166
　　三、人身保险的功能 ……………… 168
　　四、人身保险的特殊条款 ………… 170
　　五、人身保险的业务体系 ………… 173
第二节　人寿保险 ………………… 173
　　一、人寿保险及其特点 …………… 173

　　二、普通人寿保险 ………………… 175
　　三、特种人寿保险 ………………… 179
　　四、新型人寿保险 ………………… 180
第三节　意外伤害保险 …………… 182
　　一、意外伤害保险及其特点 ……… 182
　　二、意外伤害保险的基本内容 …… 184
　　三、意外伤害保险的主要险种 …… 190
第四节　健康保险 ………………… 193
　　一、健康保险及其特点 …………… 193
　　二、健康保险的特殊条款 ………… 194
　　三、健康保险的主要险种 ………… 196
练一练 …………………………… 199

第九章　再保险 ………………… 207
第一节　再保险概述 ……………… 207
　　一、再保险的基本概念 …………… 207
　　二、再保险与原保险、共同保险的比较 ………………… 209
　　三、再保险的分类 ………………… 210
　　四、再保险的作用 ………………… 210
第二节　比例再保险和非比例再保险 ………………………… 212
　　一、比例再保险 …………………… 212
　　二、非比例再保险 ………………… 214
第三节　再保险市场 ……………… 215
　　一、再保险市场的特点 …………… 215
　　二、再保险市场的组织形式 ……… 216
　　三、国外再保险市场 ……………… 218
　　四、中国再保险市场 ……………… 219
练一练 …………………………… 221

参考文献 ……………………… 224

第一篇
保险理论

第一章　风险与风险管理
第二章　保险概述
第三章　保险合同
第四章　保险的基本原则

第一章　风险与风险管理

> **学习目标**
> 1. 掌握风险的含义、特征及要素；
> 2. 了解风险的分类；
> 3. 明确风险管理的目标与程序；
> 4. 理解风险管理与保险的关系及可保风险的要件。

第一节　风险

人们在日常生产和生活中往往会遭受自然灾害、意外事故等不幸事件，每一个人、每一个家庭、每一个企业都可能面临灾害事故造成的威胁，承担由此带来的损失。由于风险的存在，人们开始寻求解决和应对风险的办法，保险因此得以产生和发展。可以说风险的存在是保险产生的基础，没有风险就不会产生保险，因此在了解保险之前，了解风险相关知识尤为重要。

一、风险的含义

自从有了人类社会，各种各样的自然灾害和意外事故就一直伴随着人们。从远古时代就有的森林大火、地震，到现代才出现的卫星坠毁、核原料泄漏等，这些灾害事故严重威胁着人们的生产和生活，阻碍着人类社会的发展进程。

大多数灾害事故的发生有一个特征，就是很难准确预知它什么时候发生、在什么地点发生，更不知道它会给人类带来什么样的后果、造成什么样的损失。也就是说，灾害事故带来的损失具有强烈的不确定性。在特定时间内，某种损失发生的不确定性即为风险。风险包含两方面含义：第一，风险是与损失相关的一种状态；第二，这种损失是不确定的。

二、风险的特征

(一) 客观性

风险是客观存在的，不可避免的。自然灾害(如地震、台风、洪水等)以及意外事故(如车祸、爆炸、疾病等)都是客观存在的，不以人的意志为转移。随着科学技术的进步和经营管理水平的提高，人们认识、管理、控制风险的能力逐步增强，从而可在一定的时间和空间内改变风险存在和发生的条件，降低风险发生的频率和损失程度，但无论如何也不可能完全避免风险，因此风险的存在具有客观性。

(二) 损害性

风险被定义为在特定时间内某种损失发生的不确定性，因而风险总是和不幸事件相联系，风险的发生会给社会带来一定的损害。风险损害的内涵很广泛，包括可以用货币衡量的物质损失和无法用货币衡量的精神创伤等。例如，2008年汶川大地震不仅给国家和人民造成8000多亿元人民币的经济损失，同时也让痛失亲人和家园的灾区人民受到巨大的心灵创伤。减少风险带来的损害，任重而道远。

(三) 不确定性

风险的不确定性主要表现在以下三个方面。

1. 空间上的不确定性

以火灾为例，总体来说，所有建筑物都面临火灾的风险，也必然有建筑物会发生火灾，但是具体哪一栋建筑物会发生火灾，则是不确定的。

2. 时间上的不确定性

例如，死亡风险一定会发生，但发生的时间是不确定的。在人类身体状况正常的情况下，死亡时间通常是不可预知的。

3. 损失程度的不确定性

例如，台风区、洪涝区的人们往往知道每年或大或小都要遭受台风或洪水的袭击，但在台风或洪水来临之前，人们无法预知它们是否会造成财产损失、是否会造成人身伤亡以及损失程度如何。

(四) 可测定性

就个体而言，风险具有偶然性、不确定性，但就总体而言，风险又是可以度量的，具有一定程度的可测定性。风险是一种随机事件，服从概率分布，因此人们可以根据某一风险发生的统计资料和相关经验测算出该风险发生的概率及其损失程度，并将其作为风险管理的重要依据。风险的可测定性为保险公司的经营奠定了基础。

(五) 发展性

随着生产范围的扩大、科学技术的进步，人类面临的风险也随之发展变化，具体表现在以下几个方面。

1. 风险发生的空间范围在扩大

有些风险会从国内延伸到国际，从而影响众多国家。例如，日本经济萧条给许多国家的经济增长带来不利影响；东南亚金融危机几乎波及世界上所有国家；美国次贷危机引发的金融风暴席卷全球。

2. 风险导致的损失数额在增加

一是由于城市化水平的提高，单位面积物质(如不动产)的积累增长迅速，在这种情况下，即使发生与过去同样的风险(如地震)，也会使损失成倍增加；二是由于出现了很多标的价值较高的风险，如发射一颗人造卫星的总价值往往高达数十亿元人民币，一旦发射失败，损失是非常惨重的。

3. 新的风险在不断出现

科学技术的进步在把人类带入新的、过去从未征服过的领域的同时，也使人类面临前所未有的风险。例如，卫星发射将风险扩大到外层空间；核能的利用带来了核污染、核爆炸的巨大风险。

> **案例拓展**
>
> **风险时刻存在**
>
> 2001年9月11日，恐怖分子劫持飞机撞击纽约世界贸易中心大楼，共造成近3 000人死亡、近千亿美元的损失。
>
> 2008年5月12日14时28分04秒，四川汶川、北川发生了里氏震级8.0级地震。这是自中华人民共和国成立以来破坏性最强、波及范围最大的一次地震，地震重创范围约50万平方公里。据民政部报告，截至2008年9月25日12时，四川汶川地震已确认69 227人遇难，374 643人受伤，17 923人失踪。
>
> 2014年3月8日，载有227名乘客和12名机组人员的马来西亚航空公司航班MH370，预计由吉隆坡国际机场飞往北京首都国际机场。该航班在起飞39分钟后，消失在雷达上，至今仍未找到。
>
> 从以上国内外案例可以看出，自然灾害与意外事故无时无刻不在威胁着人类的生命和财产安全。
>
> 资料来源：刘波，刘璐. 保险学[M]. 大连：东北财经大学出版社，2012.

三、风险的要素

风险具有三个基本要素，分别是风险因素、风险事故和损失。其中，风险因素引发风险事故，是风险事故发生的直接原因；风险事故导致损失，是损失发生的直接原因。三者之间的关系如图1-1所示。

图1-1 风险要素之间的关系

(一) 风险因素

风险因素也称风险条件，是指引发风险事故或在风险事故发生时致使损失增加的条件。例如，对于建筑物来说，风险因素是指建筑材料、建筑结构等；对于人身来说，风险因素是指年龄、健康状况等。风险因素通常可以分为人为风险因素和物质风险因素两大类。

1. 人为风险因素

人为风险因素与人的行为密切相关，包括道德风险因素和心理风险因素。前者侧重于人的恶意行为，后者侧重于人的疏忽行为。

(1) 道德风险因素。道德风险因素是指与人的品行修养有关的无形因素。如诈骗、纵火等恶意行为或不良企图，均属于道德风险因素。

(2) 心理风险因素。心理风险因素是指与人的心理状态有关的无形因素。如人的疏忽、过失、投保后片面依赖保险等，均属于心理风险因素。

2. 物质风险因素

物质风险因素与人的行为无关，也称为实质风险因素。它是指有形的并能直接影响事件的物理功能的风险因素。例如，汽车厂家生产的刹车系统、发动机等，建筑物的地址、建筑材料、结构、消防系统等，均属于物质风险因素。

(二) 风险事故

风险事故也称风险事件，是指直接造成人身和财产损害的偶发事件。风险事故由风险因素引发并最终造成损失，是损失发生的直接原因，所以风险事故发生意味着风险发生的可能性转化为现实性。风险因素通过风险事故的发生导致损失，风险事故是风险因素与损失的媒介物。火灾、爆炸、地震、车祸、疾病等是风险事故常见的表现形式。

这里需要指出的是，风险事故和风险因素的区分有时并不是绝对的。对于某一事件，在一定条件下，如果它是造成损失的直接原因，那么它是风险事故；而在另一种条件下，如果它是造成损失的间接原因，它便成为风险因素。例如暴风雨，如果它毁坏房屋、庄稼等，它就是风险事故；如果它造成路面积水、能见度差、道路泥泞，从而引起连环车祸，它就是风险因素，车祸才是风险事故。在这里，判定风险事故和风险因素的标准就是看某一事件是否直接引起损失。

(三) 损失

损失是指非故意的、非计划的、非预期的经济价值的减少。这一定义包含两个要素：一是"非故意的、非计划的、非预期的"；二是"经济价值的减少"。两者缺一不可，否则就不构成损失。例如，恶意行为、折旧、面对正在受损失的物资可以抢救而不抢救造成的后果，因分别属于故意的、计划的和预期的经济价值的减少，不能称为损失。再如，记忆力衰退，虽然满足第一个要素，但不满足第二个要素，因而也不是损失。但是，车祸使伤者丧失一条胳膊则属于损失，因为车祸的发生满足第一个要素，而人的胳膊虽不能以经济价值来衡量，即不能以货币来度量，但伤者丧失胳膊后所需的医疗费以及因残疾而导致的收入减少却可以用货币来衡量，所以它满足第二个要素。

四、风险的分类

人类在日常生产与生活中面临各种各样的风险,为了对风险进行管理,需要对风险进行分类。按照不同的分类方式,可将风险分为不同的类别,如图1-2所示。

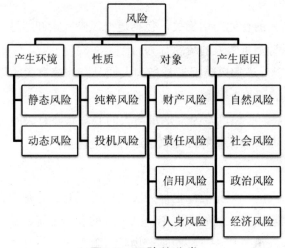

图1-2 风险的分类

(一) 按风险产生环境分类

风险按其产生的环境分类,可以分为静态风险和动态风险。

1. 静态风险

静态风险是指自然力的不规则变动或人们的过失行为、不道德行为所导致的风险。静态风险一般与社会经济和政治变动无关,它在任何社会经济条件下都是不可避免的。例如,洪水、台风、暴雨等属于因自然力的不规则变动所造成的风险;火灾、破产、纵火、盗窃等属于因人们的过失或不道德行为所造成的风险。

2. 动态风险

动态风险是指由社会经济和政治变动所导致的风险。例如,人口的增加、资本的成长、技术的进步、产业组织效率的提高、消费者爱好的转移、政治经济体制的改革等都可能引起风险。

静态风险和动态风险的区别如表1-1所示。

表1-1 静态风险和动态风险的区别

项目	静态风险	动态风险
风险性质	大多数是纯粹风险	通常是投机风险
影响范围	只影响少数个体	影响十分广泛 经常产生连锁反应
发生特点	在一定时期内较为规律	发生较为不规律 往往受人为因素及社会情绪的影响

(二) 按风险性质分类

风险按其性质分类,可以分为纯粹风险和投机风险。

1. 纯粹风险

纯粹风险是指一旦发生风险事故,只有损失机会而无获利可能的风险。由于纯粹风险频繁发生、重复性较强,其规律较容易把握。保险公司可以用概率统计的方法估测其发生频率以及损失程度,进而确定保险费率,所以纯粹风险自然而然地成为保险公司的承保对象。目前,保险公司所承保的风险基本上是纯粹风险。

2. 投机风险

投机风险是指风险事故发生后,既有损失机会也有获利可能的风险。投机风险可以导致损失、既无损失也无盈利、盈利三种结果。

按风险性质将风险划分为纯粹风险和投机风险,对于保险业而言具有重要意义。作为应对风险的手段之一,保险公司只承保纯粹风险,且承保纯粹风险的一部分;投机风险在我国还不是保险公司的承保对象,但从国际保险市场的现状和发展趋势看,保险公司可以在一定范围内承保投机风险。

纯粹风险和投机风险的区别如表1-2所示。

表1-2 纯粹风险和投机风险的区别

项目	纯粹风险	投机风险
风险损失	只有损失机会,无获利可能	既有损失机会,又有获利可能
发生特点	发生较规律,重复性强	发生不规律,重复性差

(三) 按风险对象分类

风险按其对象分类,可以分为财产风险、责任风险、信用风险、人身风险。

1. 财产风险

财产风险是指导致一切有形财产发生损毁、灭失和贬值的风险。例如,火灾、爆炸、雷击、洪水等事故,可能引起财产的直接损失及相关利益的损失,因而都是财产风险。财产风险既包括财产的直接损失风险,又包括财产的间接损失风险。

2. 责任风险

责任风险是指个人或团体因疏忽、过失造成他人的财产损失或人身伤亡,根据法律规定或合同约定,应负经济赔偿责任的风险。例如,驾驶汽车不慎撞伤行人,构成车主的第三者责任险;专业技术人员的疏忽、过失造成第三者财产损失或人身伤亡,构成职业责任风险。责任风险较为复杂和难以控制,一旦发生,赔偿金额可能较高。

3. 信用风险

信用风险是指在经济交往中,权利人与义务人之间,因一方违约或违法给对方造成经济损失的风险。例如,借款人不按期还款,就可能影响贷款人资金的正常周转,从而使贷款人因借款人的不守信用而遭受损失。

4. 人身风险

人身风险是指由于人的生理生长规律及各种灾害事故的发生导致的人的生、老、病、残、亡的风险。人这一生难免遭遇生、老、病、死,部分人还会遭遇残疾。这些风险一旦发生,可能会给本人、家庭或其抚养者等造成难以预料的经济困难乃至精神痛苦等。

(四) 按风险产生原因分类

风险按其产生的原因分类,可以分为自然风险、社会风险、政治风险、经济风险。

1. 自然风险

自然风险是指由于自然力的不规则运动给财产和人身带来的威胁。地震、火灾、洪水、海啸、瘟疫等都属于自然风险。

自然风险具有如下特征:

(1) 自然风险的形成具有不可控性。尽管人们在长期的实践中对自然界有了一定的认识,掌握了某一类自然风险发生的规律,但对可能发生的许多自然灾害仍然束手无策。

(2) 自然风险的形成具有规律性。例如,洪涝灾害往往出现在夏季,春季则可能瘟疫流行。再如,人们通过多年的观察和总结,可以大致了解雹灾的易发地区、雷击的高发地区,从而更有效地将风险所致损失降到最低程度。

(3) 自然风险所致后果具有共沾性。自然风险事故一旦发生,往往造成大面积的灾害,涉及某一个地区、某一个国家甚至几个国家。一般来讲,自然风险引起后果的共沾性越大,人类所蒙受的经济损失就越大;反之,人类所蒙受的经济损失则越小。

2. 社会风险

社会风险是指由于个人或团体的行为,包括过失行为、不当行为以及故意行为导致社会生产及人们生活受到损害的风险。例如,盗窃、抢劫、玩忽职守及故意破坏等行为都是会对他人的财产或人身造成损失或损害的社会风险。

3. 政治风险

政治风险又称为国家风险,它是指在对外投资或贸易过程中,因政治原因或订约双方不能控制的原因,使债权人遭受损失的风险。例如,我国某企业欲出口商品给某国而与其签订了出口合同,但是由于该国发生政治内乱,导致合同无法正常履行,从而给我国某企业带来了一系列损失。

4. 经济风险

经济风险是指在生产和销售等经营活动中,由于受各种市场供求关系、经济贸易条件等因素变化的影响,或经营者决策失误、对前景预期出现偏差等,导致经济上遭受损失的风险。例如,产量的增减、价格的涨跌、经营的盈亏等方面的风险。

第二节 风险管理

作为一门系统的管理科学，风险管理是在20世纪30年代从美国兴起的。此后风险管理逐渐引起美国社会的普遍关注，并在20世纪50年代末得到推广。到了20世纪70年代，风险管理开始蓬勃发展。现在，风险管理的理论与实践已在世界各国和地区广为传播和应用。

一、风险管理的含义

风险管理是指各经济单位在对风险进行识别、估测、评价的基础上，优化组合各种风险管理技术，对风险实施有效的控制，妥善处理风险所导致的后果，期望达到以最低的成本获得最好的安全保障的管理活动。

风险管理的含义，我们可以从以下三个方面理解。

(1) 风险管理的主体是各种经济单位，个人、家庭、企业以及其他法人团体都可以看作独立的经济单位。

(2) 风险管理强调的是人们的主动行为。

(3) 风险管理的目的是以尽可能低的成本来换取最好的安全保障。

二、风险管理的目标

(一) 总体目标

风险管理的总体目标是以最低的经济成本获得最好的安全保障，即风险管理要以最少的费用支出最大限度地分散、转移、消除风险，以达到保障人们经济利益和社会稳定的基本目的。

(二) 损失前目标

在风险管理中，应在风险事故发生前确定要达到的管理目标，这一目标被称为损失前目标。损失前目标包括经济合理目标、安全系数目标、社会责任目标等。例如，通过对各种风险管理方式的比较及财务分析，寻求最经济合理的风险处置方式；缓解经济单位对风险损失的忧虑和恐惧，提供一个相对安全、稳定的环境；尽可能消除产生风险损失的隐患，减少经济单位的损失及社会财富的损失，履行风险管理的社会责任。

(三) 损失后目标

由于风险管理既不能消灭风险，又难以完全避免损失，经济单位不仅应确定损失前目标，还应确定风险事故发生后要达到的目标，即损失后目标。损失后目标主要包括维持生存目标、持续经营目标、稳定收益目标、社会责任目标等。例如，通过风险管理措施的实施，使经济单位在风险损失发生后仍然能够维持生存；保证生产、生活秩序尽快恢复；尽快实现原有的稳定收益；促使企业尽快实现持续增长的计划；减少风险损失对社会造成的不利影响，为经济单位的发展创造一个良好的环境。

三、风险管理的程序

风险管理的程序包括5个步骤，如图1-3所示。

图1-3　风险管理的程序

(一) 风险识别

风险识别是风险管理的第一步，它是指对经济单位所面临的和潜在的风险加以判断、归类和鉴定性质的过程。存在于经济单位周围的风险是多种多样、错综复杂的，无论是潜在的风险还是实际存在的风险，无论是静态的风险还是动态的风险，无论是内部的风险还是外部的风险，在一定时期和某一特定条件下，这些风险是否客观存在、存在的条件是什么以及损失发生的可能性等，都是风险识别阶段应该明确的问题。

风险识别主要包括感知风险和分析风险两个方面。其中感知风险是指调查和了解经济单位所面临的风险和潜在的风险；分析风险是指掌握风险存在的条件、事故发生的原因和可能性等。风险识别为风险管理奠定了基础。

知识拓展

风险识别方法

在风险管理实践中，常用的风险识别方法主要有风险识别清单法、流程分析法、现场调查法、财务报表分析法、风险链分析法等。

(1) 风险识别清单列出一些常见风险，由专业人员根据多年风险管理实践经验总结编制而成，囊括企业面临的各种风险，为风险管理人员提供了一个通用的风险框架工具。比较典型的风险识别清单是美国风险管理与保险学会、美国管理学会编制的风险清单，其内容包括直接损失和间接损失。

(2) 流程分析法是指将风险主体按照生产经营过程或者活动内在的逻辑联系，以若干个模块形式绘成流程图，在每个模块中标出各种潜在的风险因素或风险事件，以帮助风险识别人员分析和了解风险所处的具体环节、各环节之间存在的风险以及风险的起因和影响。

(3) 现场调查法是风险识别的常用方法。这种方法通过直接观察经济单位的设备、设施和操作等,了解经济单位的活动和行为方式,发现风险隐患,并出具调查报告,以供风险管理决策者参考。现场调查法能够使风险管理者获得第一手资料,并能提供防范风险的措施与建议,一般由经济单位的风险识别人员来完成,也可以由保险公司、有关咨询机构或研究机构的专家来实施。

(4) 财务报表分析法是对财务报表中所列的各项会计科目做深入分析与研究,主要包括趋势分析法、比率分析法和因素分析法。趋势分析法是根据企业连续经营期间的财务报表,比较各期有关项目增减变化的方向和幅度,从而揭示当期财务和营业方面的增减变化及其发展趋势;比率分析法是以同一会计期间相关数据的相互比较,计算相关数据之间的比例关系,以分析财务报表所列项目之间的相互关系,相关指标如流动比率、资金周转率、负债比率等;因素分析法是指在测定各个因素对某一指标的影响程度时,必须对各有关因素有顺序地进行分析,典型的分析工具有杜邦财务模型。

(5) 风险链分析法是通过了解和分析风险因素与损失之间的关系来识别风险的方法。风险链中一般有五个连续的环节,即风险因素、环境、环境与风险因素的相互关系、环境与风险因素相互作用的直接结果、风险事故的持续后果。例如,某车间通风条件较差,而工人在工作时距离工作台很近且没有采取任何防护措施,当设备突然失控,工人必须进入车间维修时,很可能导致工人窒息或中毒,进而产生一系列后果。风险识别的目的是了解风险会导致哪些不利后果,进而在相应环节采取防范措施。

其他风险识别方法有合同分析、损失统计记录、未果事故报告、与其他部门及相关方进行交流、听取外部专家意见等。在风险识别过程中,综合采用两种或多种风险识别方法,有助于风险识别人员提高效率,取得较好的效果。

资料来源:王海艳,郭振华.保险学[M].北京:机械工业出版社,2011.

(二) 风险衡量

经过全面、系统的风险识别之后,就进入了风险衡量阶段。风险识别与风险衡量经常被统称为风险分析。风险衡量是指运用概率论和数理统计方法对风险发生的概率、损失程度进行估计和衡量。风险发生的概率是指一定时期内风险可能发生的次数;损失程度是指每次风险发生可能造成的损害规模,也可指损失金额的大小。

风险衡量在风险管理中的重要意义体现在两个方面:一方面,风险衡量有助于风险管理人员估计和衡量风险程度,降低风险后果的不确定性;另一方面,风险衡量有利于风险管理人员把握风险损失情况及其变动情况,为选择风险管理方法和做出风险管理决策提供科学依据。

具体而言,风险衡量的内容包括三个方面:首先,估计风险事故在一定时间内发生概率的大小,估计不同概率水平下的损失后果;其次,估计和衡量不同经济单位面临的平均风险损失及总损失金额的大小;最后,分析和估计每一次具体的风险损失偏离平均损失的程度,这对风险管理决策具有关键意义。

(三) 风险评价

风险评价是指在风险识别和风险衡量的基础上,评价风险对经济单位的影响程度。风险评价包括两项基本工作:一是确定一个公认的安全指标;二是将指标应用于已衡量的风险上。具体来说就是比较已衡量的风险与公认的安全指标,确定风险等级,以决定是否需要采取控制措施,以及在多大程度上采取控制措施。

由于不同经济单位承受风险的能力不同,同一种风险对于不同的经济单位来说,风险等级可能也是不同的,因此风险评价工作应结合实际。例如,一场火灾对一个家庭和一个跨国公司来说,其影响有着显著的不同。一场大火可能使一个家庭多年积累的财富化为乌有;而一个跨国公司的分支机构遍布全球,火灾只能使其个别分支机构受影响,对整个公司的影响可能不大。

风险评价可由经济单位自己进行,也可由保险公司来开展,还可由专业机构提供相关服务。一般来说,由于保险公司是专门经营风险的企业,集中了众多的风险单位,积累了丰富的评估经验,能够进行更客观的风险评价。

知识拓展

风险单位

在人们研究和分析风险时,在保险人确定保险责任时,都离不开"风险单位"这个名词,那么什么是风险单位呢?风险单位是指一次风险事故发生后可能造成的最大损失范围,它是保险人确定其能够承担的最高保险责任的计算基础。一般来说,风险单位的划分和确定可以根据以下几个标准和方法进行。

(1) 地段风险单位。由于不同保险标的在地理位置上毗连,具有不可分割性,当风险事故发生时,遭受损失的机会是相同的,因此它们同属一个风险单位。

(2) 一个投保单位为一个风险单位。在保险实务中,为了简化手续,对于一个投保单位不需要区分险别,该投保单位即可作为一个风险单位。

(3) 一个保险标的为一个风险单位。对于与其他标的没有毗连关系、风险集于一体的保险标的,其自身即可作为一个风险单位,如一颗卫星、一架飞机等。

资料来源:魏丽,李朝锋. 保险学[M]. 大连:东北财经大学出版社,2011.

(四) 风险管理技术选择与实施

根据风险评价结果,为实现风险管理目标,应选择最佳的风险管理技术并确保顺利实施。风险管理技术分为控制型和财务型两大类,前者的目的是降低损失频率和损失程度,重点在于改变引起风险事故和导致损失扩大的各种条件;后者的目的是以提留基金和订立保险合同的方式来消化损失的成本,即对无法控制的风险所做的财务安排。

1. 控制型风险管理技术

(1) 避免。风险避免也称为风险回避,它是指通过放弃某项活动以回避因从事该项活动可能产生潜在损失的行为。它是处理风险的一种消极方法，但也是最简单有效的方法。通常在两种情况下采用风险避免方法：一是当某特定风险所致损失频率和损失程度相当高时；二是当处理风险的成本大于其产生的效益时。

风险避免包括两种类型：主动避免和被动放弃。所谓主动避免，举个例子来说，一家化工企业计划在郊区进行一系列试验，当进行试验的准备工作时，研究人员发现该项试验可能会造成所在郊区城镇的巨大财产损失，对于这类风险，几乎没有保险公司愿意承保，于是，该公司决定停止该项试验，或者选择在无人区进行试验。主动放弃往往并不需要完全放弃某项活动，只要改变或消除引起损失发生的条件因素，就可以完全避免可能的损失。被动放弃的现象也是十分常见的，例如，一家药厂因为遭到一系列产品未知副作用的报道，而被迫选择停止生产该药品；建筑商因为法律规定而放弃使用对人体有害的建筑材料。

风险避免简单易行，但有很大的局限性。首先，在许多情况下，一种风险被避免的同时会产生另外一种风险。例如，某人需要外出，他由于担心飞机坠落而改为乘坐火车，他成功地避免了飞机坠落的伤亡风险，但同时乘坐火车也可能发生火车出轨或相撞事故。其次，采取风险避免的同时可能不得不放弃与原来风险相联系的经济利益，增加了机会成本。例如，某人放弃乘坐飞机改乘坐火车出行，将多付出时间成本，可能失去与重要客户谈判的机会。另外，并不是所有的风险都能避免，人的生老病死以及一些自然灾害都不能通过避免的方式来处理。

(2) 预防。损失预防是指在风险损失发生前为了消除或减少可能引发损失的各种因素而采取的处理风险的具体措施，其目的在于通过消除或减少风险因素而降低损失发生频率。损失预防措施可以分为工程物理法和人类行为法。工程物理法的损失预防措施侧重于改善风险单位的物质因素，如防火建筑结构设计、防盗装置的设置等；人类行为法的损失预防侧重于对人们的行为教育，如职业安全教育、消防教育等。

(3) 抑制。损失抑制是指在损失发生时或之后为降低损失程度而采取的各种措施。它虽然不能降低风险事故发生的概率，但能够在事故发生的第一时间，尽量抑制事态恶化，因此损失抑制是处理风险的一种有效技术。例如，酒店客房安装自动喷淋系统和火灾警报器等，有助于火灾得到控制。损失抑制措施虽然是在事故发生后采用的风险管理方法，但必须在事前就做好计划和安排。损失抑制的一种特殊形态是割离，它是指将风险单位割离成许多独立的小单位，从而达到降低损失程度的一种方法。

2. 财务型风险管理技术

(1) 自留。风险自留是指对风险的自我承担，即经济单位自我承担风险损害后果的方法。风险自留有主动自留和被动自留之分。主动自留是指在发现风险因素后有意识地选择自我承担，但往往很多风险经济单位并没有意识到。例如，你站在一堵危墙旁边而浑然不知，因此没有采取任何防护措施，这种情况就属于被动自留。是否采取主动自留，应当考虑经济上的可行性。一般来说，在风险所致损失频率和程度较低、损失短期内可预测以及最大损失不影响经济单位财务稳定的情况下采取主动自留,其成本要低于其他处理风险技术的成本,且方便有效。

风险自留的具体方式主要包括建立损失储备基金和建立自保公司。

经济单位根据自己的经济能力和对损失的预期,事先设立专项基金,即为损失储备基金,一旦发生损失,可以用该基金来弥补损失,而不影响其他资金的调配,从而尽早恢复正常的经营和生活。例如,对于家庭或个人来说,专门储备一笔钱来应对养老风险;对于企业来说,这样的储备基金也是十分必要的。这种方式的缺点是损失储备基金一般作为专款专用,因此资金运用效率较低,存在较高的机会成本。

自保公司是由母公司设立的下属子公司,专门从事本集团内部的保险业务,它是风险自留的最高级形式。对于一些大型集团企业,设立自保公司是值得推荐的方法。例如,中国海洋石油集团有限公司于2000年8月23日在中国香港注册成立我国第一家真正意义上的自保公司,并委托美国怡安保险经纪公司管理。

(2) 转移。风险转移是有意识地将风险损失有关的财务后果转嫁给另一个单位或个人承担的一种风险管理方式。风险转移包括保险和其他一些非保险的财务型风险转移方式。这里,采用"转移"一词,并不是说风险本身的真正转移,而是提供一种损失补偿的方式,是一种经济上的风险转嫁。

经济单位可通过购买保险将风险转移给保险人。只要向保险人投保并缴纳保险费,就可以获得可靠的安全保障。保险是风险管理中较为常用的手段,但是,保险并不是万能的,它只是众多风险管理手段中的一种。由于保险公司本身也需要风险控制和稳健发展,对于很多风险,保险公司并不能承保或者只提供有限的承保。

非保险的财务型风险转移是一种外部融资方式,用以支付事故发生时的损失及费用。大多数情况下,非保险的财务型风险转移主要涉及第三者责任的经济赔偿问题,主要包括租赁和担保两种措施。租赁是通过出租财产或业务的方式将与该项财产或业务有关的风险转移给承租人。例如,租赁协议中约定,由承租人引起的财产损失或人身伤害,出租人不承担赔偿责任。担保是担保人和债权人签订担保合同,约定当债务人不履行债务偿还时,担保人按照合同约定履行偿还责任。

在现实生活中,究竟选择哪一种方式处理风险最为合理,要根据风险的不同特性,并结合经济单位本身所处的环境和具备的条件来决定。一般我们可以从风险的损失频率和损失程度两个方面来考虑,参照表1-3做出合理选择。

表1-3 风险管理技术选择

损失频率	损失程度	风险管理技术
低	低	自留
高	低	预防、抑制
高	高	避免
低	高	转移(保险)

(五) 风险管理效果评价

在实施风险管理技术以后，要及时评价风险管理的效果，分析风险管理的目标是否实现，以判断风险管理技术的科学性和适应性，为经济单位今后的风险管理提供经验借鉴。由于风险管理技术处于不断完善的过程中，而且风险也具有发展变化性，经济单位应定期检查和修正已选择实施的风险管理技术，必要时甚至应重新选择风险管理技术。风险管理是一个循环往复的管理过程，经济单位将在动态中实现风险管理目标，达到风险管理的最佳效果。

第三节 风险管理与保险

风险无处不在，人们需要识别风险并对风险进行管理，以降低其发生的概率和损失的严重程度。风险管理方法有多种，保险作为风险转移的重要手段，与风险管理关系密切。

一、风险管理与保险的联系

风险管理与保险之间，无论是在理论渊源上还是在实践中，都有着非常密切的联系，具体体现在以下几方面。

(一) 风险管理与保险都以风险为研究对象

风险的存在既是风险管理存在的前提，也是保险存在的前提，没有风险就不需要进行风险管理，也谈不上保险。保险是风险管理的一种手段，是典型的风险管理制度。

(二) 风险管理与保险的数理基础基本相同

风险管理与保险都要在准确估测预期损失率的基础上达到以最低成本获得最好安全保障的经济目的，两者都以概率论和大数法则作为分析的基础和方法。

> **知识拓展**
>
> **大数法则**
>
> 大数法则又称为大数定律，它是概率论主要法则之一。从统计规律来看，当试验次数不断增加，事件发生的频率就会趋近于一个常数。这一法则告诉我们，随机现象的大量重复出现，往往呈现几乎必然的规律，或者说，个别事件的发生是不规律的，但是若集合众多事件来观察，却又有规律可循。保险原理就是建立在大数法则基础之上的。将这一法则运用到保险领域，其含义是面临同一风险事故(如暴风)的标的数量越多，观察到的实际损失偏离期望损失的程度就越低，风险和不确定性随着风险标的数量的增加而降低，整个标的群体的损失状况就变得更加可预测。也就是说，保险人承保的风险单位越多，实际损失的结果就会越接近预期损失的结果，即损失概率的偏差就越小；反之，保险人承保的风险单位越少，损失概率的偏差则越大。
>
> 资料来源：首席CTO科普[EB/OL]. https://kepu.shouxicto.com/.

(三) 风险管理与保险相辅相成、相得益彰

风险管理的发展有助于提高人们的风险意识，促使经济单位有意识地去认识风险，控制风险，转移风险。而风险意识的提高、风险管理经验的积累和技术的进步都对保险业的发展有着积极意义，会促进保险业的发展。保险公司通过为经济单位提供保险服务，密切双方的合作，并将丰富的风险管理经验和知识传授给经济单位，可促进风险管理的发展。

二、风险管理与保险的区别

风险管理与保险之间存在一定的区别。尽管两者的研究对象都是风险，但保险公司不是风险的唯一承担者，保险只是风险管理的一种重要的、常用的手段。保险也不能承保所有的风险。因此，风险管理的地位高于保险，范围也广于保险。

三、可保风险

保险不是万能的，并非所有的风险都可以通过保险来转移。有些风险是保险公司可以承保的，有些风险是保险公司不可承保的。保险公司可以承保的风险，或者说可以向保险公司转移的风险称为可保风险。可保风险必须满足以下条件。

(一) 风险必须是纯粹风险

一般来说，只有纯粹风险才是可保风险。例如，保险公司承保的火灾风险，只会给人的生命财产带来损害，而绝无带来利益的机会。而投机风险因为存在获利的可能性，会使某些人为了获利而甘冒风险，所以投机风险是不可保的。例如，股市的风险。当然，也不是所有的纯粹风险都可保。

(二) 风险必须是偶然的、意外的

风险是客观存在的，风险的偶然性是针对个体标的而言的，如对某个人、某个企业等。风险的偶然性包含两层意思：一是风险发生的可能性；二是风险发生的不确定性，即发生的对象、时间、地点、原因和损失程度等，都是不确定的。如果是确定的风险，那么就是必然要发生的风险，保险人是不予承保的。例如某人患了绝症，并已确诊，他就不能向保险公司投保死亡保险，因为在可预见的时间内，死亡对他来说已是必然的。

风险的意外性也包含两层意思：一是风险的发生或风险损害后果的扩展都不是投保人的故意行为。投保人的故意行为引发的风险事件或扩大损害后果均为道德风险，保险人是不予赔偿的。二是风险的发生是不可预知的，因为可预知的风险往往带有必然性。例如，适航的海轮在海上出险是不可预知的，而不适航的海轮由于出险概率相当大，在海上出险可以说是可预知的，因此保险人就不予承保，如船东瞒过保险人投保，出险时一经查出，保险人也不负赔偿责任。

(三) 风险必须是可以测定的

不确定性是风险的重要特征，但是，从统计学来讲，可保风险应该是相对能够确定的风险。也就是说，可保风险必须是那些可以通过统计方法测算发生概率及损失程度，进而估计预期损失情况的风险。风险可以测定的更深一层含义是可以用货币形式来计量预期损失。例如，财产损失直接可以用价值的减少来衡量，人身伤亡可以用医疗费用或者约定的价值来衡量，责任风险可以用法院判定的赔偿金额来衡量。精神损失既难以测定，也无法用货币表示，保险公司一般不予承保。

(四) 风险必须使大量同质标的都有遭受损失的可能性

同质风险的大量存在是可保风险的一个重要前提条件。一方面，可以积累足够的保险基金，使受险单位获得充足的保障；另一方面，保险是基于大数法则来计算保险费的，它要求承保的风险对大量同质标的造成损失威胁，只有这样，才符合大数法则的要求，保险公司才能根据以往的资料，计算出正确的损失概率，制定合理的保险费率。

(五) 风险应有导致重大损失的可能性，但一般不会发生巨灾

风险的发生，有导致重大或比较重大的损失的可能性，人们才会对保险有所需求。如果风险导致的损失只局限于轻微损失的范围，就不需要通过保险来获取保障，因为这在经济上是不划算的。当某一风险事故发生时，导致所有或者大部分保险标的同时遭受损失，或者因保险标的的价值高而发生巨大损失，这种风险就具有巨灾性。对于这样的风险，纯粹依靠商业保险是难以承保的，往往需要一定的政策扶持。

当保险公司承保一组风险时，尽管风险对大量的保险标的造成损失威胁，并且从总体上讲，风险必然会造成保险标的的损失，但是遭受损失的保险标的只是很小的一部分，大多数保险标的不会同时遭受损失，这样的风险才是适合保险承保的。只有这样，保险公司才能集合众多的被保险人，并有足够数量的保险基金来分摊少数被保险人的损失。

练一练

一、填空题

1. (　　)是指引起或增加某种损失发生频率，或加重某种损失程度的潜在条件。
2. 风险管理总目标是以最低的成本实现最好的(　　)。
3. 按风险对象分类，风险可以分为(　　)、(　　)、(　　)、(　　)。
4. 风险管理的步骤包括风险识别、(　　)、(　　)、(　　)、(　　)。

二、单项选择题

1. 房主外出忘记锁门属于(　　)风险因素。
   A. 道德　　　　　　　　B. 社会

C. 心理 D. 物质

2. 股市的波动属于( )性质的风险。
   A. 自然风险 B. 投机风险
   C. 社会风险 D. 纯粹风险

3. 驾驶机动车不慎撞到人，属于( )。
   A. 财产风险 B. 责任风险
   C. 自然风险 D. 信用风险

4. 对于损失概率小、损失程度高的风险，应该采用( )的风险管理方法。
   A. 保险 B. 自留风险
   C. 避免风险 D. 减少风险

5. 下列选项中，属于控制型风险管理技术的有( )。
   A. 减少与分散 B. 抑制与自留
   C. 预防与抑制 D. 保险与自留

三、多项选择题

1. 按性质划分的风险种类有( )。
   A. 自然风险 B. 纯粹风险
   C. 政治风险 D. 投机风险
   E. 经济风险

2. 按产生原因划分的风险种类有( )。
   A. 自然风险 B. 社会风险
   C. 政治风险 D. 经济风险
   E. 投机风险

3. 处置风险的方法有( )。
   A. 风险避免 B. 风险抑制
   C. 风险转移 D. 社会救济
   E. 风险自留

四、简答题

1. 风险的损失性强调风险产生的后果必然是造成人们的某种损失，而风险的不确定性包括损失的发生是不确定的，如何理解这两个矛盾的性质？

2. 民航飞机为什么不配降落伞？

3. 为什么保险公司不为高校学生承保期末考试挂科险？

第二章 保险概述

学习目标

1. 掌握保险的含义及其特征和要素；
2. 理解保险与类似活动的区别；
3. 明确保险的职能与作用；
4. 了解保险的分类、起源与发展。

第一节 保险的起源与发展

在认识自然、改造自然的漫长历程中，人类为了抵御自然灾害和意外事故，逐渐学会以建立经济后备的形式，来防止各种风险对社会经济生活造成的损害。

一、古代保险思想的起源

风险无处不在，自然灾害和意外事故等风险随时侵袭着人类，给人类造成了无法估量的损失和痛苦。人类自古以来就在寻求防灾避祸的方法，以谋求生活的安定和经济的发展。通过建立后备基金和互助保险的方式来应对风险损失的思想意识早在古代就存在。例如，古代埃及石匠成立了一种互助基金组织，用参加者交的会费来支付会员死亡的丧葬费用。大约公元前2500年，巴比伦国王命令官员和僧侣以收取税款的形式建立火灾等灾害的救灾后备基金。大约公元前2000年，地中海一带已经有广泛的海上贸易活动。由于海上风险多，逐渐形成了处理海上风险损失的一种做法——共同海损分摊，即当船舶遭遇海难时，为了大家的共同利益，船长可以将一部分货物抛弃入海，损失由船方、货方共同分摊。这种"一人为众，众人为一"的共同海损分摊原则体现了保险的互助精神。公元前916年，著名的《罗地安海商法》正式确立了这一原则，共同海损分摊原则也被认为是财产保险的原始形态。

我国古代的仓储制度也体现了保险的思想意识。我国自西周时期开始建立后备仓储，至春秋战国时期逐步形成一套仓储制度。例如，汉文帝时期的"常平仓"制度、隋文帝时期的"义仓"和"官仓"制度。这些制度的作用是调节粮食丰歉，达到保障社会安定的目的。

二、现代保险制度的产生

尽管保险思想意识古已有之，但真正意义上的保险制度形成于近代。15世纪末，海上新航道的发现，促进世界市场的形成和扩大，使商品流通越过国界，穿过大洋。商品运输规模越大，风险越集中，现代保险制度应运而生。

(一) 海上保险

现代保险制度始于海上保险。有学者研究表明，海上保险起源于中世纪意大利和地中海沿岸盛行的冒险借贷。船东和货主在出航之前，向金融业者融通资金。如果船舶和货物遭遇海难，则可依照受损程度，免除部分或全部债务；如果船舶和货物安全抵达目的地，船东和货主应偿还本金和利息。这实际上是一种风险转嫁，由于借贷的风险很高，利息远远高于一般的利息，高出的部分就相当于保险费。这种冒险借贷已具备一些现代保险的基本特征。

世界上第一张船舶保险单产生于1347年的意大利。16世纪以后，随着英国对外贸易的迅速发展，保险业的中心逐渐转移到英国。1575年，英国议会创设了保险商会以出售海上保险。1688年，伦敦的劳埃德咖啡馆成为海上保险人聚会的场所。1774年，在劳埃德咖啡馆接受保险业务的商人组织起来，每人出资100英镑，选出委员会专门经营保险业务。1871年，由英国议会通过法案，劳合社正式成为一个社团组织。后来，劳合社不断发展壮大，逐渐成为英国的海上保险中心，并成为世界上最大的保险组织，也是世界上现存最古老的保险组织，业务遍及全球。

知识拓展

劳合社

★ 劳合社的诞生

1688年，爱德华·劳埃德先生在伦敦塔街附近开设了一家以自己名字命名的咖啡馆——劳埃德咖啡馆。为在竞争中取胜，劳埃德独具慧眼，发现可以利用从国外归来的船员经常在咖啡馆休息的机会，打听最新的海外新闻，进而将咖啡馆办成一个发布航讯消息的中心。由于这里海事消息灵通，每天富商满座，保险经纪人利用这一时机，将载有保险金额的承保便条传递给前来饮咖啡的保险商，由他们在便条末尾按顺序签署自己的姓名及承保金额，直到承保金额总数与便条上载明的保险金额相符为止。随着海上保险不断发展，劳埃德承保人的队伍日益壮大，影响不断扩大。1871年，英国议会正式通过一项法案，使这个队伍成为一个社团组织——劳合社。劳合社的承保人最多时曾达到3.3万人，他们来自世界50多个国家，现今其承保范围已不局限于海上保险。

★ 劳合社的特点

劳合社并不是保险公司，它相当于一个保险市场。劳合社本身不经营保险业务，只为其成员提供交易场所和相关服务。劳合社成员自由组合，可组成承保辛迪加。每个辛迪加组织均有一个牵头人，负责与经纪人商谈保险合同的有关条款、费率等。投保人不能和保险人直接接触，而需通过经纪人接洽业务、出单。劳合社的业务流程为"投保人

→经纪人→辛迪加牵头人(由组织成员自行决定是否承保及承保份额)→承保未完转下一个辛迪加→到劳合社出单处换取正式保险单→投保人"。劳合社由其成员选举产生的理事会来管理,下设理赔、出单、签单、会计、法律等部门,并在100多个国家设有办事处。2000年11月,劳合社正式在我国北京设立办事处。

★ **劳合社趣闻**

在伦敦劳合社的大楼里,挂着一个神奇的小铜钟,它是在1799年从荷兰沿海一艘名为"圣·卢丁"号的船中打捞出来的。劳合社有个惯例,用这个小铜钟的钟声来宣告本社大宗生意的得失:一响是佳音,表示某项生意发了大财;两响则是噩耗,说明某宗生意亏了血本。

★ **劳合社亏损的原因**

劳合社连续发生亏损的原因主要有:美国石棉产品造成的人员伤亡责任险索赔案;1989年,雨果和安德鲁飓风造成财产严重损失的索赔;英国最高法院判决劳合社承保人因对其投资者的资金管理不善而负有10.5亿美元的赔偿责任;著名的"埃克森-瓦尔德兹"油轮污染案致使劳合社承保人蒙受了严重损失;当美国的保险公司被强制赔偿受污染场地的清理费用时,劳合社作为分保接受人,也同样面临巨额损失赔偿;"9·11"事件使劳合社蒙受了巨大损失。

资料来源:百度百科[EB/OL]. https://baike.baidu.com/item/.

(二) 火灾保险

火灾保险始于德国。1591年,德国汉堡的酿造业者成立了第一家火灾合作社。1676年,46家合作社联合成立了普通火灾合作社,该合作社成为第一家公营保险公司——汉堡火灾保险局。1718年,柏林成立了火灾保险署,各地纷纷效仿,普鲁士更以特别条例的形式规定全境实行强制火灾保险。

1666年9月2日,英国伦敦皇家面包店由于烘炉过热而引起火灾,烧了5天5夜,致使13 000多户住宅被毁,20多万居民无家可归。这场大火使人们意识到补偿火灾损失的重要性。此后,英国的火灾保险也得以发展。与德国不同的是,英国是以私人公司和相互保险公司的形式开创和发展火灾保险事业的。较为著名的是牙科医生尼古拉斯·巴蓬于1667年独资创建的一家专门承保火险的营业所,开创了私营火灾保险的先例。该营业所于1680年发展为合伙形式的保险公司,又于1705年发展为凤凰保险公司。1710年,伦敦保险公司成立,开始经营除不动产之外的动产保险业务,经营范围遍及全球,它也是英国现存最古老的保险公司之一。

18世纪末,世界各地火灾保险公司相继成立和壮大。火灾保险的承保范围进一步扩大,洪水、暴风、地震等非火灾危险都列入保险责任范围,保险标的也由房屋扩大到各种固定资产,成为企业财产保险的前身。

(三) 人身保险

人身保险的产生与海上保险的发展是分不开的。15世纪末，欧洲已经十分流行奴隶贩卖活动，许多奴隶贩子将奴隶作为货物投保海上保险，这就产生了以人的生命作为保险标的的保险。到16世纪中叶，德国纽伦堡市市长布鲁修耶尔创立了儿童强制保险。此后，乔治·奥布雷特在斯特拉斯堡大学写出了子女人身保险方案。但是，这些人身保险方案因为得不到大多数人的支持和赞成，没有真正获得成功。

以年金保险创始人而闻名于世的意大利银行家洛伦佐·佟蒂，于1653年向法国政府提出一个著名的联合养老保险方案(简称"佟蒂法")，该方案于1689年由法国国王路易十四正式颁布实施。该方案规定，每人认购300法郎，发行总数为140万法郎的国债，每年由国库付10%的利息，本金不退还。支付利息的办法是把所有认购者按年龄分为14个群体，利息只付给群体的生存者，生存者可随群体死亡人数的增加而领取逐年增加的利息，如果群体成员全部死亡，就停止发放利息。该方案相当于现在的联合生存者终身年金保险。

在人身保险的产生和发展过程中，英国数学家和天文学家埃德蒙·哈雷做出了突出的贡献。1693年，他以布勒斯劳市的市民死亡统计资料为基础，运用先进方法，通过实地考察，精确计算出各个年龄段人口的死亡率，编制出一张完整的死亡表。这是在保险基础理论研究方面取得的突破性成果，奠定了人身保险的数理基础，使后人可以用概率论和数理统计的科学方法经营人身保险，促使人身保险向更广阔的领域发展。

第一次世界大战以后，人身保险迅速发展，相较于其他保险，它具有投资稳定和长期积累的特点。在西方国家的人身保险业务中，可以称得上无险不保、无奇不有，例如芭蕾舞演员的脚尖保险、歌唱演员的嗓子保险、滑稽演员的酒糟鼻子保险，甚至还有英国大臣的脚趾保险。

(四) 责任保险

1855年，英国铁路乘客保险公司向铁路部门提供铁路承运人责任保险，可以将其看作责任保险的开端。1875年的马车第三者责任保险、1895年的汽车第三者责任保险是现代机动车辆第三者责任保险的先驱。第二次世界大战以后，随着法律制度的进一步完善和人们法律意识的增强，责任保险的种类越来越多，例如产品责任保险和各种职业责任保险日益受到欢迎。

(五) 信用保证保险

随着市场经济中商业信用和银行信用的普及，以及道德风险日益频繁发生，信用保证保险问世并发展。1702年，英国首先创办雇主损失保险公司，开展信用保证保险业务。1840年和1842年，英国又相继成立了保证社和保证公司。1876年，美国也开展了信用保证保险业务。

三、我国保险业的创立与发展

(一) 我国保险业的创立(1949—1958年)

1949年,中华人民共和国成立后,国家对保险机构和保险市场进行整顿、改造。1949年10月,中国人民保险公司正式成立并开业,总部设在北京,陆续开办了火灾保险、货物运输保险、运输工具保险、人身保险、农业保险、国家机关和企业财产强制保险、铁路车辆强制保险、轮船及飞机旅客意外伤害强制保险等,同时开展了对外保险业务。20世纪50年代末,全国有保险机构4600多家、职工5万多人,并与世界许多保险机构建立了广泛的业务联系。

(二) 我国保险业的停滞(1958—1978年)

1958年,国务院在全国财贸工作会议上决定,中国人民保险公司除国外保险业务必须办理以外,国内保险业务停办。1959年5月,中国人民保险公司全面停办国内保险业务,改为专营涉外保险业务,在组织上成为中国人民银行总行国外局的一个处。国内保险业务的中断,导致大量的专业人员和宝贵资料散失,保险业发展受阻。

(三) 我国保险业的恢复(1979年至今)

1979年,经国务院批准,中国人民保险公司恢复国内保险业务和各地分支机构。1984年11月,中国人民保险公司从中国人民银行分离出来,作为国务院直属的局级经济实体。其后,随着改革开放的深入发展,新的保险公司不断出现,国外保险公司纷纷进入中国保险市场,保险业务快速增长,我国保险业进入快速发展阶段。

1. *市场主体多元化发展*

从中华人民共和国成立到改革开放之初,我国保险市场由中国人民保险公司独家垄断经营。1986年,新疆生产建设兵团农牧业生产保险公司成立,现更名为中华联合保险集团股份有限公司,并成为全国性公司。1987年,交通银行设立保险部,并于1991年独立为中国太平洋保险公司。1988年,股份制的中国平安保险公司在深圳成立,并于1992年更名为中国平安保险(集团)股份有限公司,在全国开展保险业务。1994年和1995年,天安保险股份有限公司和大众保险股份有限公司分别在上海成立。与此同时,外资保险公司逐步进入上海,1992年,美国友邦保险有限公司在上海开业,随后日本东京海上保险公司也在上海成立分公司。至此,保险市场垄断格局被打破。2001年,伴随着中国成功加入世界贸易组织(WTO)以及国内保险公司的迅速发展,外资保险公司加快了进入中国市场的脚步,我国保险市场主体呈现多元化局面。国家统计局数据显示,我国保险系统机构从2002年的47个增长至2022年的239个,初步建成了多种组织形式和所有制形式并存、公平竞争、共同发展的保险市场体系。

2. *保险业务迅猛发展*

改革开放之初,全国保费收入只有4.6亿元。随着改革开放的深入,社会公众风险意识的提升，以及企业、居民对风险保障重视程度的日益增强，人们加大了投保力度，我国保费收入迅速增长。银保监会统计数据显示，2002年全国保费收入达3049.5亿元，2014年增长到20 235.3亿元，约为2002年的6.6倍。2022年，我国保费收入达4.7万亿元，同比增长4.6%。其中，财产险业务保费收入1.3万亿元，同比增长8.9%；人身险业务保费收入3.4万亿元，同比增长3.1%。

3. 市场监管逐步完善

在保险业快速发展过程中，风险防范日益受到人们的重视。随着1995年《中华人民共和国保险法》的颁布与实施，以及1998年中国保险监督管理委员会的成立，我国保险业监管体系逐步完善。目前，我国已经初步建立了集市场监管、公司治理结构监管和偿付能力监管于一体的现代保险监管体制。以公司治理和内控为基础，以偿付能力监管为核心，以现场检查为手段，以资金运用监管为关键环节，以保险保障基金为屏障，构筑了防范风险的五道防线，基本形成了以防范化解风险的机制。在发挥监管机构主导作用的基础上，调动保险公司、行业协会和社会公众的积极性，形成了政府监管、企业内控、行业自律和社会监督"四位一体"的风险防范体系。2002年以前，我国保险业整体净资产为负数，主要原因是保险公司偿付能力严重不足、历史包袱沉重、缺乏风险防范意识等。经过不断的发展，2019年我国保险业净资产已经达到2.48万亿元，历史遗留的利差损包袱得到很好的控制，保险公司的治理和内控制度建设不断加强，特别是建立了市场化的风险自救机制。

4. 市场国际化水平不断提高

从1992年美国友邦保险公司进入中国市场开始，中国保险市场拉开了对外开放的序幕。2006年12月11日，随着中国保险业入世过渡期的结束，国外保险公司大量涌入中国。统计显示，截至2022年9月末，境外保险机构在华设立66家外资保险机构、84家代表处和17家保险专业中介机构，在华外资保险公司总资产达2万亿元。我国保险市场呈现合作共赢、优势互补、和谐发展的全面对外开放新局面。与此同时，国际监管合作不断加强。中国保险监督管理委员会已经加入国际养老金监督管官协会，并当选执行委员会成员。此外，我国加强中美、中欧双边和多边保险监管合作，发起建立亚洲保险监管合作机制，积极参与国际保险监管规则制定。

第二节 保险基本知识

保险作为风险转移或提供保障的工具，在日常生产和生活中不可或缺，它将投保人或被保险人的风险转移给保险人，一旦发生保险合同约定的意外损失或事件，保险人则按约定补偿被保险人的损失或给付相应的保险金。

一、保险的含义

《中华人民共和国保险法》(以下简称《保险法》)第二条规定："本法所称保险，

是指投保人根据合同约定,向保险人支付保险费,保险人对于合同约定的可能发生的事故因其发生所造成的财产损失承担赔偿保险金责任,或者当被保险人死亡、伤残、疾病或者达到合同约定的年龄、期限等条件时承担给付保险金责任的商业保险行为。"该定义首先把保险定位于商业保险(本书所涉及保险均指商业保险),其次对财产保险和人身保险分别定义。在该定义中,"或者"之前属于财产保险的定义,"或者"之后属于人身保险的定义。我们可以从三个角度揭示保险的含义。

(一) 经济角度

保险是分摊意外损失、提供经济保障的一种财务安排。投保人缴纳保险费购买保险,实际上是将其面临的不确定的大额损失转变为确定的小额支出,将未来大额的或持续的支出转变为目前固定的支出。保险提高了投保人的资金效益,因而它被认为是一种有效的财务安排。在人寿保险中,保险作为一种财务安排的特性表现得尤为明显,因为人寿保险还具有储蓄和投资的功能,具有理财的特征。正是从这个意义上来说,保险公司属于金融中介机构,保险业是金融业的一个重要组成部分。

(二) 法律角度

保险是一种合同行为。保险合同当事人双方在法律地位平等的基础上,签订合同,承担各自的义务,享受各自的权利。保险人的权利是向投保人收取保费,义务是当约定的保险事故或事件发生后,向被保险人进行赔偿或给付保险金;投保人(被保险人)的权利是当约定的保险事故或事件发生后,向保险人请求赔偿金或保险金,义务是向保险人支付保费及履行其他约定的事项。

(三) 风险管理角度

保险是风险管理的一种方法,或者是风险转移的一种机制。通过保险,将众多的单位和个人结合起来,变个体应对风险为大家共同应对风险,从而提高人们对风险损失的承受能力。保险的作用在于集散风险、分摊损失。

知识拓展

保险的商品属性

★ 保险的商品形态

保险之所以能成为买卖对象,是因为它具有经济损失补偿的功能,或者说它能提供经济保障,从而满足人们转嫁风险损失的需要。在商业保险形态下,保险是一种纯粹独立形态的保障性商品,它的体化物即为保险单。保险之所以能取得商品形态,究其原因在于在市场经济条件下,保险基金的筹集和保险补偿一般不可能采取直接摊派方式来实现,而只能采取保险人出售保险单和投保人缴纳保险费的方式得以实现。所以,我们可以说保险的商品形态是保险分配关系得以实现的前提,即保险分配关系的商品化。保险商品同样也遵循等价交换的原则,但与其他商品不同的是,在交换过程中,它具有契约性、期限性、条件性和承诺性等特点。

★ 保险商品的价值和使用价值

价值和使用价值是商品的两个基本属性。保险取得了商品形态,因此同其他商品一样,它也具有价值和使用价值。

首先,关于保险商品的价值,要从质和量两个方面来研究。商品的价值是凝结在商品中的无差别的人类劳动,那么保险商品的价值,就是凝结在保险商品中的物化劳动,即保险商品价值的质的规定;进一步对这种无差别劳动进行定量分析,商品的价值可以用商品的价格来衡量,那么保险商品的价值就表现为保险商品的价格,也就是净保费率,即保险商品价值的量的规定。

其次,关于保险商品的使用价值,也要从质和量两个方面来研究。保险可以为人们提供经济保障,具体表现为精神上免除恐惧、经济上补偿损失,即保险商品使用价值的质的规定;量化保险商品的使用价值,以货币为衡量单位,具体表现为保险金额,保险金额是保险人在约定的保险事件发生后,履行赔付或给付责任的最高限额,也是保险提供经济保障的最高额度,即保险商品使用价值的量的规定。

资料来源:魏华林,林宝清.保险学[M].北京:高等教育出版社,2017.

二、保险的要素

保险的要素是指开展保险经济活动所应具备的基本条件,现代商业保险包括以下五个要素。

(一) 可保风险的存在

可保风险的存在是商业保险得以进行的前提条件。可保风险必须是纯粹风险;必须是偶然的、意外的风险;必须是可以测定的风险;必须是能够使大量同质标的都有遭受损失可能性的风险;必须是具有发生重大损失的可能性,但一般不会发生巨灾的风险。随着社会经济的发展、科学技术的进步和市场环境的变化,传统的可保风险条件也将随之发生改变,并影响保险公司的经营和保险业的发展。

(二) 大量同质风险的集合与分散

保险经济补偿活动的过程,既是风险的集合过程,又是风险的分散过程。保险人通过保险将众多投保人所面临的分散性风险集合起来,当发生保险责任范围内的损失时,又将少数人遭受的风险损失分摊给全体投保人,即通过保险的补偿或给付行为分摊损失、分散风险。保险的风险集合与分散应具备两个前提条件。

1. 大量风险的集合体

互助性是保险的特征之一,保险实现互助的方法在于集合多数人的保费,补偿少数人的损失。大量风险的集合,一方面是基于风险分散的技术要求,另一方面是概率论和大数法则在保险经营中得以运用的前提。

2. 同质风险的集合体

所谓同质风险，是指风险单位在种类、品质、性能、价值等方面相近。如果风险为不同质风险，那么风险损失发生的概率就不相同，风险也就无法集合与分散。此外，由于不同质风险的损失程度是有差异的，若对不同质风险进行集合与分散，则会导致保险经营财务的不稳定。

(三) 保险费率的厘定

保险是一种经济保障活动，从经济角度看，它又是一种特殊商品交换行为。因此，厘定保险商品的价格，即厘定保险费率，便构成了保险的基本要素。需要指出，保险费率厘定的含义与保险人在保险市场上的产品定价不同。保险费率厘定主要是根据保险标的的风险状况确定某一保险标的的费率，确定保险人应收取的风险保费；而保险产品定价，除要考虑风险状况外，还要考虑其他因素。影响保险人定价的其他因素包括市场竞争对手的行为、市场供求变化、保险监管要求和再保险人承保条件的变化等。保险费率厘定是保险产品定价的基础。

由于保险商品交换行为是一种特殊的经济行为，为保证保险双方当事人的利益，保险费率厘定要遵循一定的原则并采取科学的方法。

(四) 保险基金的建立

保险的分摊损失与补偿功能是建立在具有一定规模的保险基金基础之上的。保险基金是用于补偿或给付由自然灾害、意外事故和人体自然规律所致的经济损失、人身损害及收入损失，并由保险公司筹集、建立起来的专项货币基金。它主要来源于保险公司的开业资金和向投保人收取的保险费，其中保险费是保险基金的主要来源。由于保险性质和经营上的特殊性，与其他行业的基金相比，保险基金具有来源的分散性和广泛性、总体上的返还性、使用上的专项性、赔付责任的长期性和运用上的增值性等特点。

保险基金是保险业存在的现实经济基础，是保证保险人收支平衡和保证保险公司财务稳定的经济基础，也是保险公司进行投资活动的经济基础，但同时保险基金也制约着保险公司的业务经营规模。

(五) 保险合同的订立

保险关系作为一种经济关系，主要体现为投保人与保险人之间的商品交换关系，这种经济关系需要有关法律对其进行保护和约束，即通过一定的法律形式固定下来，这种法律形式就是保险合同。风险的基本特征是不确定性，这就要求保险人与投保人应在确定的法律或契约关系约束下履行各自的权利与义务。倘若不具备法律或契约规定的权利与义务，那么保险经济关系则难以成立，保险保障活动也难以实施。

三、保险的特征

保险的特征是指保险活动与其他经济活动相比所表现出的基本特点。现代商业保险主要有以下几个特征。

(一) 经济性

保险是一种经济保障活动。保险的经济性主要体现在保险活动的性质、保障对象、保障手段、保障目的等方面。保险经济保障活动是整个国民经济活动的一个有机组成部分，其保障对象即财产和人身直接或间接属于社会生产中的生产资料和劳动力两大经济要素；其实现保障的手段为以支付货币的形式进行补偿或给付；其保障的根本目的，无论从宏观角度还是从企业微观角度来看，都有利于经济发展。

此外，保险的经济性还表现为在市场经济条件下，保险是一种特殊的劳务商品，体现了一种特殊的等价交换的经济关系。这种经济关系直接表现为个别保险人与个别投保人之间的交换关系，间接表现为在一定时期内全部保险人与全部投保人之间的交换关系。从经营的角度看，经营商业保险业务的保险公司属于商业性机构，其经营目标之一是提高经济效益，追求利润最大化。

(二) 互助性

保险具有"一人为众，众为一人"的互助性。没有互助性，保险也就失去了其存在的意义。保险是在一定条件下，分担了个别单位或个人所不能承担的风险，从而形成了一种经济互助关系。在现代商业保险条件下，由于保险公司的出现，并作为一种中间机构来组织风险分散和经济补偿，从而使互助性的关系演变成一种保险人与投保人直接的经济关系，即保险人用多数投保人缴纳的保险费建立的保险基金对少数遭受损失的被保险人进行补偿或给付，但这种变化并不会改变保险的互助性这一基本特征。

(三) 法律性

从法律角度看，保险具有明显的法律性。由于保险是一种合同行为，保险的法律性主要体现在保险合同上。保险合同的法律特征主要有：保险行为是双方的法律行为；保险行为必须是合法的行为；保险合同双方当事人必须有行为能力；保险合同双方当事人在合同关系中的地位是平等的。保险的法律性不仅体现在保险本身是一种合同行为，还体现为法律是保险行为的规范和实现条件，而且法律是保险组织和某些保险业务活动(如法定保险、责任保险等)产生的前提条件。此外，国家对保险业的监督管理也是以法律为依据的。

(四) 科学性

保险是以科学方法处理风险的一种有效措施。现代保险经营以概率论和大数法则等科学的数理理论为基础，保险费率厘定、保险准备金提存等都是以科学的数理计算为依据的。

四、保险与类似活动的比较

保险作为一种应对风险的经济补偿制度，在功能和做法上与救济、储蓄和赌博等活动有相似之处，但还是存在很大的差异。通过比较保险与这些类似活动，我们可以加深对保险内涵的进一步理解。

(一) 保险与救济

保险与救济都是人类为抵御灾害事故所致损失而采取的一种办法，在促进社会生活安定方面起到有益的作用。但保险与救济是两种不同的制度和行为，两者主要区别如表2-1所示。

表2-1 保险与救济的区别

比较项目	保险	救济
提供主体	商业保险公司	国家、社团组织、个人
法律依据	法律行为 保险双方均受合同的约束	施舍行为 授受双方均不受合同的约束
权利义务	双务合同，等价有偿交换 保险双方权利和义务对等	单务合同 授受双方权利和义务不对等
保障对象	保险合同约定的被保险人或受益人	无谋生能力的老、弱、病、残等弱势群体
保障水平	保障水平多样化 保障形式和数量由保险合同决定	保障水平一般较低 保障形式和数量由救济方单方决定

(二) 保险与储蓄

保险与储蓄的共性在于两者都可以积累资金，以备未来不时之需，保障经济生活的安定，体现了有备无患的思想。尤其是人寿保险中的生存保险和年金保险，本身就具有长期储蓄的性质。然而，保险和储蓄是不同的经济行为，两者主要区别如表2-2所示。

表2-2 保险与储蓄的区别

比较项目	保险	储蓄
经济范畴	互助行为，非货币信用范畴	自助行为，货币信用范畴
需求动机	应对风险发生与否、发生时间、损失程度的不确定性 小额保费支出获得稳定保障 分散风险、分摊损失	用于购买准备、支付准备、预防准备 需求时间和数量具有确定性 在自保范围内应对风险
权利主张	投保自愿、退保自由 退保需扣除手续费 发生约定事故或事件领取高于保费数倍的保险金	存款自愿、取款自由 取款无本金损失 到期收回本金和利息
权益性质	保费所有权与使用权永久分离 保险储金所有权与使用权暂时分离	资金所有权和使用权暂时分离
经营技术	保险费率按损失概率、生命表、利率计算	存款以单利、复利为计算基础

(三) 保险与赌博

保险与赌博的共性在于收益具有不确定性，即两者在经济上的得失同样取决于偶然事件的发生与否。从单个被保险人的角度来看，保险费和保险金是不对等的，有的人多年缴纳保险费而没有得到任何补偿，而有的人仅缴纳几期保险费就获得了巨额赔偿。这确实与赌博类似，存在一定的偶然性，但保险与赌博有着本质的不同，两者主要区别如表2-3所示。

表2-3 保险与赌博的区别

比较项目	保险	赌博
风险性质	纯粹风险	投机风险
参与人员	风险厌恶者	风险偏好者
参与目的	分散风险 用确定的成本(保费)支出防范不确定性风险	制造风险 将确定的成本(赌注)变为不确定性收益
参与前提	投保人对保险标的必须具有保险利益	标的可以与双方毫无利害关系
法律地位	在任何国家和地区都是合法的，受法律保护	大多数国家明令禁止，不受法律保护
社会后果	社会"稳定器"，补偿被保险人所遭受的损失	社会"扰乱器"，投机取巧，损人利己

知识拓展

英国保险史上的赌博保险

英国保险史上曾经出现过赌博保险，当事人曾把保险引上赌博的歧途。后来，赌博保险通过立法被禁止。例如，1435年的《西班牙巴塞罗那法令》和1468年的《威尼斯法令》都对赌博保险作出明文规定。英国在1714年也明令禁止赌博保险。由于社会舆论的反对，赌博保险被宣布为非法行为，最终被取缔。

资料来源：刘波，刘璐.保险学[M].大连：东北财经大学出版社，2012.

第三节 保险的职能与作用

保险公司集聚并经营大量资金，这些资金不仅可以用于赔付，还会成为国民经济发展重要的资金来源，因此保险公司不仅仅是传统意义上的补偿性公司，而是集补偿与投资于一体的综合性金融公司。

一、保险的职能

保险具有保险保障、资金融通以及社会管理三项职能，三项职能构成一个有机联系、相互作用的整体。保险保障是保险的基本职能，是保险业区别于其他行业的根本特征；资金融通是在保险保障职能基础上发展起来的，是保险金融属性的具体体现，也是实现保险社会管理职能的重要手段；社会管理是保险业发展到一定程度，并深入到社会生活的诸多层面之后衍生的一项重要职能，社会管理职能的发挥离不开保险保障和资金融通职能的实现，同时社会管理职能的实现为保险保障和资金融通职能的发挥提供更加广阔的空间。

(一) 保险保障职能

保障职能是保险业的立业之本，最能体现保险业的特色和核心竞争力。保险保障职能具体表现为财产保险的补偿职能和人身保险的给付职能。

1. 财产保险的补偿职能

保险的补偿职能体现为在特定灾害事故发生时，在保险的有效期、保险合同约定的责任范围以及保险金额内，按被保险人实际损失金额给予补偿，使得已经存在的社会财富因灾害事故所致的实际损失在经济价值上得到补偿，在使用价值上得以恢复，从而使社会再生产得以持续进行。这种"补偿"既包括对被保险人因自然灾害或意外事故造成的经济损失的补偿，也包括对被保险人依法应对第三者承担的经济赔偿责任的补偿，还包括对商业信用中的违约行为造成的经济损失的补偿。

2. 人身保险的给付职能

人身保险与财产保险是性质完全不同的两种保险。由于人的生命价值很难用货币来衡量，人身保险的保险金额是由投保人根据被保险人对人身保险的需要程度和投保人的缴费能力，在法律允许的范围与条件下，与保险人双方协商后确定的。因此，在保险合同约定的保险事故发生，或者约定的年龄到达以及约定的期限届满时，保险人按照约定进行保险金给付。

(二) 资金融通职能

资金融通职能是指保险人将保险资金中闲置的部分重新投入到社会再生产过程中所发挥的金融中介作用。保险人为了使保险经营稳定，必须保证保险资金的保值与增值，这也要求保险人对保险资金进行运用。保险资金的运用有其必要性，而且也是可能的。一方面，由于保费收入与赔付支出之间存在时间滞差，为保险人进行保险资金融通提供了可能；另一方面，保险事故不会同时发生，保险人收取的保险费不可能一次性全部赔偿出去，也就是保险人收取的保险费与赔付支出之间有时存在数量滞差，这也为保险人进行保险资金融通提供了可能。但是，保险资金融通应以保证保险的赔偿或给付为前提，同时也要遵循合法性、流动性、安全性和效益性的原则。

(三) 社会管理职能

一般来讲，社会管理是指对整个社会及其各个环节进行调节和控制的过程，目的在于正常发挥各系统、各部门、各环节的功能，从而实现整个社会良性运行和有效管理的状态。保险的社会管理职能不同于国家对社会的直接管理，它是通过保险的内在特性，促进经济社会的协调发展以及社会各领域的正常运转和有序发展。保险的社会管理职能是在保险业逐步发展成熟后衍生出来的一项职能，主要体现在以下几个方面。

1. 社会保障管理

保险被誉为社会"稳定器",它有助于保持社会稳定。商业保险是社会保障体系的重要组成部分,在完善社会保障体系方面发挥着重要作用。一方面,商业保险可以为城镇职工、个体工商户、农民和机关事业单位等没有参与社会基本保险制度的劳动者提供保险保障,有利于扩大社会保障的覆盖面;另一方面,商业保险具有产品灵活多样、选择范围广等特点,可以为社会提供多层次的保障服务,提高保障水平,减轻政府在社会保障方面的压力。

2. 社会风险管理

风险无处不在,防范控制风险和减少风险损失是风险管理的重要目标。保险公司从开发产品、厘定费率到承保、理赔的各个环节,都直接面对灾害事故,因此积累了大量的识别、衡量和分析风险的专业知识以及风险损失资料,为全社会风险管理提供了有力的数据支持。同时,保险公司能够积极配合有关部门做好防灾防损,并通过采取差别费率等措施,鼓励投保人和被保险人主动做好各项预防工作,降低风险发生的概率,从而实现对风险的控制和管理。

3. 社会关系管理

通过保险应对灾害损失,不仅可以使被保险人得到合理补偿,而且可以提高事故处理效率,减少当事人可能出现的各种纠纷。由于保险介入灾害处理的全过程,参与到社会关系的管理之中,逐步改变了社会主体的行为模式,为维护政府、企业和个人之间有序的社会关系创造了有利条件,减少了社会摩擦,起到了"社会润滑剂"的作用,大大提高了社会运行效率。

4. 社会信用管理

完善的社会信用制度是建设现代市场体系的必要条件,也是规范市场经济秩序的治本之策。最大诚信原则是保险经营的基本原则,保险公司经营的产品实际上是一种以诚信为基础、以法律为保障的承诺,在培养和增强社会诚信意识方面具有潜移默化的作用。同时,保险公司在经营过程中可以收集企业和个人的履约行为记录,为社会信用体系的建立和管理提供重要的信息资料来源,实现社会信用资源的共享。

二、保险的作用

保险的作用是指保险在国民经济中执行其职能时所产生的社会效应。归纳起来,保险在宏观和微观经济活动中的作用有二:一是发挥社会"稳定器"的作用,保障社会安定;二是发挥社会"助动器"的作用,为资本投资、生产和流通保驾护航。

(一) 保险的微观作用

1. 有助于受灾企业及时恢复生产

在物质资料生产过程中,自然灾害和意外事故是不可避免的,而风险发生的时间、地点以及损失程度都是不确定的。保险赔偿具有合理、及时、有效的特点，投保企业一旦遭遇自然灾害和意外事故并产生损失，能够按照保险合同约定的条件及时得到赔偿，获得资金重新购置资产，恢复生产经营。企业及时恢复生产，可以减少经营损失。

2. 有助于企业加强经济核算

保险作为企业风险管理的财务手段之一，能够把企业不确定的巨额灾害损失转化为固定的少量的保险费支出，并摊入企业的生产成本或流通费用，这是完全符合企业经营核算制度的。企业通过缴纳保险费，把风险损失转嫁给保险公司，不仅不会因灾害损失而影响企业经营成本的均衡，而且能保证企业财务成果的稳定。如果企业不参加保险，为了不因灾害损失而使生产经营中断、萎缩或破产，就需要另外准备风险准备金，这种完全自保型的风险管理财务手段，对企业来说既不经济也不可行。

3. 有助于企业加强风险管理

保险补偿固然可以在短时间内消除或减轻灾害事故的影响，但就物质净损失而言仍旧是一种损失，而且企业也不可能从灾害损失中获得额外的利益。因此，防范风险是企业和保险公司利益一致的行为。保险公司常年面对各种灾害事故，积累了丰富的风险管理经验，不仅可以向企业提供风险管理办法，而且可以通过承保时的风险调查与分析、承保期内的风险检查与监督等活动，尽可能消除风险的潜在因素，达到防灾防损的目的。此外，保险公司还可以通过保险合同和保险费率杠杆调动企业防灾防损的积极性，共同做好风险管理工作。

4. 有助于安定人民生活

家庭是劳动力再生产的基本单位，家庭生活安定是人们从事生产活动和社会活动的基本保证。但是，自然灾害和意外事故对于部分家庭来说是不可避免的，参加保险是家庭风险管理的有效手段。当家庭成员尤其是工资收入者遭遇生、老、病、死、残等意外或必然的事件时，人身保险作为社会保险和社会福利的补充，对家庭的正常经济生活起到保障作用。

5. 有助于民事赔偿责任的履行

人们在日常生产活动和社会活动中，不可能完全排除因民事侵权或其他侵权而发生民事赔偿责任或民事索赔事件的可能性。具有民事赔偿责任风险的单位或个人可以通过保险将此风险转嫁给保险公司，使被侵权人的合法权益得到保障，并顺利获得在保险金额内的民事赔偿。有些涉及民事赔偿责任的保险由政府采取立法的形式强制实施，如机动车第三者责任险。

(二) 保险的宏观作用

1. 有助于保障社会再生产的正常进行

社会再生产过程由生产、分配、交换和消费四个环节组成，它们在时间上是连续的，在空间上是均衡的。但是，社会再生产会因遭遇各种灾害事故而被迫中断和失衡，这种情况是不可避免的。例如，一家大型钢铁厂因巨灾损失而无力及时恢复生产，社会正常的价值流系统和物质流系统因该厂不能履行债务和供货合同而致中断，其连锁反应将影响社会再生产过程的均衡。保险经济补偿能及时和迅速对这种中断和失衡进行修补，从而保证社会再生产的连续性和均衡性。

2. 有助于推动商品的流通和消费

商品通过流通和交换才能进入生产消费或生活消费环节，而在交换过程中难免存在交易双方的资信风险和产品质量风险，保险为克服这些风险提供了便利。例如，出口信用保险为出口商提供了债权损失的经济补偿；履约保证保险为债权人提供了履约担保；产品质量保证保险不仅向消费者做出了针对产品质量问题的经济补偿承诺，而且为厂商的商品做了可信赖的广告。可见，保险在推动商品流通和消费方面的作用是不可低估的。

3. 有助于推动科学技术向现实生产力转化

在各种经济生活中，采用新技术比采用落后技术更容易提高劳动生产率，当代的商品竞争越来越趋向于高新技术的竞争。在商品价值方面，技术附加值比重越来越大。但是，对于熟悉原有技术工艺的经济主体来说，采用新技术就意味着新风险。保险可以对采用新技术带来的风险提供保障，为企业开发新技术、生产新产品以及使用专利技术提供支持，从而促进先进技术的推广应用。

4. 有助于财政和信贷收支平衡的顺利实现

财政收支计划和信贷收支计划是国民经济宏观调控的两大资金调控计划。相对资金运动来说，物质资料的生产、流通与消费是第一位的，所以，财政和信贷所支配的资金运动的规模与结构首先决定于生产、流通和消费的规模与结构。毫无疑问，自然灾害和意外事故的发生将或多或少地造成财政收入的减少和银行贷款归流的中断，同时还会增加财政支出和信贷支出，从而给国家宏观经济调控带来困难。在生产单位参加保险的前提下，财产损失得到保险补偿，恢复生产经营就有了资金保证，生产经营恢复正常，就能保证财政收入的基本稳定，银行贷款也能得到及时清偿。可见，保险对财政和信贷收支的平衡发挥着保障性作用。此外，保险公司积蓄的巨额保险基金还是财政和信贷基金资源的重要补充。

5. 有助于增加外汇收入和增强国际支付能力

保险在对外贸易和国际经济交往中，是必不可少的环节。按照国际惯例，进出口贸易都必须办理保险。保险费与商品的成本价和运费一起构成进出口商品价格的三要素。当一国出口商品时争取到岸价格或进口商品时争取离岸价格，由己方负责保险，可减少保险外汇支出。此外，当一国进入世界保险市场参与再保险业务时，应保持保险外汇收支平衡，力争保险外汇顺差。保险外汇收入是一种无形贸易收入，对于增强国家的国际支付能力起着积极的作用，历来为世界各国所重视。

6. 有助于动员国际范围内的保险基金

保险公司虽是集散风险的中介，但就单个保险公司而言，其所能集中的风险量要受自身承保能力的限制，如果超过承受能力就要向其他保险人分出，或对巨额风险单位采取共保方式。再保险机制或共保机制可以把保险市场上彼此独立的保险基金联结为一体，共同承担某种特定风险，这种行为一旦超越国界，即可实现国际范围内的风险分散。国际再保险是动员国际范围内的保险基金的一种主要形式。

7. 有助于完善和实现国家社会管理职能

保险是风险管理的财务手段，因此保险可以被用来作为国家社会风险管理的政策性工具，以完善和实现国家有关行政部门的社会管理职能。当今世界上不少国家为了实现社会管理的不同目标，设立了相应的险种。例如，为了防止商业银行发生系统性信用危机而建立的存款保险制度，为了应对巨灾风险的善后财务问题而建立的巨灾保险制度，为了刺激出口而设立的出口信用政策性保险，还有政策性农业保险等。可见，保险不仅像利率、税率一样可以成为国家宏观经济管理工具，还可以成为国家社会管理工具。

第四节　保险的分类

为了深入了解保险的内涵和外延，更好地认识保险、运用保险，我们需要对保险（广义的保险）进行分类。从不同的角度，按照不同的标准，保险有不同的分类方法，这里主要介绍常见的保险分类，如图2-1所示。

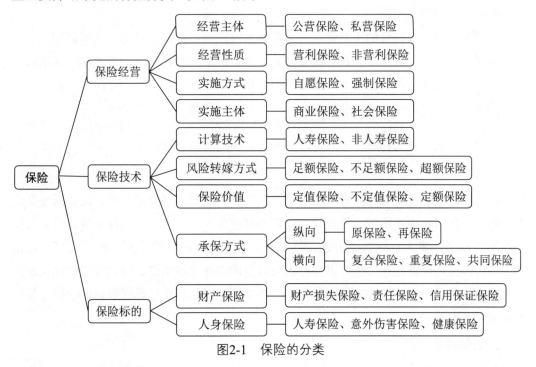

图2-1　保险的分类

一、按保险经营分类

(一) 经营主体

保险经营主体有公法上的人格与私法上的人格之分，以保险经营主体为标准，保险可以分为公营保险和私营保险。

1. 公营保险

公法上的团体经营的保险为公营保险。公营保险分为国家经营的保险和地方各级人民政府或地方自治团体经营的保险，包括国家强制设立的保险机关经营的保险或国家机关提供补助金的保险。

2. 私营保险

私法上的团体经营的保险为私营保险，即私营保险是由私人投资经营的保险，其形式主要有股份保险公司、相互保险公司、保险合作社和个人经营的保险等。

(二) 经营性质

以保险经营性质为标准，保险可以分为营利保险和非营利保险。

1. 营利保险

营利保险是指保险经营者以营利为目的而经营的保险，股份公司经营的保险是较为常见的一种营利保险，劳合社个人经营者经营的保险也是营利保险。

2. 非营利保险

非营利保险的经营目的不是营利。非营利保险或者是由政府资助，以保证经济的协调发展和安定社会经济生活为目标而实施的保险，例如社会保险等；或者是以保证保险参加者的相互利益为目的而实施的保险，例如相互保险、交互保险、合作保险等。

(三) 实施方式

以保险实施方式为标准，保险可以分为自愿保险和强制保险。

1. 自愿保险

自愿保险也称任意保险，它是指保险双方当事人通过签订保险合同，或是需要保险保障的人自愿组合而实施的一种保险。前者如商业保险，后者如相互保险等。自愿保险的保险关系是当事人之间自由决定、彼此合意后所成立的合同关系。投保人可以自由决定是否投保、向谁投保、何时退保，也可以自由选择保障范围、保障程度和保险期限等；保险人可以根据情况决定是否承保、怎样承保，并且自由选择保险标的、设定投保条件等。

2. 强制保险

强制保险又称法定保险，它是国家通过法律法规强制国民必须参加的保险。国家实行强制保险通常有两种情况：一是国家为了实行某项社会政策，例如社会保险；二是开展某种保险有益于社会公共利益，例如对机动车第三者责任实行强制保险，有利于保障交通事故受害者的利益。

(四) 实施主体

以保险实施主体为标准，保险可以分为商业保险和社会保险。

1. 商业保险

商业保险又称合同保险，即保险双方当事人(保险人和投保人)自愿订立保险合同，由投保人缴纳保险费，用于建立保险基金，当被保险人发生合同约定的财产损失或人身损害事件时，保险人履行赔偿或给付保险金的义务。

2. 社会保险

社会保险是指国家通过立法的形式，为依靠工资收入生活的劳动者及其家属提供基本生活条件，以促进社会安定为目标而举办的保险。社会保险的主要险种有养老保险、医疗保险、工伤保险、生育保险和失业保险。

商业保险和社会保险的区别如表2-4所示。

表2-4 商业保险和社会保险的区别

比较项目	商业保险	社会保险
经营性质	营利保险	非营利保险
实施方式	自愿保险	强制保险
实施主体	专营保险公司	政府
保费来源	投保人缴纳保费	雇主和雇员一起承担保费，如果基金不足由财政补贴
保险金额	财产保险由保险标的的价值决定，人身保险视投保人的需求和支付能力而定	国家统一规定，保障劳动者基本生活

二、按保险技术分类

(一) 计算技术

以计算技术在保险经营中的应用程度为标准，保险可以分为人寿保险和非人寿保险。

1. 人寿保险

人寿保险中，危险事故发生的规则性较强，保险合同期限较长，应用寿险精算技术，数理基础较为精确，计算技术能够在保险经营中得到充分应用。

2. 非人寿保险

非人寿保险中，危险事故发生的规则性较弱，保险合同期限较短，应用非寿险精算技术，数理基础难以精确，计算技术在保险经营中的应用受到限制。

(二) 风险转嫁方式

以风险转嫁方式为标准,保险可以分为足额保险、不足额保险和超额保险。

1. 足额保险

足额保险是指以保险价值全部投保而订立保险合同的一种保险,保险合同中约定的保险金额与保险价值相等。在保险事故发生时,若保险标的物全部受损,保险人按照保险金额全额赔偿;若保险标的物部分受损,保险人按照实际损失金额赔偿。

2. 不足额保险

不足额保险也称部分保险,它是指保险合同中约定的保险金额小于保险价值的一种保险。产生不足额保险的原因有两个:一是在订立保险合同时,投保人仅以保险价值的一部分投保,造成保险金额小于保险价值;二是在保险合同存续期间,因保险标的的价值上涨,以致原来的足额保险变成不足额保险。在保险事故发生时,若保险标的物全部受损,保险人按照全部保险金额赔偿;若保险标的物部分受损,保险人按照"实际损失金额×(保险金额/保险价值)"赔偿。

3. 超额保险

超额保险是指保险合同中约定的保险金额大于保险价值的一种保险。造成超额保险的原因不外乎两个:一是在订立保险合同时,保险双方当事人确定的保险金额超过保险价值,这种超额保险有善意和恶意之分;二是在保险合同存续期间,因保险标的的价值跌落,以致原来的足额或不足额保险变成超额保险。在保险事故发生时,如果投保人或被保险人有欺诈行为,则保险合同无效外;如果没有上述情况,保险人只按照实际损失金额赔偿。

(三) 保险价值

以保险价值确定方式为标准,保险可以分为定值保险、不定值保险和定额保险。

1. 定值保险

定值保险是指保险双方当事人订立保险合同时,事先约定保险标的物的保险价值,并在合同中载明,以确定最高保险限额的保险。定值保险适用于那些保险价值难以确定的财产,例如古玩、艺术品、字画、邮票等。海上保险也常采用定值保险,因为海上保险标的物的价值受时间和空间的影响很大,如果不事先约定好保险价值,很容易产生纠纷。在定值保险中,如果保险标的物发生全部损失,保险人按事先约定的保险金额赔偿;如果保险标的物发生部分损失,保险人按"损失程度×保险金额"赔偿。

2. 不定值保险

不定值保险是指保险双方当事人订立保险合同时,不事先约定保险标的物的保险价值,只将保险金额确定后载明于保险合同中,待保险事故发生后再衡量保险标的物的保险价值的保险。大多数财产保险采用不定值保险,当保险事故发生后,保险人核定保险标的物的保险价值并与保险金额对比，以此确定是足额保险、不足额保险还是超额保险，最后在保险金额限度内对实际损失进行赔偿。

3. 定额保险

在人身保险中，保险标的是人的生命和身体。由于人的生命和身体是无法用货币来衡量的，人身保险中不存在保险价值的问题，也就不适用于定值保险和不定值保险。投保人可以根据被保险人对人身保险的需要程度和投保人的缴费能力，在法律允许的范围与条件下，与保险人协商确定保险金额。在保险合同约定的保险事故发生，或者约定的年龄到达以及约定的期限届满时，保险人按照约定金额给付保险金，这就是定额保险。

(四) 承保方式

以保险业务承保方式为标准，保险可以从纵向合作承保和横向合作承保两个角度划分。

1. 纵向合作承保

(1) 原保险。原保险是指投保人与保险人直接签订保险合同而成立保险关系的一种保险。在原保险关系中，保险需求者将其风险转嫁给保险人，当保险标的遭受保险责任范围内的损失时，保险人直接对被保险人负损失赔偿责任。

(2) 再保险。再保险又称分保，它是指保险人将其承担的保险业务，部分或全部转移给其他保险人的一种保险。以前再保险仅适用于财产保险，尤其是财产保险中的海上保险和火灾保险，近些年来已逐步扩展至人身保险、责任保险等。再保险是保险的一种派生形式，原保险是再保险的基础和前提，没有原保险也就没有再保险；再保险是原保险的后盾和支柱，没有再保险，原保险的发展就会受到限制。两者相辅相成，相互促进，共同发展。

2. 横向合作承保

(1) 复合保险。复合保险是指投保人以保险利益的全部或部分，分别向数个保险人投保相同种类的保险，签订数份保险合同，其保险金额总和不超过保险标的价值的一种保险。

(2) 重复保险。重复保险是指投保人以同一保险标的、同一保险利益、同一危险事故分别向数个保险人订立保险合同的一种保险。重复保险与复合保险的区别在于，其保险金额总和超过保险标的价值。重复保险与超额保险一样，弊端甚多，因此法律对此皆有特别的规定，要求具备一定的条件才能成立。

(3) 共同保险。共同保险是指投保人与两个以上保险人之间，就同一保险利益，对同一风险共同缔结保险合同的一种保险。在实务中，数个保险人可能以某一保险公司的名义签发一张保单，然后每一个保险公司对保险事故损失按比例承担责任。

三、按保险标的分类

以保险标的为标准,保险可以分为财产保险和人身保险。

(一) 财产保险

狭义的财产保险仅指财产损失保险。广义的财产保险是指以各种物质财产和有关利益为保险标的,以补偿被保险人的经济损失为基本目的的一种经济补偿制度。除人身保险以外的一切保险业务均属于广义的财产保险。按照保险标的的不同,广义的财产保险可以分为财产损失保险、责任保险和信用保证保险。

1. 财产损失保险

财产损失保险是以有形的财产物质为保险标的,保险人对保险标的因自然灾害或意外事故造成被保险人的财产损失给予经济补偿的一种保险。它剔除了广义的财产保险中的无形财产保险部分,属于狭义的财产保险,例如企业财产保险、家庭财产保险、海上保险、运输保险、工程保险、农业保险等。

2. 责任保险

责任保险是指以被保险人可能承担的民事赔偿责任为保险标的的保险。根据法律规定,被保险人因疏忽或过失造成他人的人身伤害或财产损失,应承担的经济赔偿责任可由保险人代为赔偿。责任保险主要有公众责任保险、产品责任保险、雇主责任保险和职业责任保险等。

3. 信用保证保险

信用保证保险是以信用风险为保险标的,保险人对信用关系的一方因对方不讲信用而遭受的损失负经济赔偿责任的一种保险。信用关系的双方(权利方和义务方)都可以投保该保险。若权利方作为投保人,投保义务方的信用,因义务方不履行义务而使权利方蒙受的经济损失,由保险人负责赔偿,这就是信用保险;若义务方作为投保人,投保自己的信用,因义务方不履行义务而使权利方蒙受的经济损失,由保险人负责赔偿,这就是保证保险。保证保险实质上是保险人提供的一种担保业务,是投保人要求保险人为自己的信用向权利人提供担保的保险。

(二) 人身保险

人身保险是指以人的生命或身体为保险标的,当被保险人在保险期限内发生死亡、伤残、疾病、养老等保险事故或生存至规定时间点时保险人给付保险金的保险业务。按照保险责任的不同,人身保险可以分为人寿保险、意外伤害保险、健康保险。

1. 人寿保险

人寿保险是指以被保险人的生命作为保险标的,以被保险人的生存或死亡作为保险金给付条件的人身保险。人寿保险所承保的风险可以是生存,可以是死亡,也可以同时承保生存和死亡。人寿保险的主要业务有死亡保险、生存保险和两全保险。

2. 意外伤害保险

意外伤害保险是指以被保险人的生命或身体作为保险标的，以意外伤害而致身故或残疾为保险金给付条件的人身保险。意外伤害保险的主要业务有普通意外伤害保险、特定意外伤害保险。

3. 健康保险

健康保险是指以被保险人的身体作为保险标的，以被保险人因疾病或意外事故导致伤害而产生直接费用或间接损失为保险金给付条件的人身保险。健康保险的主要业务有医疗保险、疾病保险、收入损失保险和护理保险。

练一练

一、填空题

1. 保险的职能是( )、( )和( )。
2. 按保险的实施方式分类，保险分为( )和( )。
3. 保险人把其原保险业务转移给其他保险人的承保方式叫( )。
4. 按保险标的分类，保险分为( )、( )、( )和( )。

二、单项选择题

1. 保险是指投保人根据合同约定向保险人支付保险费，保险人对于合同约定事项承担( )保险金责任的商业保险行为。
   A. 赔偿和给付 B. 赔偿和分摊
   C. 分摊和分散 D. 分散和给付
2. 从法学的角度看，保险是一种( )。
   A. 合同行为 B. 经济制度
   C. 风险转移机制 D. 保险行为
3. 从保险公司经营活动看，保险赔偿与给付的基础是( )。
   A. 保费收入 B. 资本金
   C. 保险基金 D. 保险保障基金
4. 关于保险与赌博的关系，下列说法中，正确的是( )。
   A. 两者都以社会公众利益为目的
   B. 两者都能转移或减少风险
   C. 两者都能变不确定性因素为确定性因素
   D. 赌博的输赢与保险赔偿的给付都取决于不确定性事件是否发生

5. 保险与储蓄的共同点是( )。
   A. 都可以应对未来的不确定性风险
   B. 都有互助因素
   C. 都是无代价的
   D. 都存在风险转移

6. 我国《保险法》将保险公司经营的业务分为( )。
   A. 损害保险与人寿保险
   B. 财产保险与人寿保险
   C. 财产保险与人身保险
   D. 财产和意外保险与人寿和健康保险

7. 以各种信用行为为保险标的的保险是( )。
   A. 财产损失保险 B. 人身保险
   C. 责任保险   D. 信用保险

8. 根据我国《保险法》的规定，意外伤害保险属于( )范围。
   A. 人寿保险   B. 人身保险
   C. 财产保险   D. 健康保险

9. 保险人将其承担的保险业务，部分或全部转移给其他保险人的保险称为( )。
   A. 再保险   B. 重复保险
   C. 共同保险   D. 定额保险

10. 投保人以同一保险标的、同一保险利益、同一风险事故分别与数个保险人订立合同，且保险金额总和超过保险价值的一种保险被称为( )。
    A. 共同保险   B. 重复保险
    C. 互助保险   D. 合作保险

三、判断题

1. 从社会的角度来说，保险是保障经济生活安定的互助共济制度。( )
2. 保险和赌博都以随机事件为基础。( )
3. 非寿险就是指财产保险。( )
4. 财产保险的保额一般根据被保险人的保险需求和投保人的缴费能力来确定。( )
5. 共同保险中各保险人对其承担的风险责任的分摊是第一次分摊，再保险则是对风险责任的第二次分摊。( )

四、简答题

1. 保险的构成要素包括什么？
2. 阐述以实施主体为标准划分的保险种类及其内容。

第三章 保险合同

> **学习目标**
> 1. 掌握保险合同的含义与特征，理解保险合同的主体、客体与内容；
> 2. 明确保险合同订立、履行及变更的内容与程序；
> 3. 理解保险合同争议处理的原则与方式；
> 4. 了解相关的保险法律条款，学会运用相关知识分析保险案例。

第一节 保险合同概述

与一般消费者和商家的商品买卖关系不同，保险商品的买卖是建立在合同基础之上的，因而它是一种法律关系。保险合同作为保险双方法律关系的凭证，是联系保险人与投保人及被保险人之间权利义务关系的纽带，是规范保险双方行为的直接依据。保险活动的全过程，实际上就是保险双方订立、履行保险合同的过程。

一、保险合同的含义

保险合同又称保险契约，它是保险双方之间订立的一种在法律上具有约束力的协议，即根据当事人双方的约定，一方支付保险费给对方，另一方在保险标的发生约定事故时，承担经济补偿责任；或者当约定事故发生时，履行给付义务的一种法律行为。

我国《保险法》第十条第一款规定："保险合同是投保人与保险人约定权利义务关系的协议。"因此，收取保险费是保险人的基本权利，赔偿或给付保险金是保险人的基本义务；缴纳保险费是投保人的基本义务，发生保险事故时请求赔偿或给付保险金是被保险人的基本权利。

二、保险合同的一般法律特征

保险合同属于合同的一种，因此，它具有一般合同共有的法律特征。保险合同的一般特征表现在以下几个方面。

(1) 合同双方当事人必须具有民事行为能力。

(2) 签订保险合同是双方当事人意思表示一致的行为，而不是单方的法律行为。任何一方都不能把自己的意志强加给另一方；任何单位或个人对当事人的意思表示不能进行非法干预。

(3) 保险合同必须合法，否则不能得到法律的保护。在一方不能履行义务时，另一方可向国家规定的合同管理机关申请调解或仲裁；或者争议双方依照仲裁协议，将争议交由双方共同信任、法律认可的仲裁机构居中调解，并作出裁决；也可以直接向人民法院起诉。

三、保险合同的个性特征

与一般合同相比较，保险合同是一种特殊类型的合同，具有双务性、射幸性、补偿性、条件性、附和性和个人性等特点。

(一) 保险合同是双务性合同

合同有双务合同和单务合同之分。单务合同是对当事人一方只发生权利，对另一方只发生义务的合同。例如赠与合同、无偿保管合同、无偿借贷合同等都属于单务合同。而双务合同则是双方当事人都享有权利和承担义务，一方的权利即为另一方的义务。在等价交换的经济关系中，大多数合同都是双务合同。我们说保险合同具有双务性，其理由在于，保险合同的投保人负有按约定缴纳保险费的义务，而保险人则负有在保险事故发生时赔偿或给付保险金的义务。但保险合同与一般的双务合同又有不同。在一般的双务合同中，除法律或合同另有规定以外，双方应同时对等给付，而不能一方要求他方先行给付。比如在买卖合同中，买方付款以后，卖方应当依照合同规定给付标的物，不存在其他任何条件。而在保险合同中，虽然投保人缴纳了保险费，但只有在保险事故发生后，保险人才履行保险金赔偿或给付的义务。

(二) 保险合同是射幸性合同

保险合同具有射幸性特点。射幸是碰运气、赶机会的意思，也可以通俗地说，保险合同具有机会性的特点。射幸性特点是指保险合同履行的结果建立在事件可能发生，也可能不发生的基础之上。在合同有效期内，假如保险标的发生损失，则被保险人从保险人那里得到的赔偿金额可能远远超出其所支出的保险费；反之，如无损失发生，则被保险人(或投保人)只付出了保费而没有得到任何货币补偿。保险人的情况则正好与此相反。当保险事故发生时，它所赔付的金额可能大于它所收取的保费；而如果保险事故没有发生，则它只有收取保费的权利，而无赔付的责任。

保险合同的射幸性特点源于保险事故发生的偶然性，这在财产保险合同中表现得尤为明显。而在人寿保险中，在大部分场合，保险人给付保险金的义务是确定的，只是给付时间不同，因此，许多人寿保险合同具有储蓄性，射幸性特点较弱。还需要指出的是，所谓保险合同的射幸性特点是就单个保险合同而言的，如果从保险合同总体来看，保险费与赔偿金额的关系以精确的数理计算为基础，从原则上来说，收入与支出保持平衡，保险合同不存在射幸性特征。

(三) 保险合同是补偿性合同

这主要是针对财产保险合同而言的。所谓补偿合同，即保险人对投保人所承担的义务仅限于赔偿损失部分，赔偿不能高于损失的数额。保险的主要目的是让被保险人恢复到损失发生前的经济状况，而不是改善被保险人的经济状况。这样做既是为了保险人，也是为了整个社会。如果被保险人能够通过保险获利，有些被保险人就会故意犯罪，从而引发道德风险。

(四) 保险合同是条件性合同

合同的条件性是指只有在合同规定的条件得到满足的情况下，合同一方当事人才履行自己的义务；反之，则不履行其义务。保险合同就具有这样的特点。投保人可以不履行合同规定的义务，但如果投保人没有满足合同的要求，他就不能强迫保险人履行其义务。比如，保险合同通常规定，投保人必须在损失发生以后的规定时间内向保险人报告出险情况。没有人强迫投保人必须这样做，换句话说，投保人可以不在规定时间内向保险人报告出险情况，但他也不能指望或强迫保险人赔偿他的损失。

(五) 保险合同是附和性合同

附和性合同即由一方当事人提出合同的主要内容，另一方只是做出取或舍的决定，一般没有商议变更的余地。保险人依照一定的规定，制定保险合同的基本条款；投保人或接受，或不同意投保，一般没有修改某项条款的权利。如果有必要修改或变更保险单的某项内容，通常也只能采用保险人事先准备的附加条款或附属保单，而不能完全依照投保人的意思来改变合同。

但是，保险合同并非全部采取标准合同的形式，因此，不能说所有的保险合同均为附和性合同。有些特殊险种的合同也采取双方协商的办法来签订，这与一般的民事合同性质是相同的。所以说，保险合同不是典型的附和性合同，而是具有附和性合同的性质。保险合同之所以具有附和性合同的性质，其原因在于保险人掌握保险技术和业务经验，投保人往往不熟悉保险业务，因此，很难对条款提出异议。但正因为如此，当保险合同由于条款的歧义而导致法律纠纷时，按照国际上的通常做法，法院往往会做出有利于被保险人的判决。

(六) 保险合同是个人性合同

保险合同的这一特性主要体现在财产保险合同中，保险合同保障的是遭受损失的被保险人本人，而不是遭受损失的财产。由于个人的秉性、行为等将极大地影响风险标的发生损失的可能性和严重性，保险人在审核投保人的投保申请时，必须根据不同投保人的条件以及投保财产的状况来决定是接受其投保还是拒绝，或者有条件地接受其投保。保险合同的这一特性表明，投保人在转让财产的同时，不能同时转让其保险合同，除非经过保险公司的同意。举例来说，张三喜欢开快车，经常发生事故，而李四开车非常谨慎。如果张三去投保，保险公司很可能不接受他的投保申请，或者提高费率。因此，假如李四要将他的车卖给张三，他不能将保险单同时转让给张三，除非经过保险公司的同意。

第二节 保险合同的要素

法律关系包括主体、客体和内容三个不可缺少的要素。保险合同的法律关系也是由这三个要素组成的。保险合同的主体为保险合同的当事人、关系人和辅助人；保险合同的客体为保险利益；保险合同的内容为保险合同当事人和关系人的权利与义务。

一、保险合同的主体

按照民法规定，主体是指拥有权利与承担义务的人。保险合同的主体是指与保险合同发生直接或者间接关系，对保险合同享有权利或承担义务的自然人和法人，包括当事人、关系人和辅助人。

(一) 保险合同的当事人

1. 保险人

保险人是向投保人收取保险费，在保险合同约定的保险事件发生时，对被保险人承担赔偿损失给付责任的人。保险人通常需要具备以下三个条件。

(1) 保险人要具备法定资格，具体内容包括：①保险人必须是依照法定条件和程序设立的保险公司，要接受保险监督管理机构的监管；②保险公司的组织形式应是国有独资公司和股份有限公司两种形式；③保险公司要分业经营，在保险监督管理机构批准的范围内开展保险业务。

(2) 保险人须以自己的名义订立保险合同。保险公司只有以自己的名义与投保人订立保险合同，它才能成为保险合同的保险人。

(3) 保险人须依照保险合同承担保险责任。订立保险合同的目的在于使保险人在合同约定的保险期限内，对发生的保险事故或事件承担赔偿或给付保险金的责任。按照保险合同的约定承担保险责任，是保险人最主要、最基本的合同义务。

2. 投保人

投保人是对保险标的具有保险利益，向保险人申请订立保险合同，并负有缴纳保险费义务的人。投保人通常需要具备以下三个条件。

(1) 具有完全的权利能力和行为能力。保险合同与一般合同一样，要求当事人具有完全的权利能力和行为能力。法人和自然人均应具备这个条件。未取得法人资格的组织不能成为保险合同的当事人，无行为能力或限制行为能力的自然人也不能签订保险合同而成为保险合同的当事人。

(2) 对保险标的必须具有保险利益。投保人如对保险标的不具有保险利益,则不能申请订立保险合同,已订立的合同也为无效合同。在后面的内容中本书将详细讨论什么是保险利益。

(3) 负有缴纳保险费的义务。保险合同为有偿合同,投保人取得经济保障的代价就是缴纳保险费。缴纳保险费的义务为投保人所有,保险人一方无权免除投保人的这一义务。不论保险合同是为自己的利益还是为他人的利益而订立,投保人均须承担缴纳保险费的义务。当投保人为他人利益订立保险合同时,如果投保人未能按时履行缴纳保费的义务,保险合同关系人可以代投保人缴纳,但这只是代付性质,而并非说保险合同关系人有缴纳保险费的义务。保险人不得以关系人非当事人为由而拒收关系人代付的保险费,从而影响保险合同的效力。

(二) 保险合同的关系人

1. 被保险人

被保险人是指其财产或者人身受保险合同保障,享有保险金请求权的人。投保人可以是被保险人。当投保人为自己的利益投保时,投保人、被保险人为同一人。当投保人为他人利益投保时,须遵守以下规定:被保险人应是投保人在保险合同中指定的人;投保人要征得被保险人同意;投保人不得为无民事行为能力人投保以死亡为给付保险金条件的人身保险,但父母为未成年子女投保的人身保险不受此限制,只是死亡给付保险金额总和不得超过保险监督管理机构规定的限额。被保险人的成立应具备以下条件。

(1) 被保险人须是财产或人身受保险合同保障的人。在财产保险合同中,当发生保险事故致使被保财产遭受损失后,被保险人可依照保险合同获得补偿;在人身保险合同中,当被保险人死亡、伤残、疾病或达到约定年龄期限时,保险人要根据保险合同赔偿或给付保险金。

(2) 被保险人须享有保险金请求权。保险金请求权的享有以保险合同的订立为前提,其行使则以保险事故或事件的发生为条件。在财产保险合同中,保险事故发生后,未造成被保险人死亡的,保险金请求权由被保险人本人行使;造成被保险人死亡的,保险金请求权由其继承人依继承法继承。在人身保险合同中,保险事故或事件发生后,被保险人仍然生存的,保险金请求权由被保险人本人行使;被保险人死亡的,保险金请求权由被保险人或者投保人指定的受益人行使;未指定受益人的,保险金请求权由被保险人的继承人行使。

📖 案例拓展

法规面前无小事,定性一笔自己写

某年10月,刘女士通过保险代理人何某为自己的丈夫钱先生购买了终身寿险,但钱先生当时出差在外,于是刘女士代替钱先生在被保险人一栏签名,代理人何某当时也没有阻止。次年12月，钱先生不幸发生意外去世，刘女士在悲痛之余向保险公司提出理赔。保险公司在核赔时对比签名的笔迹，发现被保险人一栏不是钱先生的亲笔签名，因此做出拒赔决定。刘女士为此愤懑不已，认为责任应由代理人承担，因为自己代签时，代理人并没有告知自己不能代签。保险公司虽然对代理人何某做出了处理，但仍然对刘女士拒赔。

★ 案情分析

无论关系如何亲密，即使是夫妻，投保人也不能替被保险人签名，一旦发现有代签问题，保险公司都会拒赔。我国《保险法》第三十四条第一款、第二款规定："以死亡为给付保险金条件的合同，未经被保险人同意并认可保险金额的，合同无效。按照以死亡为给付保险金条件的合同所签发的保险单，未经被保险人书面同意，不得转让或者质押。"案例中，代理人为了尽快签单，默认投保人替被保险人签名，最终损害了保险客户的利益。这种代签名现象不仅表现在投保人替被保险人签名，还常见于代理人替被保险人签名。无论哪种情况，都存在很多隐患，在保险实务中一定要重视签名的真实性。

资料来源：魏丽，李朝锋. 保险学[M]. 大连：东北财经大学出版社，2011.

2. 受益人

受益人也称为保险金受领人，即在保险事故发生后直接向保险人行使赔偿请求权的人。

(1) 受益人的构成要件。首先，受益人是享有赔偿请求权的人。换句话说，受益人是有资格享受保险合同利益的人，但他不负缴纳保险费的义务，保险人不得向受益人追索保险费。需要注意的是，受益人与保险人只是在被保险人死亡时才发生法律关系。

其次，受益人是由保单所有人指定的人。一般来说，如果投保人、被保险人和所有人是同一个人，不论是谁指定受益人，事实上都是一样的；但如果投保人、被保险人和所有人不是同一个人，则最终指定受益人的权利归保单所有人而非投保人或被保险人。保单所有人可以在保险合同中明确指定受益人，也可以规定指定受益人的方法。例如，规定以继承人为受益人。投保人或被保险人必须对保险标的具有保险利益，但受益人不必如此。

通常来说，受益人有两种形式：一种是不可撤销的受益人；另一种是可撤销的受益人。第一种形式，保单所有人只有在受益人同意时才可以更换受益人。第二种形式，保单所有人可以中途变更受益人，或撤销受益人的受益权。受益人的撤销或变更不必征得保险人的同意，但必须通知保险人。如果保单所有人变更受益人时没有通知保险人，保险人如果向原指定受益人给付保险金，不承担对被更改受益人的赔付义务。

> **知识拓展**

财产保险中的"受益人"

在财产保险合同中,没有专门的有关受益人的规定,财产保险的被保险人通常就是受益人;只有在某些特殊情况下,财产保险合同的当事人才约定由第三者享有优先受领保险赔偿的权利,而第三者一般是被保险人的债权人,并非保险法上的受益人。在责任保险合同中,虽没有指定受益人,但保险赔偿并非由被保险人领取。在人身保险合同中,受益人是由被保险人或者投保人指定的享有保险金请求权的人,可以是一人,也可以是数人。

财产保险合同中的标的财产相当于人身保险合同中的被保险人,通常情况下,被保险人相当于人身保险合同中的受益人。

资料来源:魏丽,李朝锋.保险学[M].大连:东北财经大学出版社,2011.

> **知识拓展**

单位为员工投保,受益人不得指定为本单位

在2009年《保险法》修订实施之前,很多单位为职工购买人身保险时,直接指定本单位为受益人。发生保险事故时,单位对职工进行赔偿之后,就可以获得保险公司的赔偿。而按照保险利益原则,单位是不应当作为受益人的,因此也不应当获得保险公司给付的保险金。实践中该现象多被诟病,《保险法》也在根据实践的要求不断作出调整。2009年,修订后的《保险法》第三十九条第二款规定:"投保人指定受益人时须经被保险人同意。投保人为与其有劳动关系的劳动者投保人身保险,不得指定被保险人及其近亲属以外的人为受益人。"也就是说,单位不得被指定为此类保险的受益人。该规定的出发点是最大限度地保护劳动者的利益,体现了法律对劳动者权益保护的日益重视。

资料来源:魏华林,林宝清.保险学[M].北京:高等教育出版社,2017.

(2) 受益人与继承人的区别。虽然受益人与继承人都在他人死亡后受益,但两者的性质是不同的。受益人享有的是受益权,是原始取得;而继承人享有的是遗产分割权,是继承取得。受益人没有用其领取的保险金偿还被保险人生前债务的义务;但如果是继承人,则在其继承遗产的范围内有为被继承人偿还债务的义务。

> **案例拓展**

保险金与遗产的区别

某企业为职工投保团体人身意外伤害保险,保险费由企业支付。职工张某指定妻子刘某为受益人,半年后张某与妻子刘某离婚,离婚次日张某意外死亡。保险公司给付了20万元保险金,该企业以张某生前欠单位借款为由留下一半,另一半则以刘某已与张某离婚为由交给张某父母。想一想,该企业如此处理是否正确?保险金应该给谁?为什么?

★ 案情分析

该企业处理错误。因为受益人是在人身保险合同中由被保险人或投保人指定的享有保险金请求权的人。在指定受益人的情况下，只有受益人才有保险金请求权；同时在指定受益人的情况下，保险金不是遗产，不得用于清偿债务或按遗产分割。因此，20万元保险金应该全部给刘某。

资料来源：魏丽，李朝锋.保险学[M].大连：东北财经大学出版社，2011.

3. 保单所有人

在保单签发之后，对保单拥有所有权的个人或企业被称为保单所有人。保单所有人的称谓主要适用于人寿保险合同。由于财产保险合同大多是一年左右的短期合同，保单没有现金价值，并且大多数投保人都以自己的财产作为保险标的来进行投保(成为被保险人)，并在发生保险事故时得到保险赔偿(成为受益人)，投保人、被保险人、受益人和所有人通常就是一个人，所有人在此并没有太大的意义。但在人寿保险中，由于大多数人寿保险合同具有储蓄性特征，以及在许多场合所有人与受益人并不是同一个人，所有人的意义十分突出和重要。所有人既可以是个人，也可以是一个组织机构；既可以与受益人是同一个人，也可以是其他任何人，例如，与投保人或者被保险人是同一个人。但一般来说，被保险人与保单所有人为同一个人的情况较为普遍。保单所有人拥有的权利通常包括以下几种。

(1) 变更受益人。

(2) 领取退保金。

(3) 领取保单红利。

(4) 以保单作为抵押品进行借款。

(5) 在保单现金价值的限额内申请贷款。

(6) 放弃或出售保单的一项或多项权利。

(7) 指定新的所有人。

(三) 保险合同的辅助人

辅助人也称为中介人，即在订立或履行保险合同的过程中提供某些协助或服务的人，主要有保险代理人、保险经纪人、保险公估人等。辅助人虽然与保险合同的权利义务关系没有直接联系，但却是保险业得以不断发展的必要市场中介，应该给予足够的关注。

1. 保险代理人

保险代理人又称为保险代理商，是根据保险人的委托，向保险人收取代理手续费，并在保险人授权范围内代为办理保险业务的单位和个人。保险代理人协助保险人开展保险业务，其业务主要有保险展业宣传、代收保险费、协助现场查勘或理赔等。

保险代理是民事代理的一种，代理人在授权范围内的业务行为法律后果由保险人负责。保险人不能因为其和代理人的代理关系纠纷对抗被保险人。

保险代理人可以是单位和个人，但不能是保险人或保险经纪人的雇员。保险代理人除了向保险人收取佣金之外，不允许从投保人或有关客户处收取任何费用。

2. 保险经纪人

保险经纪人是为投保方提供各种保险咨询服务，进行风险评估，选择保险公司、保险险别和承保条件并可代表投保人同保险人洽谈保险业务的人或机构，其收入主要来源于按保险公司允许的保险费的一定比例收取的佣金(向保险人收取)。

保险经纪人具有丰富的保险业务知识，通晓市场行情，往往为保险人扩大了业务。在国外发达的保险市场上，保险经纪人对于保险市场的运作和发展起着极其重要的作用。

3. 保险公估人

保险公估人是接受当事人或被保险人的委托，为其进行保险标的查勘、鉴定、估损等并出具证明的人。保险公估人的主要任务是在保险合同订立时查勘风险，在出险后查勘损失的原因并估计损失的程度。

公估人出具的公证报告书被用于证明标的损失的原因和程度，因此公估人的检验技术、赔款理算方式成为影响保险理赔过程的重要因素。

二、保险合同的客体

客体是指在民事法律关系中主体履行权利和义务时共同的指向。客体在一般合同中称为标的，即物、行为、智力成果等。保险合同虽属民事法律关系范畴，但它的客体不是保险标的本身，而是投保人对保险标的所具有的法律上承认的利益，即保险利益。

首先，根据《保险法》第十二条规定："人身保险的投保人在保险合同订立时，对被保险人应当具有保险利益。财产保险的被保险人在保险事故发生时，对保险标的应当具有保险利益。人身保险是以人的寿命和身体为保险标的的保险。财产保险是以财产及其有关利益为保险标的的保险。被保险人是指其财产或者人身受保险合同保障，享有保险金请求权的人。投保人可以为被保险人。保险利益是指投保人或者被保险人对保险标的具有的法律上承认的利益。"因此，投保人必须凭借保险利益投保，而保险人必须凭借投保人对保险标的的保险利益才可以接受投保人的投保申请，并以保险利益作为保险金额的确定依据和赔偿依据。其次，保险合同不能保障保险标的不受损失，而只能保障投保人的利益不变。再次，保险合同成立后，因某种原因导致保险利益消失，保险合同也随之失效。所以，保险利益是保险合同的客体，是保险合同成立的要素之一，如果缺少这一要素，保险合同就不能成立。

保险标的是保险利益的载体。保险标的是投保人申请投保的财产及其有关利益或者人的寿命和身体，是确定保险合同关系和保险责任的依据。在不同的保险合同中，保险人对保险标的的范围都有明确规定，即哪些可以承保，哪些不予承保，哪些在一定条件下可以特约承保等。这是因为不同的保险标的能体现不同的保险利益，而且保险合同双方当事人订约的目的是实现保险保障,合同双方当事人共同关心的也是基于保险标的的保险利益。所以,在保险合同中,客体是保险利益,而保险标的是保险利益的载体。

三、保险合同的内容

保险合同反映了保险当事人和关系人之间的权利与义务关系,对于保险关系中的任意一方来说,都必须清楚地了解保险合同的主要条款以及保险合同的主要形式,以便充分利用保险的功能,防止法律纠纷的出现。

(一) 保险合同的主要条款

保险合同的条款是规定保险人与被保险人之间的基本权利和义务的条文,它是保险公司对所承保的保险标的履行保险责任的依据。保险合同的主要条款包括以下几项。

1. 保险人的名称和住所

保险人专指保险公司,其名称须与保险监督管理机构和工商行政管理机关批准和登记的名称一致。保险人的住所即保险公司或分支机构的主营业场所所在地。

2. 保险人、投保人、被保险人、受益人的名称和住所

将保险人、投保人、被保险人和受益人的名称和住所作为保险合同基本条款的法律意义:明确保险合同的当事人、关系人,确定合同权利与义务的享有者和承担者;明确保险合同的履行地点,确定合同纠纷诉讼管辖。

3. 保险标的

保险标的是指保险对象的财产及其有关利益或者人的生命和身体,它是保险利益的载体。保险标的如为财产及其有关利益,应包括该标的的具体地点,有的还包括利益关系;保险标的如为人的生命和身体,应包括被保险人的性别、年龄,有的还包括被保险人的职业、健康状况,视具体险种而定。

将保险标的作为保险合同基本条款的法律意义:确定保险合同的种类,明确保险人承担责任的范围及保险法规定的适用情况;判断投保人是否具有保险利益及是否存在道德风险;确定保险价值及赔偿数额;确定诉讼管辖。

4. 保险责任和责任免除

保险责任是指保险合同约定的保险事故或事件发生后,保险人所应承担的保险金赔偿或给付责任,其法律意义在于确定保险人承担风险责任的范围。责任免除是指保险人依照法律规定或合同约定,不承担保险责任的范围,它是对保险责任的限制。责任免除条款的内容应以列举方式规定,其法律意义在于进一步明确保险责任的范围,避免保险人过度承担责任,以维护公平和最大诚信原则。

5. 保险期间和保险责任开始时间

保险期间是指保险人为被保险人提供保险保障的起止日期,即保险合同的有效期间。保险期间可以按年、月、日计算,也可按一个工程期或一个生长期等来计算。保险

责任开始时间即保险人开始承担保险责任的时间，通常以年、月、日、时表示。《保险法》第十四条规定："保险合同成立后，投保人按照约定交付保险费，保险人按照约定的时间承担保险责任。"根据此条规定，保险责任开始时间应由双方在保险合同中约定。我国保险实务中，以约定起保日的零点为保险责任开始时间，以合同期满日的24点为保险责任终止时间。

6. 保险价值

保险价值是指保险标的的实际价值，即投保人对保险标的所享有的保险利益的货币估价额。保险价值的确定方法主要有三种。

(1) 由双方当事人在保险合同中约定，当保险事故发生后，无须再对保险标的估价，就可直接根据合同约定的保险标的价值额计算损失。

(2) 按事故发生后保险标的的市场价格确定，即保险标的的价值随市场价格变动，保险人的赔偿金额不超过保险标的在保险事故发生时的市场价格。

(3) 依据法律规定确定保险价值。例如，我国《海商法》第二百一十九条规定："保险标的的保险价值由保险人与被保险人约定。保险人与被保险人未约定保险价值的，保险价值依照下列规定计算：(一)船舶的保险价值，是保险责任开始时船舶的价值，包括船壳、机器、设备的价值，以及船上燃料、物料、索具、给养、淡水的价值和保险费的总和；(二)货物的保险价值，是保险责任开始时货物在起运地的发票价格或者非贸易商品在起运地的实际价值以及运费和保险费的总和；(三)运费的保险价值，是保险责任开始时承运人应收运费总额和保险费的总和；(四)其他保险标的的保险价值，是保险责任开始时保险标的的实际价值和保险费的总和。"

7. 保险金额

保险金额是指保险人承担赔偿责任或者给付保险金的最高限额。在定值保险中，保险金额为双方约定的保险标的的价值。在不定值保险中，保险金额可以按下述方法确定：由投保人按保险标的的实际价值确定；根据投保人投保时保险标的的账面价值确定。无论是在定值保险中还是在不定值保险中，保险金额都不得超过保险价值，超过的部分无效。保险金额在财产保险合同中根据保险价值计算，以保险标的的实际价值为限，可以小于保险价值。在人身保险中，保险金额由双方当事人自行约定。

8. 保险费及其支付办法

保险费是指投保人为取得保险保障，按合同约定向保险人支付的费用。保险费是保险基金的来源。缴纳保险费是投保人应履行的基本义务，保险费的多少取决于保险金额的大小、保险期限的长短和保险费率的高低等。在我国，根据《保险法》第一百三十五条的规定："关系社会公众利益的保险险种、依法实行强制保险的险种和新开发的人寿保险险种等的保险条款和保险费率，应当报国务院保险监督管理机构审批。国务院保险监督管理机构审批时，应当遵循保护社会公众利益和防止不正当竞争的原则。其他保险险种的保险条款和保险费率，应当报保险监督管理机构备案。"保险条款和保险费率审批、备案的具体办法,由国务院保险监督管理机构依照前款规定制定。

9. 保险金赔偿或给付办法

保险金赔偿或给付办法是指保险人承担保险责任的具体方法,由保险合同当事人在合同中依法约定。投保人订立保险合同的目的在于保险事故或事件发生后,保险人能按合同约定的方式、数额或标准,通过赔偿或给付保险金来承担保险责任,因此,保险金的赔偿或给付是保险人在保险合同中承担的一项基本义务。关于保险金的赔偿或给付办法,在财产保险合同中,按规定的方式计算赔偿金额;在人身保险合同中,保险金额按定额给付。

10. 违约责任和争议处理

违约责任是指保险合同当事人因其过错不履行或不完全履行合同约定的义务所应承担的法律后果。保险合同关系到当事人的利益,任何一方违约均可能给对方造成损失,因此,在保险合同中必须明确违约责任,以便防范违约行为的发生。承担违约责任的方式应在保险合同中明确,主要是支付违约金或支付赔偿金。

争议处理是指保险合同发生争议后的解决方式,包括协商、仲裁和诉讼。具体使用何种方式可由双方当事人在合同中事先约定或在争议发生后协商确定;如事先无任何约定(尤其是未约定采用仲裁方式),一方当事人也可在争议发生后直接向法院提起诉讼。

11. 订立合同的年、月、日

注明保险合同的订立时间具有非常重要的意义,它是判断可保利益是否存在的时间标准,以确定保险事故是否已经发生,避免保险欺诈,它还关系到保险合同双方当事人的权利与义务。为了避免纠纷,订立保险合同的年、月、日是保险合同必不可少的条款之一。

12. 保险合同的特约条款

保险合同除了基本条款以外,当事人还可根据特殊需要约定其他条款。为区别于基本条款,这类条款称为特约条款。广义的特约条款包括附加条款和保证条款两种类型;狭义的特约条款仅指保证条款。

(1) 附加条款。附加条款是指保险合同当事人在基本条款的基础上,另行约定的补充条款。附加条款一般采取在保单空白处批注或在保单上用附贴批单的方式,使之成为保险合同的一部分。附加条款是对基本条款的修改或变更,其效力优于基本条款。

(2) 保证条款。保证条款是指投保人或被保险人就特定事项担保的条款,即保证某种行为或事实的真实性的条款。例如,人身保险合同的投保人保证其申报的被保险人年龄真实。保证条款一般由法律规定或由同业协会制定,是投保人或被保险人必须遵守的条款,如有违反,保险人有权解除合同或拒绝赔偿。

(二) 保险合同的主要形式

保险合同的形式是指投保人与保险人就其权利与义务关系达成协议的方式,即保险合同当事人意思表示一致的方式，在实务中通常采用书面形式。保险合同的书面形式主要有投保单、暂保单、保险单、保险凭证、保险批单和其他书面协议等。

1. 投保单

投保单又称为要保书或投保申请书，它是投保人向保险人提出保险要求和订立保险合同的书面要约。投保单是保险人出具保险单的依据和前提。通过投保单，投保人要向保险人如实告知投保风险的状态等有关事项。投保单一般由保险人事先根据险种需要来设计内容格式，投保人在投保时依投保单所列的内容逐项填写，保险人据此核实情况，决定是否承保。

投保单一般会载明保险合同的主要条款，具体包括：投保人、被保险人以及受益人的姓名、身份证号码、性别、家庭住址、出生年月等基本信息；投保的险种、保险金额、保险期限、缴费方式、缴费期限；开始认领年金年龄、领取方式、领取标准、红利派发形式；保险费和付款方式；告知事项；投保人签名及申请时间等。

投保单是保险合同构成文件之一，如果投保单上有记载，而保险单上有遗漏，其效力与记载在保险单上相同。投保单一经保险人签章承保，保险合同即告成立。

2. 暂保单

暂保单又称为临时保单，它是在出立正式保险单或保险凭证之前出具的临时性保险证明。暂保单通常只记载保险单中的被保险人、保险标的、保险金额、保险险种等重要事项以及保险单以外的特别约定。经保险人或保险代理人签章后，交付投保人。在保险单未签发前，暂保单与保险单具有同等法律效力，但其有效期通常为30天并在正式保险单签订时自动失效。在正式保险单签发前，保险人可以终止暂保单，但须提前通知投保人。

暂保单通常在如下情形下签发。

(1) 签订保险合同的分支机构受经营权限或经营程序的限制，需要经过总公司批准，在未获准之前，以暂保单为保险证明。

(2) 保险人与投保人在洽谈或续订合同时，就合同的主要事项已达成协议，但还有一些条件尚待商洽，以暂保单为保险证明。

(3) 保险代理人承揽到业务后，暂时还没有办妥全部手续时，以暂保单为保险证明。

(4) 为出口结汇需要，在正式保单或保险凭证出立前，以暂保单为保险证明。

3. 保险单

保险单又称为保单，即通常所说的书面保险合同，它是保险人和投保人之间订立保险合同的正式书面文件。保险单是投保人与保险人履行权利与义务的依据，是最为重要的保险合同书面形式。保险单必须明确、完整地记载保险双方的权利与义务。保险单通常由声明事项、保险事项、责任免除和条件事项四个部分组成。签发保险单并不构成保险合同成立的要件，而只是保险人的法定义务。如果在签发保险单前发生了保险事故，要区分不同的情况确定保险人是否承担保险责任。

4. 保险凭证

保险凭证又称为小保单，它也是一种保险合同的书面形式，具有与保险单相同的法律效力，但在条款的列举上较为简单。保险凭证只在少数业务中采用，常用于方便携带保险证明的场合。例如，机动车第三者责任险常以保险凭证代替保险单，由被保险人随身携带。

适合采用保险凭证的情况包括：保险人为简化单证手续，在订立海洋运输保险合同时，保险人与外贸公司合作，直接在发票上印就保险凭证，并事先加印签章；当保险公司缮制发票时，保险凭证也随即办妥。在保险实务中，保险凭证没有列明的内容，以同一险种的正式保险单为准；保险凭证与正式保险单内容相抵触的，以保险凭证的特约条款为准。

5. 保险批单

保险批单是保险合同双方当事人就保险单内容进行修改和变更的证明文件，通常用于对已经印制好的保险单的内容做出部分修改，或者对已生效保险单的某些项目进行变更。保险批单一经签发，就自动成为保险合同的组成部分。保险批单的法律效力优于保险单，当保险批单内容与保险单不一致时，以保险批单内容为准。

第三节　保险合同的订立与履行

保险合同的订立与履行必须遵循《中华人民共和国保险法》《中华人民共和国民法典》的规定。

一、保险合同的订立

保险合同的订立是保险人和投保人意思表示一致的法律行为。合同订立的过程，是双方当事人就合同内容通过协商达成协议的过程。保险合同的订立必须经过要约和承诺两个阶段。

(一) 要约

要约是合同当事人一方向另一方表示愿与其订立合同的提议，只表示订立合同的愿望。要约具有一定的法律意义。要约生效后，要约人不得撤回或变更其要约。因为在要约有效期限内，受约人可能因接到要约而拒绝他人的要约，或已为履行合同做了某些准备，如要约人随意撤回或变更其要约，受约人可能因此而蒙受损失。要约生效后，受约人即获得承诺的权利，但没有必须履行承诺的义务。要约发出后，遇到下列情况，要约人不再受要约的约束：要约被受约人拒绝；承诺期限已过；要约在其发生效力之前由要约人撤回。

在保险合同中，一般投保人为要约人，投保人根据保险人事先拟定的保险条款内容填具投保单，并交给保险人的行为即为要约。

(二) 承诺

承诺是受约人对要约人提出的要约全部接受的意思表示，即受约人向要约人表示愿意完全按照要约内容与其订立合同的答复。承诺的内容应当与要约的内容相一致。承诺的法律效力表现为，要约人收到受约人的承诺时，合同即告成立。承诺和要约一样，准许在送达对方之前或同时撤回，但迟到的撤回承诺的通知不发生撤回承诺的效力。

在保险合同中，保险人在接受投保人填具的投保单并在投保单上签章后，即视为承诺，保险合同成立。保险合同的生效是指保险合同对当事人双方发生约束力，即合同条款产生法律效力。如果双方当事人没有约定保险合同生效的条件或时间以及保险责任开始的时间，通常情况下，合同成立时即生效。但是保险合同多为附条件的合同，通常以缴纳保险费为合同生效的条件，所以保险合同是在合同成立后的某一时间生效。保险合同生效后保险责任才开始。保险责任开始前发生的保险事故，保险人不承担责任。

案例拓展

漠视投保单的后果

某年4月，消费者刘某与建设银行南京中央门支行(以下简称建行支行)签订了一份汽车消费贷款合同。随后，刘某向某财产保险公司南京市分公司(以下简称南京分公司)投保了机动车辆消费贷款保证保险。同年11月起，刘某因经济拮据导致还款困难。次年11月18日，建行支行向提供贷款保险单位，即南京分公司提出索赔。南京分公司审核保险协议后，于同年12月6日向建行支行支付了9.3万余元赔偿款。两年后的11月，南京分公司将刘某告上南京六合区法院，请求法院判令刘某偿还南京分公司已赔付给银行的9.3万余元。庭审时，刘某辩称，他与建行支行签订的贷款合同是存在的，但他从未向南京分公司投保，也从未缴纳保险费，更没有签订任何保险合同。南京分公司出具的保险合同系伪造。

法院审理后发现，南京分公司未能出具刘某的投保单，而其出具的保险单既无刘某签字，也无刘某的缴费凭据，所以，无法认定双方曾有过保险合同关系。同时，南京分公司在自行向建行支行理赔后，也不能说明该公司取得向刘某求偿的权利。因此，对于南京分公司的诉讼要求，法院不予支持。

★ **案情分析**

这宗案例反映出保险公司在承保环节普遍存在的漠视投保单的现象，很值得保险公司反思。保险合同是投保人与保险人之间的协议，在保险实务操作中，保险合同以投保单和保险单的形式固定。一般认为，投保人填写的投保单是要约，保险人出具的保险单是承诺，投保单和保险单共同构成一份相对完整的保险合同(有批单的除外)。但在实践中，保险人非常重视保险单，而普遍对投保单不予关注，许多保险公司甚至存在投保单丢失、投保单没有填写、没有投保人签字等情况。在这种情况下，保险公司在行使追偿权或者清理应收保险费时就处于非常不利的地位，一旦投保人不予认可，而保险公司由于没有相应的证据,败诉自然不可避免。与此同时,由于有投保单与保险单分离和投保人并不在保险单上签字确认的业务操作惯例,法律关于保险人"明确说明"保险合同免责条款的义务和投保人如实告知义务的履行情况,大多依靠投保单的内容及投保人的签字确认来反映,如果投保单丢失或者没有投保人签字,将使保险公司面临更大的风险。如果保险公司一如既往地不重视投保单,将付出比本案更严重的经济代价。

资料来源:魏丽,李朝锋.保险学[M].大连:东北财经大学出版社,2011.

二、保险合同的履行

保险合同一经成立,投保人及保险人都必须各自履行义务。一方履行其义务,他方则得以享受其权利或利益,所谓保险合同的履行即双方各自履行义务。

(一) 投保人的义务

1. 缴纳保险费义务

缴纳保险费是投保人最重要的义务。投保人必须按照约定的时间和方法缴纳保险费。根据险种的不同,投保人可以采取不同的方式来缴纳保险费。保险费通常以现金缴纳,但经保险人同意,也可以票据或其他形式缴纳。

根据保险通例,保险费可以由投保人缴纳,也可以由有利害关系的第三人缴纳。无利害关系的第三人也可以代投保人缴纳保险费,但他们并不因此而享有保险合同利益,保险人也不能在第三人缴纳保险费后,请求其继续缴纳保险费,而只能向投保人请求缴纳保险费。

缴纳保险费与合同效力的关系,通常由当事人约定。一般来说,财产保险合同采用一次缴纳保费的形式。在人身保险合同中,可以采取趸交、分期缴纳、终身缴纳等方式。

如果投保人未能依照合同规定履行缴纳保险费的义务,将产生下列法律后果。

(1) 在约定保险费按时缴纳为保险合同生效要件的场合,保险合同不生效。

(2) 在财产保险合同中,保险人可以请求投保人缴纳保险费及迟延利息,也可以终止保险合同。

(3) 在人身保险合同中,如果投保人未按约定期限(包括宽限期在内)缴纳保险费,保险人应进行催告。投保人应在一定期限内缴纳保险费,否则保险合同自动终止。

2. 通知义务

投保人的通知义务主要有两个:一是保险事故危险增加的通知义务;二是保险事故发生的通知义务。

(1) 危险增加的通知义务。在保险合同中,危险增加是有特定含义的,它是指在订立保险合同时,当事人双方未曾估计到的保险事故危险程度的增加。保险事故危险增加的原因一般有两个:一是由投保人或被保险人的行为所致。例如,投保人在投保房屋保险时,房屋的用途是居住。此后,在保单有效期内,投保人将其改为餐馆。这种改变无疑增加了保险事故的危险程度。因此,投保人应当将这种改变通知保险人。二是由投保人或被保险人以外的原因所致，与投保人个人无关。但即使这样，投保人也应当在知道危险增加后，立即通知保险人。《保险法》第五十二条规定："在合同有效期内，保险标的的危险程度显著增加的，被保险人应当按照合同约定及时通知保险人，保险人可以按照合同约定增加保险费或者解除合同。保险人解除合同的，应当将已收取的保险费，按照合同约定扣除自保险责任开始之日起至合同解除之日止应收的部分后，退还投保人。被保险人未履行前款规定的通知义务的，因保险标的的危险程度显著增加而发生的保险事故，保险人不承担赔偿保险金的责任。"保险人在接到通知后，通常采取提高费率和解除保险合同两种做法。在提高费率的场合，如果投保人不同意，则保险合同自动终止。在保险人接到"危险增加"的通知，或虽未接到通知但已经知晓危险增加的情况下，应在一定期限内做出增加保险费或解除合同的意思表示。如果不做任何表示，则可视为默认，以后不得再主张提高费率或解除保险合同。

投保人履行"危险增加"的通知义务，对于保险人正确评估风险具有重要意义。因此，各国保险立法均对此加以明确规定。

(2) 保险事故发生的通知义务。保险合同订立以后，如果发生了保险事故，投保人、被保险人或受益人应及时通知保险人。这一点是非常重要的。因为，保险事故的发生，意味着保险人承担保险责任，履行保险义务的条件已经产生。保险人如果能够及时得知情况，一方面，可以采取适当的措施防止损失扩大；另一方面，保险人可以迅速查明事实，确定损失，明确责任，不致因调查拖延而丧失证据。关于通知的期限，各国法律规定有所不同，有的是几天，有的是几周，有的无明确时间限定，只是在合同中使用"及时通知""立即通知"等字样。

如果投保人未履行保险事故发生的通知义务，则有可能产生两种后果：一是保险人不解除保险合同，但可以请求投保人(被保险人)赔偿因此而遭受的损失；二是保险人免除保险合同上的责任。

3. 避免损失扩大义务

在保险事故发生后，投保人不仅应及时通知保险人，还应当采取各种必要的措施，积极施救，以避免损失扩大。我国《保险法》第五十七条第一款规定："保险事故发生时，被保险人应当尽力采取必要的措施，防止或者减少损失。"为鼓励被保险人积极履行施救义务，《保险法》第五十七条第二款规定："保险事故发生后，被保险人为防止或者减少保险标的的损失所支付的必要的、合理的费用，由保险人承担；保险人所承担的费用数额在保险标的损失赔偿金额以外另行计算，最高不超过保险金额的数额。"

(二) 保险人的义务

保险合同成立后，一旦保险事故发生，保险人即要按照保险合同的规定给付或赔偿保险金。这是保险人的义务。在履行这一义务之前，保险人需要先确定损失赔偿责任。

1. 确定损失赔偿责任

在保险条款中，关于保险人的损失赔偿或给付责任的规定称为"责任范围"。险种不同，保险人的责任范围也不同。对责任范围的限定一般涉及三个方面：基本责任、附加责任和除外责任。

(1) 基本责任。基本责任即保险人依据保险合同的基本条款对被保险人所承担的赔偿或给付责任。

(2) 附加责任。附加责任即附加于保险人基本责任之上的责任。这部分责任是由投保人或被保险人提出要求并经保险人同意而增加的承保责任。附加责任一般不能单独承保，它们大多数是附加在基本责任之上的。

(3) 除外责任。除外责任即保险标的的损失不属于由保险责任范围内的保险事故所导致的结果，因而保险人不予赔偿的责任。对保险人来说，除正面规定其应当承担的责任以外，又明确规定其不应承担的责任，目的是使保险人承担责任的范围更为明确，防止发生法律纠纷。

保险人之所以做出除外责任的规定，是因为它与可保风险的条件联系在一起，具体包括如下理由。

第一，避免保险人遭受重大损失。对于保险人来说，如果它承保了许多相互有关联的保险标的，或者价值很高的单个保险标的，就很容易遭受特大灾难。例如，由于战争可能同时影响许多保险标的，大多数保险合同都将由战争引起的损失排除在外。原子核辐射这类风险涉及面太大，补偿代价过高，或者保险人还缺少这方面的资料和技术来计算损失率，所以一般也被列入除外责任范围。

第二，限制对非偶然事故的赔偿。非偶然事故的损失是很难预测的，补偿费用也非常高昂。此外，自然发生的损失，如自然磨损，也不在补偿之列。

第三，避免逆选择。在保险领域中，逆选择是指这样一种倾向：遭受风险损失可能性大的人比一般的人更希望购买保险。通常来说，保险人是通过一些特殊的合同来限制逆选择的。例如，有些房屋保险对贵重物品(例如珠宝等)的补偿设定了一个最高限额，超过这个最高限额就被列为除外责任，否则保险人将面临过大的风险。因此，假定被保险人所拥有的贵重物品的价值超过保险人所规定的最高限额，被保险人应根据需要购买特殊保险。

除外责任通常要针对地点、风险、财产和损失等方面做出明确的限制。

第一，除外地点。有一些合同要对承保风险的地点做出特殊的规定，例如房屋的地点、汽车驾驶的地域等。

第二，除外风险。保险合同之所以排除一些风险事故，是因为它们或者被其他合同所包括，或者是非同寻常的，因此需要分别定价。例如，许多被保险人不愿意投保地震风险，因为他们认为自己所处的地域不会受到地震风险的威胁。如果有两份保单，一份将地震风险列为除外责任，但投保人每年能够节省100元钱，另一份合同承保地震风险，但投保人每年至少需要多交100元，投保人很可能就会选择前者。因此，为了使房屋保险的价格更具竞争力，保险公司通常在其合同中排除地震风险。

第三，除外财产。在有些合同中，有些财产被列入除外责任范围。这样做的理由主要是在其他合同中，通常已经包含这类财产。例如，责任保险往往将由被保险人看管、监护或控制的他人财产的损失责任排除在外，因为这类损失通常可以由财产保险来承保。

第四，除外损失。有一些由法令和法规引起的损失是不包括在财产保险合同中的。例如，为了社会公共利益，政府颁布禁令所造成的损失；进口货物中带菌，政府下令焚毁而造成货主的损失。有些合同将间接损失作为除外损失，有些合同将物体本身所固有的瑕疵等作为除外损失。

需要说明的是，有些合同也可用附加责任的办法，将原来属于除外责任的内容扩大为承保责任。

2. 履行赔偿给付义务

在责任范围内的保险事故发生后，保险人应向被保险人或受益人赔偿或给付保险金，这是保险人履行赔偿责任的行为。保险人承担赔偿责任主要涉及赔偿金的内容和赔偿金的支付方式两方面。

(1) 赔偿金的内容。赔偿金的内容包括如下几方面。

第一，赔偿给付金额。在财产保险中，赔偿给付金额根据保险财产的实际损失而定，但最高以保险标的的保险金额为限。如有分项保险金额，以该分项保险标的的保险金额为最高限；在人身保险中，则以约定的保险金额为最高限额。

第二，施救费用，即在发生保险责任范围内的保险事故时，被保险人为了抢救以及保护、整理保险财产而承担的合理费用。

第三，为了确定保险责任范围内的损失所支付的受损标的的检验、估价、出售的合理费用。

(2) 赔偿金额的支付方式。在原则上，保险人通常以现金的形式赔付损失和费用，而不负责以实物补偿或恢复原状，但双方在合同中有约定的除外。例如，在财产保险中，保险人按约定负责重建或修理受损财产；在伤害或健康保险中，保险人按约定提供医疗；在工程保险中，保险人按约定重置受损项目或修理相关标的等。

第四节　保险合同的变更

保险合同的变更是指在保险合同存续期间，其主体、内容及效力有所改变。保险合同依法成立，即具有法律约束力，双方当事人都必须全面履行合同规定的义务，不得擅自变更或解除合同。但是，有些保险合同是长期性合同，例如，有些人身保险合同的有效期有五十年甚至更长。由于主客观情况的变化，这就会产生变更的必要。各国保险法律一般都允许保险合同的主体和内容有所改变，我国也是如此。

一、保险合同主体的变更

保险人变更是指保险公司因破产解散、合并、分立而发生的变更。经国家保险管理机关批准，保险人应将其所承担的全部保险合同责任转移给其他保险人或政府有关基金承担。一般来讲，保险合同主体的变更主要是指投保人、被保险人的变更，而不是保险人的变更。

(一) 财产保险中投保人、被保险人的变更

在财产保险中，由于保险标的的买卖、转让、继承等法律行为而引起保险标的所有权的转移，将会引起投保人或被保险人的变更(财产保险中，投保人、被保险人和受益人往往是同一个人)。这实际上涉及保单转让问题。因此，财产保险中保险合同主体的变更通常又称为保险合同转让，即保单转让。关于保单转让的程序，有两种国际惯例。

1. 保单转让必须得到保险人的同意

如果要保持保险合同的有效性，被保险人必须在保险标的的所有权转让时，事先书面通知保险人，经保险人同意，并对保单批注后方可有效，否则保险合同从保险标的所有权转移时即终止。对于大多数财产保险合同而言，由于保险单不是保险标的的附属物，保险标的所有权转移后，保险人需要审核新的财产所有人是否符合保险人的承保条件，才能决定保单能否转让给新的财产所有人。如果新的财产所有人完全不符合保险人的承保条件，那么保险人有权拒绝保单转让。所以，保险单不能随保险标的所有权的转移而自动转让。

在我国保险实务中，一直采用此种做法。但是，《保险法》修订后对此进行了变更。《保险法》第四十九条第一款规定："保险标的转让的，保险标的的受让人承继被保险人的权利和义务。"

2. 允许保单随着保险标的的转让而自动转移，不需要征得保险人的同意，保险合同继续有效

货物运输保险合同属于这种情况。由于货物在运输过程中处于承运人的控制下，而且货物所有权随着货物运输过程中提单的转移屡次发生转移，保险标的所面临的风险与被保险人没有直接关系。在货物运输保险中，保险单可以随货物所有权的转移而自动转让。我国《保险法》第四十九条第二款规定："保险标的转让的，被保险人或者受让人应当及时通知保险人，但货物运输保险合同和另有约定的合同除外。"

(二) 人身保险中投保人、被保险人、受益人的变更

人身保险中，投保人、被保险人、受益人经常不是同一个人，因此，人身保险中保险主体的变更有别于财产保险。一般来说，人身保险合同的保险标的是被保险人的生命或身体，因此不能变更被保险人，所以人身保险合同主体的变更主要涉及投保人和受益人的变更。

1. 投保人的变更

只要新的投保人对被保险人具有保险利益，而且愿意并能缴纳保险费，不需征得保

险人的同意，但要告知保险人。如果是以死亡为给付保险金条件的保险合同，必须经过被保险人的书面同意，才能变更投保人。

2. 受益人的变更

受益人是由被保险人和投保人指定的，其变更主要取决于被保险人的意志。被保险人可以随时变更受益人，不需征得保险人的同意。但是变更要以书面形式通知保险人，保险人收到变更受益人的书面通知后，应当在保险单上批注。

二、保险合同内容的变更

保险合同内容的变更是指在主体不变的情况下，改变合同中约定的事项。一般由当事人一方提出要求，经与另一方协商达成一致后，由保险人在保险合同中批注。保险合同内容的变更主要包括以下几方面。

(1) 保险标的的数量、价值增减而引起的保险金额的增减。

(2) 保险标的的种类、存放地址、占用性质的变化，运输保险中航程变更等，以及由此引起风险程度的变化而导致保险费率的变化。

(3) 保险期限的变更。

(4) 保险责任范围的变化。

保险合同变更时，要求投保人在原合同基础上及时提出变更保险合同事项的要求，经保险人审核，并按规定增减保险费，最后签发书面单证，比如批单或者投保人与保险人订立变更的书面协议，以注明保险单的变动事项。

三、保险合同效力的变更

(一) 保险合同的无效

保险合同的无效是指保险合同虽然已经订立，但在法律上不产生任何效力。按照不同的因素划分，合同的无效分为以下几种形式。

1. 根据原因分类

根据不同的原因划分，保险合同的无效有约定无效与法定无效两种。约定无效由合同的当事人任意约定，只要约定的理由出现，保险合同即告无效。法定无效由法律明确规定，出现符合法律规定的无效情形时，保险合同即告无效。例如，当保险合同的当事人不具有行为能力、保险合同的内容不合法、保险合同违反国家利益和社会公共利益时，保险合同就发生法定无效。

2. 根据范围分类

根据不同的范围划分，保险合同的无效有全部无效与部分无效两种。全部无效是指保险合同全部不发生效力。例如，保险合同的当事人不具有行为能力、保险合同的内容不合法、保险合同违反国家利益和社会公共利益时，保险合同将全部无效。部分无效是指保险合同中仅有一部分无效，其余部分仍然有效。例如，发生善意的超额保险时，保险金额超过保险价值的部分无效，但在保险价值限额以内的部分仍然有效。

3. 根据时间分类

根据不同的时间划分，保险合同的无效有自始无效与失效两种。自始无效是指合同自成立之日起就不具备生效的条件，合同从一开始就未生效。失效是指合同成立后因某种原因而导致合同无效。例如，被保险人对保险标的失去可保利益，保险合同即告失效。失效无须当事人做出意思表示，只要失效的原因出现，保险合同即告失效。

(二) 保险合同的解除

保险合同的解除是指当事人基于合同成立后所发生的具体情况而使合同无效的一种单方面的行为，即合同当事人一方行使解除权，使得合同的一切效力消失并恢复到合同订立之前的状态。

保险合同的解除不同于保险合同的无效。前者是行使解除权使得合同的一切效力消失并恢复到合同订立之前的状态；后者则是根本未发生效力。解除权有规定的时效，解除权可能因超出规定的时效而丧失；而无效合同则并不会因为时效而成为具有效力的合同。

(三) 保险合同的中止与复效

1. 保险合同的中止

保险合同的中止是指在保险合同存续期间，由于某种原因的发生而使保险合同的效力暂时归于停止。在合同中止期间发生的保险事故，保险人不承担赔付责任。人身保险合同的中止，在人寿保险中最为突出。人寿保险的责任起讫期限较长，由数年至数十年不等，故其保险费的缴纳方式大多数不是趸缴，而是分期缴纳。如果投保人在约定的保费缴纳时间没有按时缴纳保费，且在宽限期内仍未缴纳保费，保险合同即中止。根据《保险法》的规定，被中止的保险合同可以在合同中止后的两年内申请复效，同时补缴保费及其利息。

2. 保险合同的复效

保险合同的复效是指保险合同在中止以后再次恢复效力。复效后的合同与原保险合同具有同等效力，可继续履行，即中止并非终止。但被中止的保险合同也可能因投保人不再申请复效，或保险人不能接受已发生变化的保险标的(如被保险人在合同中止期间患有保险人不能承保的疾病)，或其他原因而被解除，不再有效。因此，被中止的保险合同是可撤销的保险合同，可以继续履行，也可能被解除进而终止。

(四) 保险合同的终止

保险合同的终止是指双方当事人之间由合同所确定的权利与义务因法律规定的情形出现时而不复存在。导致保险合同终止的原因很多，主要有以下几种。

1. 因期限届满而终止

保险合同一般都会订明保险期限，如保险期限届满，保险人责任即告消灭，合同因此终止。如果被保险人另办续保手续，属于新合同的开始，而非原保险合同期限的延长。保险合同届满自然终止是保险合同终止的普遍原因。

2. 因解除而终止

解除是较为常见的保险合同终止的原因。在实践中，保险合同的解除分为法定解除、约定解除和任意解除三种。

(1) 法定解除。法定解除是指法律规定的情形出现时，保险合同当事人一方(一般是保险人)依法行使解除权，消灭已经生效的保险合同关系。法定解除是一种单方面的法律行为。从程序上来说，依法有解除权的当事人向对方做出解除合同的意思表示，即可发生解除合同的效力，而无须征得对方的同意。

(2) 约定解除。约定解除是双方当事人约定解除合同的条件，一旦出现所约定的条件时，一方或双方即有权利解除保险合同。保险合同一经解除，保险人的责任亦告终止。从解除条件来看，以约定方式解除保险合同对于合同双方均做了限制性的规定，尤其是对保险人的限制更严格。

(3) 任意解除。任意解除是指法律允许双方当事人根据自己的意愿解除合同。但是，并非所有的保险合同都可以由当事人任意解除和终止，法律对此有严格的条件限制。

3. 因履行而终止

保险期限内发生保险事故后，保险人履行了全部保险金额的赔偿或给付义务，保险合同的效力终止。《保险法》第五十八条规定："保险标的发生部分损失的，自保险人赔偿之日起三十日内，投保人可以解除合同；除合同另有约定外，保险人也可以解除合同，但应当提前十五日通知投保人。合同解除的，保险人应当将保险标的未受损失部分的保险费，按照合同约定扣除自保险责任开始之日起至合同解除之日止应收的部分后，退还投保人。"

第五节 保险合同的争议处理

保险合同争议是指在保险合同成立后，合同主体就合同履行时的具体做法产生意见分歧或纠纷。有些意见分歧或纠纷是由合同双方对合同条款的理解互异造成的，有些则是由违约造成的。不管是什么原因，发生争议以后都需要按照一定的程序处理和解决。

一、保险合同争议的解释原则

保险合同的解释是指当保险双方当事人由于对合同的内容或文字理解不同而发生争议时，依照法律规定的方式或者约定俗成的方式，对保险合同的内容或文字的含义予以确定或说明。保险合同的解释原则通常有以下几个。

(一) 文义解释原则

文义解释即按合同条款通常的文字含义并结合上下文来解释，它是解释保险合同条款的主要方法。被解释的合同内容或文字应具有单一且明确的含义。如果有关术语本来就只有一种意思，或联系上下文只能具有某种特定含义，或根据商业习惯通常仅指某种意思，那就必须按照它的本意去理解。例如暴风、地震、泥石流等，这些字词都有明确、特定的含义。

(二) 意图解释原则

意图解释是指在无法运用文义解释原则时，通过其他背景材料进行逻辑分析来判断合同当事人订约时的真实意图，由此解释保险合同条款的内容。保险合同的真实内容应是双方当事人通过协商后形成的一致意思表示。因此，解释时必须要尊重双方当时的真实意图。意图解释只适用于合同条款不精当、语义混乱，不同的当事人对同一条款所表达的实际意思理解有分歧的情况。如果文字表达清楚，没有含糊不清之处，就必须按照字面解释，不得任意推测。

(三) 有利于被保险人的解释原则

有利于被保险人的解释原则是指当保险合同双方当事人对合同条款有争议时，法院或仲裁机构往往会作出有利于被保险人的解释。例如，我国《保险法》第三十条规定："采用保险人提供的格式条款订立的保险合同，保险人与投保人、被保险人或者受益人对合同条款有争议的，应当按照通常理解予以解释。对合同条款有两种以上解释的，人民法院或者仲裁机构应当作出有利于被保险人和受益人的解释。"这是因为保险合同是附和性合同，有很强的专业性。在订立保险合同时，一般来说，投保人只能表示接受或不接受保险人事先拟定好的条款，有些专业性术语不是一般人能够完全理解的。为了避免保险人利用其有利地位，侵害投保人的利益，各国普遍使用这一原则来解决保险合同双方当事人之间的争议。鉴于此，保险人在拟定合同条款时应尽量使用意思明确的表述，在订立合同时向投保人准确地说明合同的主要内容。

需要指出的是，这一原则不能滥用。如果条款意图清楚，语言文字没有歧义，即使发生争议，也应当依据有效的保险合同约定作出合理、公平的解释。

(四) 批注优于正文、后加的批注优于先加的批注的解释原则

为了满足不同投保人的需要，有时保险人需要在统一印制的保险单上加批注，或增减条款，或进行修改。无论以什么方式更改条款，如果前后条款内容有矛盾或互相抵触，后加的批注、条款应当优于原有的条款。保险合同更改后应写明批改日期。如果由于未写明日期而使条款内容发生矛盾，手写的批注应当优于打印的批注，加贴的批注应当优于正文的批注。

(五) 补充解释原则

补充解释是指当保险合同条款约定内容有遗漏或不完整时，依据商业习惯、国际惯例、公平原则等对保险合同的内容进行务实、合理的补充解释，以便合同继续执行。

📖 案例拓展

保险合同的争议处理

某年3月30日，原告山东省冠县桑阿镇南油坊村委会与被告中国人民财产保险股份有限公司莘县支公司签订车辆保险合同，将一辆车牌号为鲁P36726的长安奥拓微型轿车在被告处投保，被告为该车承保了机动车损失险、车上人员责任险等险种，保险期限为一年。同年5月22日，该车辆在车管所进行了转让登记，车牌号变更为鲁P48083。同年8月18日，该车发生交通事故，导致车辆损坏，经交警认定，该车辆承担事故的全部责任。后被告将原保险单中的车牌号码鲁P36726变更登记为鲁P48083，并交付原告保险单(抄件)一份。原告提出理赔请求后，被告以出险时被保险车辆号牌已过户，未向公司书面申请办理批改手续为由，不予赔付。

合议庭认为，被保险人购买了机动车综合险，双方即形成保险合同关系，程序合法有效，应受法律保护，故双方应按保险条款享受权利、承担义务。被保险车辆在保险期间发生保险事故，造成了车辆损失，保险公司应承担保险责任。经法院主持调解，原、被告自愿达成协议：被告一次性赔偿原告车上人员责任险2万元、机动车损失险1万元，共计3万元。

★ **案情分析**

被保险车辆变更号牌转让他人，未向保险公司办理批改登记手续，保险公司是否担责？

首先，本案适用"意图解释原则"和"有利于被保险人的解释原则"。《保险法》第三十条规定："采用保险人提供的格式条款订立的保险合同，保险人与投保人、被保险人或者受益人对合同条款有争议的，应当按照通常理解予以解释。对合同条款有两种以上解释的，人民法院或者仲裁机构应当作出有利于被保险人和受益人的解释。"本案中，尽管车辆变更号牌、转让他人，但保险合同的要件即合同标的及合同主体、保险责任均未变更，"保险批改手续"办理与否，并不当然加重保险人的责任，因此，被保险人仍应享有合同约定的有关权利。车辆投保时，保险人未将车辆所有人纳入严格的审查范围，而在车辆转让问题上设定"办理批改手续"，规定免责条款，这完全与被保险人签订合同的真实意思相悖。根据以上解释原则，法院应作出对保险人不利的解释，充分保障被保险人的利益。

另外，关于保险合同的变更，我国《保险法》第四十九条第一款及第二款规定："保险标的转让的，保险标的的受让人承继被保险人的权利和义务。保险标的转让的，被保险人或者受让人应当及时通知保险人,但货物运输保险合同和另有约定的合同除外。"这一规定,实质是对"未办理保险批改手续"这一免责事由的否定。

资料来源:王海艳,郭振华.保险学[M].北京:机械工业出版社,2011.

二、保险合同争议的处理方式

按照我国法律的有关规定,保险合同争议的处理方式主要有以下几种。

(一) 协商

协商是指合同双方当事人在自愿互谅的基础上,按照法律、政策的规定,通过摆事实、讲道理、求大同、存小异来解决纠纷。自行协商解决方式简便,有助于增进双方的信任与合作,并且有利于合同的继续执行。

(二) 调解

调解是指在合同管理机关或法院的参与下,通过说服教育,使双方自愿达成协议、平息争端。调解必须遵循法律、政策与平等自愿原则。只有依法调解,才能保证调解工作的顺利进行。如果一方当事人不愿意调解,就不能进行调解。如果调解不成立或调解后一方又反悔,可以申请仲裁或直接向法院起诉。

(三) 仲裁

仲裁是指争议双方依照仲裁协议,自愿将彼此间的争议交由双方共同信任、法律认可的仲裁机构居中调解,并做出裁决。仲裁结果具有法律效力,当事人必须予以执行。

(四) 诉讼

诉讼是指争议双方当事人通过国家审判机关——人民法院进行裁决的一种方式,它是解决争议时最激烈的一种方式。双方当事人因保险合同发生纠纷时,有权以自己的名义直接请求法院通过审判给予法律上的保护。当事人提起诉讼应当在法律规定的时效以内。

《中华人民共和国民事诉讼法》第二十五条对保险合同纠纷的管辖法院做了明确的规定:"因保险合同纠纷提起的诉讼,由被告住所地或者保险标的物所在地人民法院管辖。"《最高人民法院关于适用〈中华人民共和国民事诉讼法〉若干问题的意见》规定:"因保险合同纠纷提起的诉讼,如果保险标的物是运输工具或者运输中的货物,由被告住所地或者运输工具登记注册地、运输目的地、保险事故发生地的人民法院管辖。"

练一练

一、单项选择题

1. 下列有关保险合同的陈述不正确的有(　　)。
   A. 保险合同是保险这种商业行为的基础
   B. 保险合同是投保人与保险人约定权利和义务关系的协议
   C. 保险合同一经成立，便受到法律的约束和保护
   D. 保险合同具有合同的一般特征，也具有自身特征

2. (　　)是指保险合同当事人中至少有一方并不必然履行金钱给付义务。
   A. 有偿性　　　　　　　　　B. 附和性
   C. 双务性　　　　　　　　　D. 射幸性

3. 按保险标的的价值是否载入保险合同进行分类，保险合同可分为(　　)。
   A. 定值保险合同与不定值保险合同
   B. 定额保险合同与补偿保险合同
   C. 足额保险合同与非足额保险合同
   D. 定额保险合同与不定额保险合同

4. 下列属于保险合同当事人的是(　　)。
   A. 受益人　　　　　　　　　B. 保险代理人
   C. 投保人　　　　　　　　　D. 保险经纪人

5. 人身保险的被保险人(　　)。
   A. 可以是法人　　　　　　　B. 可以是法人和自然人
   C. 只能是具有生命的自然人　D. 也包括已死亡的人

6. 保险代理属于(　　)。
   A. 委托代理　　　　　　　　B. 法定代理
   C. 指定代理　　　　　　　　D. 推定代理

7. 保险经纪人基于(　　)的利益，为投保人与保险人订立保险合同提供中介服务，并依法收取佣金。
   A. 保险经纪人　　　　　　　B. 保险代理人
   C. 保险人　　　　　　　　　D. 投保人

8. 保险合同的客体是(　　)。
   A. 被保险人　　　　　　　　B. 保险事故
   C. 保险利益　　　　　　　　D. 保险价值

9. (　　)一般由法律规定或同业协会制定，是投保人或被保险人必须遵守的条款。
   A. 基本条款　　　　　　　　B. 特殊条款
   C. 附加条款　　　　　　　　D. 保证条款

10. 投保人为订立保险合同而向保险人提出的书面要约是( )。
    A. 保险单   B. 暂保单
    C. 投保单   D. 保险凭证

11. 暂保单的有效期一般为( )。
    A. 15天   B. 30天
    C. 45天   D. 60天

12. 保险合同主体的权利与义务的变更属于( )。
    A. 内容变更   B. 主体变更
    C. 客体变更   D. 利益变更

13. 保险合同变更时常用的书面单证是( )。
    A. 暂保单   B. 批注
    C. 保险凭证   D. 批单

14. 分期支付保险费的保险合同，投保人在支付了首期保险费后，未按约定或法定期限支付当期保险费的，合同效力中止。合同效力中止之后( )内，双方未就恢复效力达成协议的，保险人有权解除保险合同。
    A. 1年   B. 2年
    C. 3年   D. 5年

15. 人身保险中，投保人申报的被保险人的年龄不真实，并且其真实年龄不符合合同约定的年龄限制的，保险人可以解除合同，但是自合同成立之日起超过( )的除外。
    A. 1年   B. 2年
    C. 3年   D. 5年

二、多项选择题

1. 保险合同的个性特征是( )。
    A. 个人性   B. 条件性
    C. 双务性   D. 射幸性
    E. 附和性

2. 保险合同的辅助人一般包括( )。
    A. 保险代理人   B. 保险经纪人
    C. 保险监管人   D. 保险公估人
    E. 保单所有人

3. 下列属于保险合同基本条款的内容有( )。
    A. 保险金额   B. 保险人的名称与住所
    C. 保险责任与责任免除   D. 违约责任与争议处理
    E. 保险期间及责任开始时间

4. 下列属于书面形式的保险合同有( )。

　　A. 投保单　　　　　　　　　B. 暂保单

　　C. 保险凭证　　　　　　　　D. 保险单

　　E. 批单

5. 下列有关保险合同订立叙述正确的是( )。

　　A. 一般由投保人向保险人提出投保要求

　　B. 一般由保险人向投保人提出投保要求

　　C. 一般由保险代理人代投保人向保险人提出投保要求

　　D. 一般由保险人予以承诺

　　E. 一般由保险代理人向投保人做出承诺表示

6. 投保人应具备的条件是( )。

　　A. 投保人须具有民事权利能力和民事行为能力

　　B. 投保人须对保险标的具有保险利益

　　C. 投保人须与保险人订立保险合同

　　D. 投保人须按合同约定缴纳保险费

　　E. 投保人是自然人或法人

7. 投保方应履行的基本义务包括( )。

　　A. 如实告知　　　　　　　　B. 缴纳保险费

　　C. 立即通知保险事故　　　　D. 提供有关证明和资料

　　E. 防灾、防损和施救

8. 依照《保险法》的规定，在人身保险中，下列关于受益人变更的操作正确的是( )。

　　A. 投保人变更受益人必须书面通知保险人

　　B. 被保险人变更受益人，既可书面通知保险人，又可采取口头通知方式

　　C. 投保人变更受益人时必须经被保险人同意

　　D. 保险人收到关于变更受益人的书面通知后，必须在保险单上进行批注

　　E. 保险事故发生后变更受益人无效

9. 下列属于保险合同自然终止的情形是( )。

　　A. 因保险合同期满而终止

　　B. 因保险标的全部灭失而终止

　　C. 履约终止

　　D. 协议终止

　　E. 行使终止权终止

10. 下列属于保险合同条款解释方法的有( )。
    A. 文义解释　　　　　　　　B. 意图解释
    C. 学理解释　　　　　　　　D. 补充解释
    E. 自由解释

三、案例分析题

1. 8岁的小学生林冬冬在镇上一所小学读书，学校为包括他在内的所有学生集体投保了学生团体平安保险，每人保险金额为2000元，保险期限为1年。林冬冬的父母已经离婚，林冬冬和他14岁的姐姐由其母亲抚养，母亲在与前夫离婚后又与一个叫谢明强的男子结婚，所以当老师要求林冬冬填写受益人的名字时，林冬冬写上了继父谢明强的名字。

林冬冬的母亲再婚后，与谢明强因感情不和经常吵架，甚至数次提出离婚。保险期间的某一天，两人又一次大吵起来，这一次是为离婚后的家庭财产分割与子女问题而争吵。争吵中，谢明强毒打林冬冬的母亲。林冬冬站在母亲一边与继父谢明强讲理，恼羞成怒的谢明强竟然拿起刀砍伤了他，后来林冬冬不治身亡。当时，林冬冬的母亲急冲上前与谢明强拼命，也被谢明强杀害。

凶杀案发生后，谢明强被逮捕归案不论，但林冬冬被杀身亡一事却引发了他生前投保的学生团体平安保险的保险金应如何给付的问题。

请问：该保险金该如何给付？

2. 2021年×月×日，浙江某小区的地下车库，李某在丈夫的指挥下倒车，但由于李某没控制好倒车速度，不慎将位于车侧后方的丈夫撞顶在车库墙上，其丈夫当场死亡。李某听到丈夫的惨叫声后，在心慌之下误踩油门，由于李某的头部夹在车和墙壁之间，李某也不幸遇难。随后，李某家人向保险公司提出111万元(商三险100万元、交强险11万元)的索赔。保险公司认为家庭成员不属于商三险的第三者，因而本可不予理赔，但鉴于本案案情特殊，保险公司愿意拿出75万元作为补偿金，而家属方则希望得到90万元的补偿，双方未能达成一致，李某家人将保险公司告上了法庭。

请问：被保险人的家庭成员能否作为商三险的第三者获得赔偿？

第四章 保险的基本原则

> **学习目标**
> 1. 掌握保险利益原则、最大诚信原则、近因原则、损失补偿原则及其派生原则的含义、内容及赔款计算方法;
> 2. 理解确立保险基本原则的意义;
> 3. 了解相关的保险法律条款;
> 4. 学会运用保险基本原则分析保险案例。

第一节 保险利益原则

所谓保险利益原则,是指在签订和履行保险合同的过程中,投保人或被保险人对保险标的必须具有保险利益。保险利益既是订立保险合同的前提条件,也是保险合同生效及在其存续期间保持效力的前提条件。无论是财产保险还是人身保险,投保人只有对保险标的具有保险利益,才有条件或有资格与保险人订立保险合同,签订的保险合同才能生效,否则为非法或无效的合同。在保险合同生效履行过程中,如果投保人或被保险人失去对保险标的的保险利益,保险合同也随之失效。

一、保险利益及其成立要件

(一) 保险利益的含义

保险利益是指投保人或被保险人对保险标的所具有的法律承认的经济利益,这种经济利益因保险标的的完好、健在而存在,因保险标的的损毁、伤害而受损。例如,某人拥有一套住房,如果房子安全存在,他可以居住,也可以出租、出售以获得利益;但是如果房子损毁,他无法居住,更谈不上出租、出售,经济上显然要遭受损失。再如,某家庭的主要工资收入者身体健康,能正常工作,他就能为家庭带来一定的经济收入;但是如果他因遭受意外事故而伤残或死亡,则不仅使其家庭经济收入减少,可能还会因为治疗增加其家庭经济支出。所以,保险利益体现的是投保人或被保险人与保险标的之间的经济利益关系。

(二) 保险利益的成立要件

并非投保人或被保险人对保险标的所拥有的任何利益都可称为保险利益,保险利益的构成必须具备下列条件。

1. 保险利益必须是合法的利益

投保人或被保险人对保险标的所具有的利益必须是法律认可并受到法律保护的利益，即在法律上可以主张的利益。违法行为所产生的利益，不能成为保险利益。例如，以盗窃、诈骗、贪污、走私等手段所获取的财物都不能成为保险合同的标的物，由此而产生的利益不能构成保险利益。

2. 保险利益必须是确定的利益

确定的利益包括已经确定的利益和能够确定的利益。已经确定的利益指事实上的利益，即现有的利益，例如投保人已取得财产所有权或使用权而由此享有的利益。能够确定的利益指客观上可以实现的利益，即预期利益。例如货物运输保险的保险金额可以按货物运输目的地的销售价格确定，其中包括预期利润；又如果农可对自己种植的果树的未来收获量进行投保，这些均为预期利益。预期利益是基于现有利益来预测未来可能产生的利益，必须具有客观依据，仅凭主观预测可能会获得的利益或者想象的利益不能成为保险利益。

3. 保险利益必须是经济利益

所谓经济利益是指投保人或被保险人对保险标的的利益价值必须能够用货币衡量。因为保险的目的是弥补被保险人因保险标的出险所遭受的经济损失，这种经济损失正是基于当事人对保险标的的所拥有的经济利益为前提。如果当事人对保险标的不具有经济利益或具有的利益不能用货币衡量，则保险金的赔偿或给付就无法实现。所以，无法用货币衡量价值的利益不能成为保险利益。

二、保险利益原则存在的意义

(一) 规定保险保障的最高限度

保险作为一种经济补偿制度，其宗旨是补偿被保险人因保险标的出险所遭受的经济损失，但不允许被保险人通过保险而获得额外的利益。所以，为了使被保险人既能够得到充分补偿，又不会由于保险而获得额外的利益，就必须以投保人或被保险人在保险标的上所具有的经济利益，即保险利益作为保险保障的最高限度。投保人依据保险利益确定保险金额，保险人在保险利益的限度内支付保险赔款或保险金，这样就可以实现在被保险人得到充分补偿的前提下，有效避免被保险人不当得利。保险利益为投保人取得保险保障和保险补偿提供了客观依据，否则保险保障和保险补偿无法可依、无章可循，甚至可能使被保险人通过保险而获取额外利益。

(二) 防止道德风险的发生

保险金的赔偿或给付以保险标的遭受损失或保险事件的发生为前提条件，如果投保人或被保险人对保险标的无保险利益，那么该标的受损，投保人或被保险人不仅没有遭受损失，还可以获得保险赔款，这样就可能诱发投保人或被保险人为牟取保险赔款而故意破坏保险标的的道德风险；反之，如果有保险利益存在，即投保人或被保险人对保险标的具有经济利益，这种经济利益因保险标的受损而受损，因保险标的的存在而继续享有，这样投保人或被保险人就会关心保险标的的安危，认真做好防损防险工作，使其避免遭受损害。即使有故意行为发生，投保人或被保险人充其量也只能获得其原有的利益，因为保险利益是保险保障的最高限度，保险人只是在这个限度内根据实际损失进行赔偿，因此投保人或被保险人无利可图。而在人身保险方面，保险利益的存在更为必要，如果投保人可以任何人的死亡为条件而获取保险金，产生道德风险的后果是不堪设想的。

(三) 区别保险与赌博的标准

就单个保险合同来说，保险与赌博都将因为偶然事件的发生而获得货币收入或遭受货币损失。例如，按5‰的保险费率计算，投保人一年交5元保险费，其结果或者是发生保险事故而得到1000元赔款，或者是保险事故不发生，投保人只交保险费却得不到保险赔款。赌博也是一样，如果赢了，可以获得多于本金数倍的货币收入；反之，则连本金都将有去无回。从表面上看，保险同赌博相似，都具有射幸因素；但是从实质来看，两者毫无共同之处。保险是基于人类"互助共济"的精神，通过保险补偿被保险人由于保险危险所造成的经济损失，保障人们生活的安定，从而保障社会再生产的顺利进行；而赌博是基于个人的私利，以图不劳而获，是一种损人利己的行为，与保险"互助共济"的精神是格格不入的。为了使保险区别于赌博，并使其不成为赌博，保险要求投保人对保险标的必须具有保险利益，被保险人只有在保险利益受损的条件下才能得到保险赔偿，从而实现保险补偿损失的目的。如果保险不以保险利益的存在为前提，则与赌博无异。

三、保险利益原则的应用

(一) 保险利益原则在财产保险中的应用

1. 保险利益的来源

财产保险的保险标的是财产及有关利益，凡因财产及有关利益受损而遭受损失的投保人，对其财产及有关利益具有保险利益。财产保险的保险利益可以分为以下四种情况。

(1) 财产所有权人、经营管理人的保险利益。财产所有权人、经营管理人因其所有的财产或经营管理的财产一旦损失就会给自己带来经济损失而对该财产具有保险利益，可以为该项财产投保。例如，房屋所有权人可以为其房屋投保家庭财产保险，货物所有人可以为其货物投保运输保险，企业经营者可以为其经营的企业投保企业财产保险。

(2) 抵押权人、质权人的保险利益。抵押与出质都是债权的担保，当债权不能获得清偿时，抵押权人或质权人有从抵押或出质的财产价值中优先受偿的权利。抵押权人与质权人因债权债务关系对财产具有经济上的利害关系,因而对抵押或出质的财产均具有保险利益。就银行抵押贷款的抵押品而言,在借款人偿还贷款之前,抵押品的损失会使银行蒙受损失,银行对抵押品具有保险利益;在借款人还款之后,银行对抵押品的抵押权消失,其保险利益也随之消失。

(3) 负有经济责任的财产保管人或承租人的保险利益。财产的保管人或承租人对他们所保管、使用的财产只要负有经济责任,就具有保险利益。

(4) 合同双方当事人的保险利益。在合同关系中,对于一方当事人或双方当事人来说,只要合同标的损失能给他们带来损失,他们对合同标的就具有保险利益。例如在进出口贸易中,出口方或进口方对其贸易货物均具有投保货物运输保险的保险利益。

案例拓展

为中华世纪坛投保

某游客到北京旅游,在游览了中华世纪坛后,出于爱护国家财产的动机,该游客自愿缴纳保险费为中华世纪坛投保。该游客的投保是否可行?为什么?

★案情分析

该游客对中华世纪坛没有保险利益,因而其投保行为不可行。只有投保人对保险标的具有法律承认的经济利益时,保险关系才能成立。

2. 保险利益的时效

在财产保险中,一般要求投保人从保险合同订立到合同终止始终对保险标的具有保险利益。如果投保时投保人对保险标的具有保险利益,发生损失时已丧失保险利益,则保险合同无效,被保险人无权获得赔偿。但为适应国际贸易的习惯,海洋货物运输保险的保险利益在时效上具有一定的灵活性,投保人在投保时可以不具有保险利益,但索赔时被保险人对保险标的必须具有保险利益。

3. 保险利益的价值确定依据

在财产保险中,保险利益的价值确定以保险标的的实际价值为依据,也就是说,保险标的的实际价值即投保人对保险标的所具有的保险利益的价值。投保人只能根据保险标的的实际价值投保,在保险标的的实际价值的限度内确定保险金额,如果保险金额超过保险标的的实际价值,超过部分无效。《中华人民共和国保险法》(以下简称《保险法》)第五十五条第三款规定:"保险金额不得超过保险价值。超过保险价值的,超过部分无效,保险人应当退还相应的保险费。"

(二) 保险利益原则在人身保险中的应用

1. 保险利益的来源

人身保险的保险标的是人的身体或生命,虽然其价值难以用货币衡量,但人身保合同同样要求投保人与保险标的之间具有利害关系。根据我国《保险法》第三十一条规定，人身保险的保险利益可以分为以下四种情况。

(1) 本人对自己的生命和身体具有保险利益，可以作为投保人为自己投保。

(2) 投保人对配偶、子女、父母的生命和身体具有保险利益，可以作为投保人为他们投保。这是因为配偶之间、父母与子女之间具有法律规定的抚养或赡养责任，被保险人的死亡或伤残会造成投保人的经济损失，因而投保人对其配偶、父母、子女具有保险利益，可以作为投保人为他们投保。

(3) 投保人对前项以外的与投保人具有抚养、赡养关系的其他家庭成员和近亲属具有保险利益。因为与投保人具有抚养、赡养关系的家庭成员和近亲属的伤亡，可能会给投保人带来经济上的损失，因此，投保人对他们具有保险利益，可以为他们投保。

(4) 除前款规定外，被保险人同意投保人为其订立合同的，视为投保人对被保险人具有保险利益。在国外，在判定投保人对他人的生命和身体是否具有保险利益方面，主要有两种观点：一是利害关系论，即只要投保人对被保险人的存在具有精神和物质幸福，被保险人死亡或伤残会造成投保人痛苦和经济损失，投保人对被保险人就具有保险利益。例如，债权人对债务人具有保险利益，企业对其职工具有保险利益。英国、美国等国一般采用这种观点。二是同意或承认论，即只要投保人征得被保险人同意或承认，就对其生命或身体具有投保人身保险的保险利益。德国、日本、瑞士等国采用这种观点。

我国《保险法》第三十一条规定："投保人对下列人员具有保险利益：(一)本人；(二)配偶、子女、父母；(三)前项以外与投保人有抚养、赡养或者扶养关系的家庭其他成员、近亲属；(四)与投保人有劳动关系的劳动者。除前款规定外，被保险人同意投保人为其订立合同的，视为投保人对被保险人具有保险利益。订立合同时，投保人对被保险人不具有保险利益的，合同无效。"可以看出，我国对人身保险合同的保险利益的确定采取了限制家庭成员关系范围并结合被保险人同意的方式。

2. 保险利益的时效

在人身保险中，由于保险期限长并具有储蓄性，强调投保人在订立保险合同时对被保险人必须具有保险利益，而索赔时不追究投保人有无保险利益，即使投保人对被保险人因离异、雇佣合同解除或其他原因而丧失保险利益，也不影响保险合同的效力，保险人仍负给付保险金的责任。例如，张某以自己为受益人为其丈夫刘某投保死亡保险，后双方离婚，被保险人刘某未变更受益人，如果刘某因保险事故死亡，张某作为受益人并不因已丧失妻子身份而丧失保险金的请求权。

3. 保险利益的价值确定依据

人身保险的保险标的是人的生命或身体，这是无法估价的，因而其保险利益也无法以货币衡量。所以，人身保险的保险金额的确定应以被保险人的需要和投保人支付保险费的能力为依据。

(三) 保险利益原则在其他保险中的应用

1. 责任保险的保险利益

责任保险的保险标的是被保险人对第三者依法应负的经济赔偿责任，因承担经济赔偿责任而支付损害赔偿金和其他费用的人具有责任保险的保险利益。责任保险的保险利益可以分为以下三种情况。

(1) 各种固定场所的所有人或经营人，如饭店、商店、影剧院等，其所有人或经营人对顾客、观众等人身伤害或财产损失依法承担经济赔偿责任的，具有保险利益，可投保公众责任保险。

(2) 各类专业人员，如医师、律师、设计师等，这类专业人员对由于工作上的疏忽或过失致使他人遭受损害而依法承担经济赔偿责任的，具有保险利益，可投保职业责任保险。

(3) 制造商、销售商等，因商品质量或其他问题给消费者造成人身伤害或财产损失而依法承担经济赔偿责任的，具有保险利益，可投保产品责任保险。

2. 信用保证保险的保险利益

在信用保证保险中，权利人与被保证人之间必须建立合同关系，他们之间存在经济上的利害关系。债权人对债务人的信用具有保险利益，可以投保信用保险；债务人对自身的信用也具有保险利益，可以按照债权人的要求投保保证保险。

第二节 最大诚信原则

任何一项民事活动，各方当事人都应遵循诚信原则，诚信原则是世界各国立法对民事、商事活动的基本要求。《保险法》第五条规定："保险活动当事人行使权利、履行义务应当遵循诚实信用原则。"但是，在保险合同关系中，对当事人诚信的要求比对一般民事活动的诚信要求更严格，保险合同关系要求当事人具有"最大诚信"，保险合同是最大诚信合同。

一、最大诚信原则及其存在的原因

(一) 最大诚信原则的含义

最大诚信是指当事人应真诚地向对方充分而准确地告知有关保险的所有重要事实，不允许存在任何欺骗、隐瞒行为。在保险合同订立时以及整个保险合同履行过程中，都要求当事人具有"最大诚信"。

最大诚信原则是指保险合同当事人订立保险合同及在合同的有效期内，应依法向对方提供影响对方做出是否缔约及缔约条件的全部实质性重要事实，同时绝对信守合同订立的约定与承诺，否则，受到损害的一方可以此为理由宣布合同无效或不履行合同的约定义务或责任，还可以对因此而受到的损害要求对方赔偿。

(二) 规定最大诚信原则的原因

在保险活动中，之所以规定最大诚信原则，主要归因于保险经营中信息的不对称性和保险合同的特殊性。

1. 保险经营中信息的不对称性

在保险经营中，无论是保险合同订立时还是保险合同成立后，投保人与保险人对有关保险的重要信息的掌握程度是不对称的。

对于保险人而言，投保人转嫁的风险性质和大小直接决定着其能否承保与如何承保。然而，保险标的是广泛且复杂的，作为风险承担者的保险人却远离保险标的，而且有些标的难以实地查勘。而投保人对其保险标的的风险及有关情况是最为清楚的，因此，保险人只能根据投保人的告知与陈述来决定是否承保、如何承保以及确定费率。投保人的告知与陈述是否属实和准确将直接影响保险人的决定，所以要求投保人基于最大诚信原则履行告知义务，尽量对保险标的的有关信息进行披露。

对于投保人而言，由于保险合同条款的专业性与复杂性，一般投保人难以理解与掌握这些条款，对保险人使用的保险费率是否合理、承保条件及赔偿方式是否苛刻等也难以判断。投保人主要根据保险人为其提供的条款说明来决定是否投保以及投保哪个险种，所以要求保险人基于最大诚信原则，履行其应尽的各项义务。

2. 保险合同的特殊性

如前文所述，保险合同属于典型的附和合同，为避免保险人利用保险条款中含糊或容易使人产生误解的文字来逃避自己的责任，保险人应履行其对保险条款的告知与说明义务。另外，保险合同又是一种典型的射幸合同。按照保险合同约定，当未来保险事故发生时，由保险人承担损失赔偿或给付保险金的责任。由于保险人所承保的保险标的是否会发生风险事故是不确定的，而投保人购买保险仅支付较少的保费，保险标的一旦发生保险事故，被保险人所能获得的赔偿将是保费的数十倍甚至更多。因而，就单个保险合同而言，保险人承担的保险责任远远高于其所收取的保费，倘若投保人不诚实、不守信，可能引发大量保险事故，增加保险赔款，这将导致保险人不堪重负，甚至无法永续经营，最终将严重损害广大投保人或被保险人的利益。因此，投保人应基于最大诚信原则真诚履行其告知与保证义务。

二、最大诚信原则的基本内容

最大诚信原则的基本内容包括告知、保证、弃权与禁止反言。早期的保险合同及有关法律规定中的告知与保证是对投保人与被保险人的约束，现代保险合同及有关法律规定中的告知则是对投保人、被保险人以及保险人的共同约束。弃权与禁止反言的规定主要约束保险人。

(一) 告知

告知是指在订立保险合同时,保险人应当向投保人说明保险合同的条款内容,投保人应当如实向保险人陈述与保险标的有关的重要事实。

1. 告知的内容

(1) 要求投保人告知的内容。要求投保人告知的内容主要指在保险合同订立时,投保人应将那些足以影响保险人决定是否承保和确定费率的重要事实如实告知保险人。例如,将人身保险中被保险人的年龄、性别、健康状况、既往病史、家族遗传病史、职业、居住环境、嗜好等如实告知保险人;将财产保险中保险标的的价值、品质、风险状况等如实告知保险人。从理论上讲,投保人的告知分为广义告知和狭义告知两种:广义告知是指保险合同订立时,投保人必须就保险标的的危险状态等有关事项向保险人进行口头或书面陈述,以及保险合同订立后,针对保险标的的风险变更或保险事故发生发出通知;而狭义告知仅指投保人对保险合同成立时保险标的的有关事项向保险人进行口头或书面陈述。事实上,保险实务中所称的投保人告知,一般是指狭义告知。

(2) 要求保险人告知的内容。要求保险人告知的内容主要有两方面:一方面,在保险合同订立时要主动向投保人说明保险合同条款内容,对于责任免除条款还要进行重点说明;另一方面,保险人对于不属于保险赔偿(给付)义务的索赔请求,应当通过向被保险人或者受益人发出拒绝赔付保险金通知书来履行其告知义务。在保险实务中,保险人通常会将免责条款设计得更加醒目,如用黑体印刷、使用不同字号、放置在显著位置、用彩图来表现,并要求投保人在投保单底部签字,以示投保人看过并同意。

2. 告知的形式

(1) 无限告知。无限告知,即法律或保险人对告知的内容没有明确规定,投保人须主动将保险标的的状况及有关重要事实告知保险人。

(2) 询问回答告知。询问回答告知,又称主观告知,即投保人只针对保险人的询问如实告知,对询问以外的问题投保人无须告知。

早期保险活动中的告知形式主要是无限告知。随着保险技术水平的提高,目前世界上许多国家,包括我国在内的保险立法都采用询问回答告知形式。一般操作方法是保险人将需要投保人告知的内容列在投保单上,要求投保人如实填写。我国《保险法》第十六条规定:"订立保险合同,保险人应当向投保人说明保险合同的条款内容,并可以就保险标的或者被保险人的有关情况提出询问,投保人应当如实告知。"

(二) 保证

保证是最大诚信原则的另一项重要内容,属于保险合同的重要条款之一。所谓保证,是指保险人要求投保人或被保险人对某一事项的作为或不作为或对某种事态的存在或不存在做出许诺。保证是保险人签发保险单或承担保险义务,要求投保人或被保险人必须履行某种义务的条件,因此保证主要对投保人产生约束,其目的在于控制风险,确保保险标的及其周围环境处于良好的状态中。

1. 根据保证事项是否存在来分类

根据保证事项是否存在来分类,可将保证分为确认保证和承诺保证。

(1) 确认保证。确认保证是指投保人或被保险人对过去或现在某一特定事实的存在或不存在的保证。确认保证是要求投保人或被保险人对过去或投保当时的事实做出如实陈述,而不是对该事实以后的发展情况做出保证。例如,投保人投保人身保险时,应保证被保险人在过去和投保当时健康状况良好,但不保证今后也一定如此。

(2) 承诺保证。承诺保证是指投保人对将来某一事项的作为或不作为的保证,即对该事项今后的发展做出保证。例如,投保家庭财产保险,投保人或被保险人保证不在家中放置危险物品;投保家庭财产盗窃险,投保人或被保险人保证家中无人时,门窗一定会关好、上锁。

2. 根据保证存在的形式分类

根据保证存在的形式,可将保证分为明示保证和默示保证。

(1) 明示保证。明示保证是指以文字或书面形式将保证内容载明于保险合同中,成为保险合同的条款。例如,我国《机动车辆保险条款》规定:"被保险人必须对保险车辆妥善保管、使用、保养,使之处于正常技术状态。"该条款属于明示保证。明示保证是保证的重要表现形式。

案例拓展

该宾馆破坏保证了吗

某宾馆投保火险附加盗窃险,在投保单上写明能做到全天有警卫值班,保险公司予以承保并以此作为减费的条件。后宾馆于某日被盗,经调查,该日值班警卫因正当理由离开岗位10分钟。

案例中宾馆所做的保证是一种什么保证?保险公司是否能因此拒赔?为什么?

★ 案情分析

该宾馆所做的保证是一种明示保证。保险公司可以因此拒赔。因为该宾馆违反了明示保证规定,而保证是保险合同的一部分,违反了保证,就意味着违约,保险人可以据此解除保险合同,或宣布保险合同无效,在发生保险事故时不承担赔偿保险金的责任。

资料来源:魏丽,李朝锋.保险学[M].大连:东北财经大学出版社,2011.

(2) 默示保证。默示保证一般是国际惯例通行的准则,是指在习惯上认为被保险人应在保险实践中遵守的规则,但这类保证不载明于保险合同中。默示保证的内容通常是以往法庭判决的结果,是保险实践经验的总结。默示保证在海上保险中运用比较多,海上保险的默示保证有三项:一是保险的船舶必须有适航能力;二是要按预定或习惯的航线航行;三是必须从事合法的运输业务。默示保证与明示保证具有同等的法律效力,被保险人都必须严格遵守。

> **知识拓展**
>
> **告知与保证的区别**
>
> 　　告知与保证都是对投保人或被保险人的诚信要求,但两者还是有区别的。告知强调的是诚实,对有关保险标的的重要事实如实申报;而保证则强调守信、遵守诺言、言行一致,许诺的事项与事实一致。所以,保证对投保人或被保险人的要求比告知更为严格。此外,告知的目的在于使保险人能够正确估计其所承担的危险,而保证的目的则在于控制风险。
>
> 资料来源:魏丽,李朝锋.保险学[M].大连:东北财经大学出版社,2011.

(三) 弃权与禁止反言

在保险实践中,弃权与禁止反言主要用于约束保险人,要求保险人为其行为及代理人的行为负责,有利于平衡保险人与投保人或被保险人的权利与义务关系,使最大诚信原则在保险合同的履行中得到落实。

1. 弃权

弃权是指保险合同一方当事人放弃其在保险合同中的某项权利,包括解除权和抗辩权。尽管弃权的主体既可以是保险人,也可以是投保人或被保险人,但更多情况下弃权是就保险人而言的,该规定主要用于约束保险人。

弃权一般因保险人单方面的言词或行为而发生效力。保险人弃权必须具备两个条件:首先,保险人必须知道投保人或被保险人有违反告知义务或保证条款的情形,因而享有合同解除权或抗辩权;其次,保险人必须有弃权的意思表示,包括明示表示和默示表示。对于默示弃权,可以依据保险人的行为推断,如保险人知道投保人或被保险人有违背约定义务的情形,而仍然做出如下行为的,通常被视为默示弃权。

(1) 投保人未按期缴纳保险费,或违背其他约定的义务,保险人有权解除合同,但在已知该种情形的情况下仍然收受投保人逾期缴纳的保险费,则证明保险人有继续维持合同的意思表示,该行为可视为保险人放弃合同解除权或抗辩权。

(2) 被保险人违反防灾防损义务,保险人可以解除保险合同,但在已知该事实的情况下并没有解除保险合同,而是指示被保险人采取必要的防灾防损措施,该行为可视为保险人放弃合同解除权。

(3) 投保人、被保险人或受益人在保险事故发生时,应于约定或法定的时间内通知保险人,但投保人、被保险人或受益人逾期通知而保险人仍然接受,可视为保险人放弃对逾期通知的抗辩权。

(4) 在保险合同有效期内,当保险标的危险增加时,保险人有权解除合同或者请求增加保险费;当保险人请求增加保险费或者继续收取保险费时,则视为保险人放弃合同的解除权。

2. 禁止反言

禁止反言是指合同的一方既然已经放弃其在合同中可以主张的某种权利，则不得再向他方主张这种权利。例如，保险人明知有影响保险合同效力的因素或者事实存在，却以其言词或行为误导不知情的投保人或被保险人相信保险合同无瑕疵，则保险人不得再以该因素或者事实的存在对保险合同的效力提出抗辩，即禁止保险人反言。禁止反言以欺诈或者致人误解的行为为基础，本质上属于侵权行为。保险人有如下情形之一，在诉讼中将被禁止反言。

(1) 保险人明知订立的保险合同有违背条件、无效、失效或其他可解除的原因，仍然向投保人签发保险单，并收取保险费。

(2) 保险代理人就投保申请书及保险单上的条款作出错误的解释，使投保人或被保险人信以为真而进行投保。

(3) 保险代理人代替投保人填写投保申请书时，为使投保申请书的内容易被保险人接受，故意将不实事项填入投保申请书，或隐瞒某些事项，而投保人在保险单上签名时不知其真伪。

(4) 保险人或其代理人表示已按照被保险人的请求完成应当由保险人完成的某一行为，而事实上并未实施，如保险单的批注、同意等，但投保人或被保险人相信该行为已实施。

三、违反最大诚信原则的表现及法律后果

(一) 告知的违反及法律后果

投保人或被保险人违反告知义务的表现主要有四种：漏报，即投保人一方由于疏忽对某些事项未予申报，或者对重要事实误认为不重要而遗漏申报；误告，即投保人一方由于过失而申报不实；隐瞒，即投保人一方明知应申报而有意不申报重要事实；欺诈，即投保人一方有意捏造事实、弄虚作假，故意不正确申报重要事实并有欺诈意图。

各国法律对违反告知义务的处分原则是区别对待的，具体表现为：要区分其违反告知义务的动机是无意还是有意，对有意的处分比无意的重；要区分其违反告知义务的事项是否属于重要事实，对重要事实的处分比非重要事实重。我国《保险法》第十六条规定："投保人因过失未履行如实告知义务，对保险事故的发生有严重影响的，保险人对于保险合同解除前发生的保险事故，不承担赔偿或者给付保险金的责任，但可以退还保险费；投保人故意不履行如实告知义务的，保险人对于保险合同解除前发生的保险事故，不承担赔偿或者给付保险金的责任，并不退还保险费。"

(二) 保证的违反及法律后果

保险活动中，无论是明示保证还是默示保证，保证的事项均属重要事实。被保险人一旦违反保证的事项，不论其是否有过失，也不论是否对保险人造成损害，保险人均有权解除保险合同，不予承担责任。而且除人寿保险外，保险人一般不退还保险费。

> **案例拓展**

如实告知是否应以保险人的询问为前提

某年12月,某保险公司到某幼儿园推销保险产品,小楠的父亲李先生为小楠买了一张金太阳保险卡。保险赔偿范围是"被保险人因意外伤害或疾病经医院诊断必须住院治疗的,保险公司赔偿住院费用"。次年5月18日,小楠被诊断为腺样体肥大。同年5月20日,小楠在医院接受了手术,并于5月23日出院。之后,李先生向保险公司索赔住院费用。

★案情分析

如实告知是否应以保险人的询问为前提?

保险公司认为:医院出具的病情介绍表明,保险单生效前小楠已经患有如上相关疾病。保险条款规定,投保人不履行如实告知义务的,保险人有权解除保险合同,并且不退还保险费,不赔偿保险金。保险公司业务员曾口头询问小楠的健康状况,但李先生没有如实告知,因此不应当赔偿小楠的住院费用。而李先生称,保险公司当时并没有询问小楠的健康状况。

法院认为:保险单生效前小楠已经患有慢性分泌性中耳炎、腺样体肥大等相关疾病,但是投保人投保时未将此情形告知保险公司,投保人看似违反了如实告知义务,保险公司拒赔似乎于法有据。其实不然,投保人的如实告知义务均以保险公司的询问为前提。如果保险公司未就被保险人的相关健康状况进行询问,则投保人没有告知的义务。本案中,保险公司没有证据证明其询问了小楠的健康状况,而李先生又对此予以否认。因此,法院认定保险公司没有就被保险人的健康状况向投保人询问,保险公司应当赔偿小楠住院费用。

资料来源:王海艳,郭振华.保险学[M].北京:机械工业出版社,2011.

第三节 近因原则

在任何一张保险单上,保险人所承担的风险责任范围都是有限的,即保险人承担赔付责任以保险合同约定的风险发生进而导致保险标的损失为条件。但在保险实务中,导致保险标的损失的原因有时错综复杂,为了维护保险合同的公正,可运用近因原则。近因原则是判断保险风险与保险标的损失之间的因果关系,从而确定保险赔付责任的一项基本原则。长期以来,它是保险公司处理赔案时所遵循的重要原则之一。

一、近因及近因原则

(一) 近因的含义

保险损失的近因,是指引起保险损失最直接、最有效、起主导作用或支配作用的原因,而不一定是在时间上或空间上与保险损失最近的原因。

(二) 近因原则的含义

近因原则是指保险赔付以保险风险是损失发生的近因为要件的原则，即在保险风险与保险标的损失关系中，如果保险标的损失的近因属于保险风险，保险人应负赔付责任；如果损失的近因属于不保风险，则保险人不负赔偿责任。

自从英国《海上保险法》第五十五条全面规定了这一原则至今，该原则被各国保险法规所采用。我国《保险法》对近因原则未作出明确的规定，但第二十三条规定："保险人收到被保险人或者受益人的赔偿或者给付保险金的请求后，应当及时作出核定；情形复杂的，应当在三十日内作出核定，但合同另有约定的除外。保险人应当将核定结果通知被保险人或者受益人；对属于保险责任的，在与被保险人或者受益人达成赔偿或者给付保险金的协议后十日内，履行赔偿或者给付保险金义务。保险合同对赔偿或者给付保险金的期限有约定的，保险人应当按照约定履行赔偿或者给付保险金义务。保险人未及时履行前款规定义务的，除支付保险金外，应当赔偿被保险人或者受益人因此受到的损失。任何单位和个人不得非法干预保险人履行赔偿或者给付保险金的义务，也不得限制被保险人或者受益人取得保险金的权利。"同时，第二十四条规定："保险人依照本法第二十三条的规定作出核定后，对不属于保险责任的，应当自作出核定之日起三日内向被保险人或者受益人发出拒绝赔偿或者拒绝给付保险金通知书，并说明理由。"

二、近因的判定

近因判定正确与否，关系到保险双方当事人的切身利益。在保险实务中，保险标的致损原因多种多样，对近因的判定也比较复杂。因此，在确定保险标的损失的近因时，要根据具体情况做出具体分析，一般而言，可能会有以下几种情况。

(一) 单一原因造成保险标的损失

单一原因致损，即造成保险标的损失的原因只有一个，那么这个原因就是近因。若这个近因属于保险风险，保险人承担赔付责任；若这个近因属于不保风险或除外责任，则保险人不承担赔付责任。例如，某企业投保了企业财产保险，后遭遇地震引起房屋倒塌，使机器设备受损。若该险种列明地震不属于保险风险，保险人不予赔偿；若地震被列为保险风险，则保险人应承担赔偿责任。

(二) 同时发生的多种原因造成保险标的损失

多种原因同时致损，即各个原因的发生无先后之分，且对保险标的损失结果的形成都有实质性影响，那么，原则上它们都是保险标的损失的近因。至于保险人是否承担保险责任，可以分为两种情况。

(1) 多种原因均属保险风险，保险人负责赔偿全部损失。例如，暴雨和洪水均属保险风险，其同时造成家庭财产损失，则保险人负责赔偿全部损失。

(2) 多种原因中，既有保险风险，又有除外风险，保险人的责任根据保险标的损失的可分性而定。如果保险标的损失是可以划分的，保险人只负责保险风险所致损失的赔付；如果保险标的损失难以划分，则保险人不予赔付或按比例赔付。

(三) 连续发生的多种原因造成保险标的损失

多种原因连续发生，即各个原因依次发生、持续不断，且具有前因后果的关系。若保险标的损失是由两个或两个以上原因造成的，且各个原因之间的因果关系从未中断，则最先发生并造成一连串事故的原因为近因。如果该近因属于保险责任，保险人应负责赔偿损失；反之，保险人不负责赔偿损失。

例如，敌机投弹引起火灾，造成保险财产的损失。虽然保险财产的损失是由火灾引起的，但火灾是敌机投弹的结果，所以敌机投弹是保险财产损失的近因，而敌机投弹属于战争行为，不属于火灾保险的责任范围，因此，保险人不予赔付。再如，包装食品投保水渍险，在运输途中海水渍湿外包装，致使食品受潮而发生霉变损失。虽然食品损失的直接原因是霉变，而霉变不属于水渍险的责任范围，但霉变却是海水渍湿外包装导致食品受潮造成的结果，所以近因是海水渍湿，因此，保险人应承担赔偿责任。

🔲 案例拓展

近因判定

某居民投保了人身意外伤害险。一个冬天的傍晚，他去森林中打猎，不慎从树上跌下受伤，而后他爬到公路边等待救助，但由于夜间天冷，他最终因染上肺炎死亡。保险人是否承担赔付责任？

★ **案情分析**

本案例中，导致被保险人死亡的原因有两个：一个是从树上跌下；另一个是染上肺炎。前者是意外伤害，属于人身意外伤害险的保险责任；后者是疾病，是该险种的除外责任。从树上跌下引发肺炎疾病并最终导致死亡，前后因连续并有因果关系。所以，死亡的近因是意外伤害而非肺炎，保险人应负赔付责任。

资料来源：魏丽，李朝锋.保险学[M].大连：东北财经大学出版社，2011.

(四) 间断发生的多种原因造成保险标的损失

多种原因间断发生致损，即各个原因的发生虽有先后之分，但它们之间不存在任何因果关系，却对保险标的损失结果的形成都产生了影响。在此种情形下，损失近因的判定及保险人承担责任的处理方法与多种原因同时致损基本相同。

但是，对于有些前因，在新的原因介入时，其发生的作用或效力已经耗尽，或者损害的影响已被新原因取代，则该前因将成为远因而不被考虑，新介入的原因为近因。例如，某青年投保人身意外伤害险，后遭遇车祸，经救治痊愈出院，但因车祸毁容丧失生活信心，最终自杀死亡。该案中，虽然车祸致使被保险人毁容，但并未导致被保险人死亡这一结果，而被保险人自杀也不是毁容的必然结果。所以，车祸这一前因只是使被保险人处于一种非正常的境地，但不是被保险人死亡的充分或必要条件。随着被保险人被救治痊愈出院，车祸对被保险人死亡的影响已逐渐消失，被保险人的死亡是新介入的原因——自杀的结果。所以，自杀是被保险人死亡的近因，而车祸则成为远因，故保险人不必承担赔付保险金的责任。

案例拓展

多原因致损的保险责任如何确定

A企业向某保险公司就其固定资产(厂房、设备)、存货(产成品、半成品、原材料)投保了企业财产综合险，受益人为A企业，期限为一年，保险公司出具了保险单。

在保险有效期内，一场大雨倾盆而降，并刮起7级大风。大风吹坏A企业多个仓库屋顶，雨水进入仓库，造成仓库内产成品、半成品、原材料水损。出险后，由于在保险有效期内，A企业认为仓库及存货发生保险事故，尤其是仓库存货损失60余万元，因此向保险公司索赔。

事故发生后，保险公司查勘人员及时进行现场查勘，并核实有关损失，最后确定本次事故造成A企业12万元的损失，其中房屋维修费用2万元，存货损失10万元。保险公司在处理本案过程中，查阅了当地气象部门提供的资料，资料显示：事故发生时，最大瞬间风速为每秒17米，风力为7级；气象部门的雨量传感器显示数据为8毫米。

★ **案情分析**

多原因致损的保险责任如何确定？

第一种意见认为，本案保险公司应该给予赔偿。理由：事发当日风力为7级，已达到暴风标准。A企业仓库屋顶受损是暴风造成的，仓库内的存货受损是暴风和雨水共同造成的，根据近因原则，保险人负责赔偿承保的风险为近因所引起的损失。本案中暴风是保险人承保的风险，所以保险公司应当赔偿A企业12万元的损失。

第二种意见认为，本案保险公司应该对仓库屋顶损坏的损失给予赔偿，而对仓库内的存货损失拒绝赔偿。理由：暴风已达到自然灾害等级，雨量并未达到自然灾害等级，属正常自然现象。保险单只保自然灾害，所以保险公司对仓库屋顶损坏的损失应予赔偿。仓库屋顶损坏与雨水进入仓库互有因果关系，雨水进入仓库是仓库屋顶受损造成的；但如果没有下雨，也谈不上雨水进入仓库，"屋漏"和"下雨"两者缺一不可。但是，"屋漏"和"下雨"共同作用，还达不到货损的程度，中间有一个雨水进入仓库的环节。"屋漏"和"下雨"共同作用，造成雨水进入仓库；雨水进入仓库，再造成货物损失。所以雨水进入仓库是近因，保险公司对仓库内的存货损失应拒绝赔偿。

资料来源：王海艳，郭振华.保险学[M].北京：机械工业出版社，2011.

第四节　损失补偿原则

经济补偿是财产保险以及其他补偿性保险的基本职能,也是保险事业的出发点和归宿,因而损失补偿原则是保险的重要原则。

一、损失补偿原则及其存在的意义

(一) 损失补偿原则的含义

损失补偿原则是指保险合同生效后,如果发生保险责任范围内的损失,被保险人有权按照合同的约定,获得全面、充分的赔偿。保险赔偿的目的是弥补被保险人由于保险标的遭受损失而失去的经济利益,被保险人不能因保险赔偿而获得额外的利益。该原则包含两层含义。

(1) 损失补偿以保险责任范围内损失的发生为前提,即有损失就有补偿,无损失则无补偿。在保险合同中体现为:被保险人因保险事故所致的经济损失,依据保险合同有权获得赔偿,保险人也应及时承担合同约定的保险保障义务。

(2) 损失补偿以被保险人的实际损失及有关费用为限,即以被保险人恢复到受损前的经济状态为限。因此,保险人的赔偿额不仅包括保险标的的实际损失价值,还包括被保险人花费的施救费用、诉讼费等。换言之,保险补偿就是在保险金额范围内,对被保险人因保险事故所遭受全部损失的赔偿。保险合同通常规定,保险事故发生时,被保险人有义务积极抢救保险标的,防止损失进一步扩大,被保险人抢救保险标的所支出的合理费用,由保险人负责赔偿。我国《保险法》第五十七条规定:"保险事故发生时,被保险人应当尽力采取必要的措施,防止或者减少损失。保险事故发生后,被保险人为防止或者减少保险标的的损失所支付的必要的、合理的费用,由保险人承担;保险人所承担的费用数额在保险标的的损失赔偿金额以外另行计算,最高不超过保险金额的数额。"这主要是为了鼓励被保险人积极抢救保险标的,减少社会财富的损失。

(二) 损失补偿原则存在的意义

损失补偿原则是保险理赔的重要原则,坚持这一原则有如下几点意义。

(1) 维护保险双方的正当权益,既保障了被保险人在受损后获得赔偿的权益,又维护了保险人赔偿不超过实际损失的权益,使保险合同能在公平互利的原则下履行。

(2) 防止被保险人通过保险赔偿而得到额外利益,可以避免保险演变成赌博行为以及道德风险的产生。

二、损失补偿原则的基本内容

(一) 被保险人请求损失补偿的条件

1. 被保险人对保险标的具有保险利益

根据保险利益原则,财产保险不仅要求投保人或被保险人投保时对保险标的具有保险利益,而且要求在保险合同履行过程中,特别是在保险事故发生时,被保险人对保险标的具有保险利益,否则就不能取得保险赔偿。

2. 被保险人遭受的损失在保险责任范围之内

这里包括两个方面:遭受损失的必须是保险标的;保险标的的损失必须是由保险风险造成的。只有符合这两个条件,被保险人才能要求保险人赔偿,否则保险人不承担赔偿责任。

3. 被保险人遭受的损失能用货币衡量

如果被保险人遭受的损失不能用货币衡量,保险人就无法核定损失,也就无法支付保险赔款。

(二) 保险人履行损失补偿责任的限度

1. 以实际损失为限

在补偿性保险合同中,保险标的受损后,保险赔偿以被保险人所遭受的实际损失为限,全部损失全部赔偿,部分损失部分赔偿。在医疗保险中,以被保险人实际花费的医疗费用为限;在财产保险中,以保险标的的受损时的市场价值为限,赔款额不应超过该项财产受损时的市价。这是因为财产的市场价值经常发生变化,只有以受损时的市价作为依据计算赔款额,才能使被保险人恢复到受损前的经济状况。例如,某厂为一台机床投保,按其市价确定保险金额为5万元,发生保险事故时其市价为2万元,则保险人只应赔偿2万元,尽管保险金额为5万元,但2万元赔偿足以使被保险人恢复到受损前的水平。

2. 以保险金额为限

保险金额是保险人承担赔偿责任的最高限额,赔偿金额只能低于或等于保险金额,而不能高于保险金额。因为保险金额是与保险人已收取的保险费对应的保险责任的最高限额,超过这个限额,保险人将处于不平等的地位,即使发生通货膨胀,保险赔偿仍以保险金额为限。例如,某人为房屋投保,按其市价确定保险金额为20万元,发生保险事故造成全损,全损时其市价为25万元,保险人的赔偿金额应为20万元,因为保险金额为20万元。

3. 以保险利益为限

保险人的赔偿以被保险人对保险标的的所具有的保险利益为前提条件和最高限额,被保险人获得的赔偿以其对受损标的所具有的保险利益为最高限额。在财产保险中,如果保险标的在受损时财产权益已全部转让，则被保险人无权索赔；如果保险标的在受损时财产权益已部分转让，则被保险人对已转让的财产损失无权索赔。例如，王某独立经营一艘运输船，投保时运输船的保险价值和保险金额为1000万元，保险期为1年。投保3个月后，王某将其运输船的40%转让给李某；投保8个月后，运输船发生保险事故造成全损，保险人只赔偿王某600万元的损失。在银行抵押贷款业务中，如果银行将贷款抵押物投保，则银行对抵押物的保险利益以其贷款额度和期限为限。例如，某企业以价值200万元的厂房作为抵押物向银行贷款100万元，贷款期间发生保险事故造成厂房全损，保险人赔偿给银行的最高金额只能是100万元，若银行已经收回贷款，则以银行名义投保的保险合同无效，银行无权索赔。

(三) 损失补偿的方式

1. 第一危险赔偿方式

第一危险赔偿方式是把保险财产的价值分为两个部分：第一部分为保险金额以内的部分，这部分已投保，保险人对其承担损失赔偿责任；第二部分是超过保险金额的部分，这部分由于未投保，保险人对其不承担损失赔偿责任，即在保险金额限度内，保险人按照实际损失赔偿。由于保险人只对第一部分的损失承担赔偿责任，故称为第一危险赔偿方式，其计算公式为

$$当损失金额 \leq 保险金额时，赔偿金额 = 损失金额$$
$$当损失金额 > 保险金额时，赔偿金额 = 保险金额$$

2. 比例赔偿方式

这种赔偿方式是按照保障程度，即保险金额与保险财产损失当时的实际价值的比例计算赔偿金额，其计算公式为

$$赔偿金额 = 损失金额 \times \frac{保险金额}{保险财产损失当时的实际价值}$$

采用比例赔偿方式，保障程度越高，即保险金额越接近保险财产的实际价值，赔偿金额也就越接近损失金额。如果保障程度是百分之百，赔偿金额就等于损失金额。所以，被保险人若想得到十足的补偿，就必须按财产的实际价值足额投保。

三、损失补偿原则的例外

损失补偿原则虽然是保险的一项基本原则，但在保险实务中也有一些例外情况。

(一) 人身保险的例外

由于人身保险的保险标的是无法估价的人的生命或身体，则其保险利益也是无法估价的。被保险人发生伤残、死亡等事件，给其本人及家庭所带来的经济损失和精神上的痛苦都不是保险金所能弥补的，保险金只能在一定程度上帮助被保险人及其家庭缓解由

于保险事故的发生所带来的经济困难,帮助其摆脱困境,给予精神上的安慰,所以人身保险合同不是补偿性合同,而是给付性合同。保险金额是根据被保险人的需要和投保人缴纳保险费的能力来确定的,当保险事故或保险事件发生时,保险人按双方事先约定的保险金额定额给付。所以,损失补偿原则不适用于人身保险。

(二) 定值保险的例外

所谓定值保险,是指保险合同双方当事人在订立保险合同时,约定保险标的的价值,并以此确定保险金额,视为足额保险。当保险事故发生时,保险人不论保险标的的当时的市价如何,即不论保险标的的实际价值是大于还是小于保险金额,均按损失程度足额赔偿,其计算公式为

$$赔偿金额 = 保险金额 \times 损失程度(\%)$$

在这种情况下,保险赔款可能超过实际损失。因此,定值保险是损失补偿原则的例外。

(三) 重置价值保险的例外

所谓重置价值保险,是指以被保险人重置或重建保险标的所需费用或成本确定保险金额的保险。一般财产保险是按保险标的的实际价值投保,发生损失时,按实际损失赔偿,使受损的财产恢复到原来的状态,由此恢复被保险人失去的经济利益。但是,由于通货膨胀、物价上涨等因素,有些财产(如建筑物或机器设备)即使按实际价值足额投保,保险赔款也不足以进行重置或重建。为了满足被保险人对受损财产进行重置或重建的需要,保险人允许投保人按超过保险标的实际价值的重置或重建价值投保,发生损失时,按重置或重建受损财产所需费用或成本进行赔偿。这样就可能出现保险赔款大于实际损失的情况,所以,重置价值保险也是损失补偿原则的例外。

第五节　损失补偿原则的派生原则

代位追偿原则和重复保险分摊原则是损失补偿原则的派生原则,也是遵循损失补偿原则的必然要求和结果。

一、代位追偿原则

(一) 代位追偿原则及其存在的意义

1. 代位追偿原则的含义

代位追偿原则是指在财产保险中,保险标的发生保险事故造成推定全损,或者保险标的由于第三者责任导致保险损失,保险人按照合同约定履行赔偿责任后,依法取得保险标的的所有权或者向对保险标的的损失负有责任的第三者的追偿权。代位追偿原则是损

失补偿原则的派生原则，其主要内容包括权利代位和物上代位。

2. 代位追偿原则存在的意义

(1) 坚持代位追偿原则可以防止被保险人由于保险事故的发生，通过保险人和第三方责任者同时获得双重赔偿而额外获利，确保损失补偿原则的贯彻执行。因为损失补偿原则要求被保险人获得的补偿不得超过其所遭受的损失，而当保险事故是由第三方责任者造成时，被保险人有权依据保险合同向保险人请求赔偿，也有权向造成损失的第三方责任者请求赔偿。由于被保险人同时拥有两方面的损失赔偿请求权，那么被保险人行使赔偿请求权的结果，将使其针对同一保险标的的损失获得双重或者多于保险标的实际损失的补偿，这不符合损失补偿原则。所以在被保险人取得保险赔偿后，应当将向第三方责任者请求赔偿的权利转移给保险人，由保险人代位追偿。

(2) 坚持代位追偿原则可以维护社会公共利益，保障公民、法人的合法权益不受侵害。社会公共利益要求致害人对受害人承担经济赔偿责任，如果致害人因受害人享受保险赔偿而免除赔偿责任，这不仅使得致害人通过受害人与保险人订立保险合同而获益，而且损害保险人的利益，这不符合社会公平的原则。通过代位追偿，既使得致害人无论如何都应承担损失赔偿责任，又使得保险人从过失方追回支付的保险赔款，从而维护保险人的合法权益。

(二) 权利代位

1. 权利代位的含义

权利代位是指当保险标的遭受保险事故损失而依法应由第三方责任者承担赔偿责任时，保险人在支付保险赔款后，在赔偿金额的限度内相应取得对第三方责任者的索赔权利。保险人享有的这种权利称为代位追偿权。

例如，在海上货物运输保险中，由于承运人管理失职导致承运的货物遭到海水浸泡，当该损失属于货物运输保险的承保责任时，保险人按保险合同的规定对被保险人(货主)进行赔偿之后，有权向该损失的责任方(承运人)进行追偿，即代位行使货主对承运人的损失赔偿请求权。

2. 权利代位的产生条件

(1) 保险标的的损失必须是由第三方责任者造成的，第三方责任者依法应对被保险人承担民事赔偿责任。只有这样，被保险人才有权向第三方责任者索赔，并在保险人赔偿自己的损失后将向第三方责任者索赔的权利转移给保险人，从而使保险人获得向第三方责任者代位追偿的权利。

(2) 造成保险标的损失的原因必须在保险责任范围之内，只有这样，才会涉及保险人先赔偿后追偿的问题，否则保险人不会赔偿被保险人的损失，当然也就不存在代位追偿的问题。

(3) 保险人已经履行保险赔偿责任。因为代位追偿权是转移的债权，如果保险人对被保险人的损失没有履行赔偿责任，就不会发生债权的转移，在保险人与负有民事赔偿责任的第三者之间也就不会建立债务关系，更不会有所谓的代位追偿权。

保险人代位追偿权的取得以其对被保险人赔偿责任的履行为前提条件。这一规定的必要性，除了在于赔偿责任得到履行才会导致债权的转移之外，还在于保护被保险人的利益。因此，如果被保险人在没有获得保险人赔偿的情况下愿意将向第三方责任者索赔的权利转让给保险人，并以出具权利转让书作为凭证，那么保险人也可以在对被保险人履行赔偿责任之前，取得向对被保险人负有民事赔偿责任的第三者索赔的权利。在保险标的的损失金额尚难以确定而向第三方责任者索赔又迫在眉睫等一些特殊情况下，这种做法是有积极意义的。但这只是在特殊情况下赋予保险人代位追偿的权利，而并不改变保险人对代位追偿权的取得仍以其履行对被保险人的赔偿责任为必要条件，只是这种赔偿责任的履行在取得被保险人同意的前提下适当向后推延而已。

3. 权利代位的取得方式

根据我国《保险法》的规定，保险人代位追偿权的取得基于法律的规定，无须经过被保险人的确认。只要保险人向被保险人履行了赔偿责任，就自然取得了向第三方责任者追偿的权利。但在实践中，保险人在履行了赔偿责任后通常会要求被保险人出具权益转让书。这种做法的意义在于：一方面用以确认保险人取得代位追偿权的时间，方便保险人就索赔事宜与第三方责任者接触，以保险人的身份开始代位追偿的过程；另一方面用以确认保险人向第三方责任者进行追偿的金额，有利于保险人把握索赔的数量界限。

由于代位追偿权是被保险人向保险人转移其债权的结果，被保险人与第三方责任者之间的债权债务关系如何，对保险人能否顺利行使代位追偿权并取得预期的结果是非常重要的。为了保证保险人的权益，我国《保险法》第六十一条规定："保险事故发生后，保险人未赔偿保险金之前，被保险人放弃对第三者请求赔偿的权利的，保险人不承担赔偿保险金的责任。保险人向被保险人赔偿保险金后，被保险人未经保险人同意放弃对第三者请求赔偿的权利的，该行为无效。被保险人故意或者因重大过失致使保险人不能行使代位请求赔偿的权利的，保险人可以扣减或者要求返还相应的保险金。"

4. 权利代位的对象与限制

需要引起注意的是，代位追偿的对象在法律上是有限制的。通常情况下，作为代位追偿对象的第三方责任者应为被保险人的家庭成员或组成人员以外的其他人。只有在被保险人的家庭成员或组成人员故意造成保险标的损失的特殊情况下，被保险人的家庭成员或组成人员才会成为保险人代位追偿的对象。这是因为，保险合同保障的是被保险人的利益，而被保险人的家庭成员或组成人员与被保险人的利益是一致的，如果保险人对被保险人履行了赔偿责任之后又向被保险人的家庭成员或组成人员进行追偿，实际上等于被保险人的损失未得到补偿，有悖于保险的补偿原则。

5. 权利代位的数量界限

第三方责任者对被保险人的赔偿责任属于民事赔偿责任，赔偿的数额应依法裁定；

保险人对被保险人的赔偿责任属于合同责任，赔偿的数额不仅取决于保险标的的损失金额，还取决于保险金额以及保险合同对保险赔偿责任和方式的规定。这两种赔偿责任在性质上的差别，决定了两者在数量上可能存在差别甚至是较大的差别，也导致保险人向第三方责任者追偿所得金额与其对被保险人赔偿金额不一致。

如果保险人向第三方责任者追偿所得金额大于其对被保险人赔偿金额，保险人应将两者的差额返还给被保险人，保险人不得因行使代位追偿权而获利。

如果在保险人对被保险人进行保险赔偿之前，被保险人已经从第三方责任者取得损害赔偿，但所取得的赔偿金额少于保险人应该赔偿的金额，不足的部分保险人应予以补足。

如果保险人的赔偿金额少于保险标的的损失金额，被保险人可以就未得到保险赔偿的部分向第三方责任者索赔，被保险人的这种索赔行为不受保险人行使代位追偿权的影响。

(三) 物上代位

1. 物上代位的含义

物上代位是指当保险标的发生推定全损时，保险人按保险金额全额赔偿后，依法取得该保险标的的所有权。

2. 物上代位的产生基础

物上代位通常产生于对保险标的做推定全损的情况。推定全损是指保险标的遭受保险事故尚未达到完全损毁或完全灭失的状态，但实际全损已不可避免，或者对保险标的进行修复或施救的费用将超过保险价值，或者保险标的失踪达一定时间，保险人按照全损方式处理的一种推定性损失。推定全损的保险标的并未完全损毁或完全灭失(尚有残值存在)，而且失踪可能是被他人非法占有，并非物质上的灭失，日后或许能够得到索还，所以保险人在按全损支付保险赔款后，理应取得保险标的的所有权，否则被保险人就可能由此而获得额外的收益。

3. 物上代位的取得

保险人主要通过委付获得物上代位权。委付是放弃物权的一种行为，当保险标的处于推定全损状态时，被保险人明确表示愿意将保险标的的所有权转移给保险人，并要求保险人按全损进行赔偿，这个过程就是委付。委付常用于海上保险业务。

委付的成立必须具备一定的条件。

(1) 委付必须由被保险人以书面形式向保险人提出。

(2) 委付必须经保险人同意方能成立。在被保险人提出委付请求后，保险人可以接受委付，也可以不接受委付。无论保险人接受委付还是不接受委付，都应当在合理的时间内通知被保险人。

(3) 委付的对象应是保险标的的全部。这是因为保险标的往往具有不可分性，如果只有一部分委付，而其余部分不委付，就容易发生纠纷。不过，如果保险标的是独立可分的，若干个独立可分的部分处于推定全损状态，则被保险人可以就这些独立可分的部分提出委付请求，保险人也可以就这些独立可分的部分接受委付。

(4) 委付必须不附带任何附加条件。在保险标的处于推定全损状态时，被保险人可以向保险人请求委付，但不能附加日后只要他退还保险赔偿金即可取回该保险标的的条件。原因在于，委付本身就是保险标的所有权的转移，在保险人接受被保险人的委付请求从而委付已经成立的条件下，保险标的的所有权已经属于保险人而不属于被保险人，被保险人已经无权收回保险标的。

委付成立后，如果存在第三方赔偿责任，保险人可以向第三方责任者进行追偿。由于保险标的的所有权已经发生转移，如果保险人向第三方责任者追偿所得金额大于其对被保险人的赔偿金额，大于的部分归保险人所有。同样道理，在委付成立后，与保险标的有关的费用也由保险人承担。这也是物上代位与权利代位的不同之处。

二、重复保险分摊原则

(一) 重复保险及其分摊原则

1. 重复保险的含义

所谓重复保险，是指投保人以同一保险标的、同一保险利益，同时向两个或两个以上的保险人投保同一风险，且保险金额总和超过保险标的的价值的保险。具体地说，重复保险必须具备下列条件。

(1) 同一保险标的且同一保险利益。重复保险要求以同一保险标的且同一保险利益进行投保，保险标的若不同，显而易见不存在重复保险的问题；而保险标的相同，但保险利益不同，也不构成重复保险。例如，对于同一房屋，甲以所有人的利益投保火灾保险，乙以抵押权人的利益也投保火灾保险，甲、乙两人的保险利益不同，两人对同一房屋的保险不构成重复保险。所谓同一保险利益，含有同一被保险人的意味，如果被保险人不同，则不存在重复保险的问题。

(2) 同一保险期间。如果是同一保险标的且同一保险利益，但保险期间不同，也无重复保险问题。例如，保险合同期满又办理续保，这不构成重复保险。但保险期间的重复，并不单指全部期间重复，其中部分期间重复，也可构成重复保险。

(3) 同一保险风险。如果以同一保险标的且同一保险利益同时投保不同的风险，也不构成重复保险。例如，同一家庭财产可同时投保火灾保险和盗窃险。

(4) 与数个保险人订立数份保险合同，且保险金额总和超过保险标的的价值。如果只与一个保险人订立一份保险合同，且保险金额超过保险标的的价值，称为超额保险。而与数个保险人订立数份保险合同，但保险金额总和不超过保险标的的价值，则为共同保险。只有与数个保险人订立数份保险合同，且保险金额总和超过保险标的的价值，才构成重复保险。

重复保险原则上是不允许的,但事实上却是存在的,通常是由投保人或被保险人的疏忽所致,当然也有人为牟取超额赔款而故意进行重复保险。对于重复保险,各国保险立法都规定,投保人有义务将重复保险的有关情况告知各保险人。我国《保险法》第五十六条第一款规定:"重复保险的投保人应当将重复保险的有关情况通知各保险人。"投保人不履行该项义务,其后果与违反告知义务相似,保险人有权解除保险合同或不承担赔偿责任。

2. 重复保险分摊原则的含义

重复保险分摊原则也是损失补偿原则的派生原则。重复保险分摊原则是指在重复保险的情况下,当保险事故发生时,各保险人应采取适当的分摊方法分配赔偿责任,使被保险人既能得到充分的补偿,又不会超过其实际损失而获得额外的利益。

重复保险分摊原则主要用于重复保险的情况。由于重复保险是投保人以同一保险标的、同一保险利益,同时向两个或两个以上的保险人投保同一风险,且保险金额总和超过保险标的价值的保险,这就有可能使得被保险人在保险事故发生时,就同一保险标的的损失从不同保险人处获得超额赔款,这违背了损失补偿原则的要求,而且容易诱发道德风险。为了防止被保险人由于重复保险而获得额外的利益,同时防范道德风险,故确立了重复保险分摊原则,由各保险人按相应的责任,公平地分摊损失赔款,使被保险人所获得的赔款总额与其实际损失相等。可见,重复保险分摊原则是损失补偿原则的补充和体现,同样只适用于财产保险等补偿性保险合同,不适用于人身保险。

(二) 重复保险分摊方式

在重复保险的情况下,当发生保险事故时,保险标的所遭受的损失由各保险人进行分摊,分摊方式有以下几种。

1. 比例责任分摊方式

比例责任分摊方式即各保险人按其所承保的保险金额与总保险金额的比例分摊保险赔偿责任,其计算公式为

$$各保险人承担的赔款 = 损失金额 \times \frac{该保险人承担的保险金额}{各保险人承保的保险金额总和}$$

[例4-1]某业主就其所有的一幢价值60万元的房屋同时向甲、乙两家保险公司投保1年期火灾保险,甲保险公司的保险金额为50万元,乙保险公司的保险金额为30万元,即重复保险。假定在此保险有效期内,房屋发生火灾损失40万元,甲、乙两家保险公司应如何分摊赔偿责任?

采用比例责任分摊方式,以下为计算结果。

$$甲保险公司承担的赔款 = 40 \times \frac{50}{80} = 25(万元)$$

$$乙保险公司承担的赔款 = 40 \times \frac{30}{80} = 15(万元)$$

甲、乙两家保险公司分别承担25万元和15万元的赔款，赔款总额为40万元，等于被保险人的实际损失。

比例责任分摊方式在各国保险实务中运用比较多，我国《保险法》第五十六条第二款规定："重复保险的各保险人赔偿保险金的总和不得超过保险价值。除合同另有约定外，各保险人按照其保险金额与保险金额总和的比例承担赔偿保险金的责任。"

2. 限额责任分摊方式

限额责任分摊方式是在没有重复保险的情况下，各保险人依其承保的保险金额而应负的赔偿限额与各保险人应负的赔偿限额总和的比例分摊保险赔偿责任，其计算公式为

$$各保险人承担的赔款 = 损失金额 \times \frac{该保险人的赔偿限额}{各保险人的赔偿限额总和}$$

在例4-1中，在没有重复保险的情况下，甲保险公司的赔偿限额为40万元，乙保险公司的赔偿限额为30万元，甲乙两家保险公司应如何分摊赔偿责任？

采用限额责任分摊方式，以下为计算结果。

$$甲保险公司承担的赔款 = 40 \times \frac{40}{70} \approx 22.857(万元)$$

$$乙保险公司承担的赔款 = 40 \times \frac{30}{70} \approx 17.143(万元)$$

甲、乙两家保险公司分别承担22.857万元和17.143万元的赔款，赔款总额也是40万元，等于被保险人的实际损失。

限额责任分摊方式与比例责任分摊方式的共同点是各保险人都是按照一定的比例分摊保险赔偿责任；两者的区别在于计算分摊比例的基础不同，前者以赔偿限额为计算基础，后者则是以保险金额为计算基础。

3. 顺序责任分摊方式

顺序责任分摊方式即由先出单的保险人负责赔偿，后出单的保险人只有在保险标的损失超过前一保险人的赔偿金额时，才依次承担超出部分的赔偿责任。

在例4-1中，采用顺序责任分摊方式的计算结果如下所述。

(1) 若甲保险公司先出单，甲保险公司应承担赔款40万元，后出单的乙保险公司则不必承担赔偿责任。

(2) 若乙保险公司先出单，乙保险公司应承担赔款30万元，后出单的甲保险公司则应承担赔款10万元。

这样，两家保险公司的赔款总额都是40万元，等于被保险人的实际损失。被保险人既能够得到充分的补偿，又不可能通过重复保险而获得额外的利益。

练一练

一、填空题

1. 最大诚信原则对保险方的要求主要体现在(　　)和(　　)两方面。
2. 告知包括(　　)和(　　)两种形式。
3. 保险利益的构成必须具备三个条件,分别是(　　)、(　　)、(　　)。
4. 近因是指造成保险标损失(　　)、(　　)、(　　)的原因。
5. 代位追偿原则主要包括(　　)和(　　)两种。

二、单项选择题

1. 告知义务是指订立保险合同时,应由(　　)说明保险合同条款内容。
   A. 投保人向保险人　　　　B. 保险人向被保险人
   C. 保险人向投保人　　　　D. 投保人向被保险人

2. 将保证分为明示保证和默示保证的依据是(　　)。
   A. 保证的形式　　　　　　B. 保证的性质
   C. 保证的对象　　　　　　D. 保证的程度

3. 投保人因过失未履行如实告知义务,对保险事故发生有严重影响时,保险人对于保险合同解除前发生的保险事故(　　)。
   A. 应承担赔偿或给付保险金的责任
   B. 不承担赔偿或给付保险金的责任,并不退还保费
   C. 不承担赔偿或给付保险金的责任,但可退还保费
   D. 必须承担赔偿或给付保险金的责任

4. 某人向甲、乙、丙三家保险公司重复投保,保险合同约定采用比例责任制分摊,保险金额分别为10万元、8万元和7万元。如果保险标的发生事故损失9万元,则甲、乙、丙三家保险公司应分别赔付(　　)。
   A. 3.2万元、2.56万元、2.24万元
   B. 3.6万元、2.88万元、2.52万元
   C. 3万元、3万元、3万元
   D. 6万元、2万元、1万元

5. 保险人在支付了9000元的保险赔款后向第三方责任者追偿,追偿所得为1万元,则(　　)。
   A. 1万元全部退还给被保险人
   B. 将1000元退还给被保险人
   C. 1万元全部归保险人
   D. 多余的1000元由保险双方平均享有

6. 下列有关代位追偿原则陈述错误的是( )。
   A. 被保险人无权就取得保险人赔偿的部分向第三方责任者请求赔偿
   B. 损失补偿原则是代位追偿原则的派生原则
   C. 代位追偿原则的意义在于使肇事方承担相应的经济责任
   D. 可防止被保险人因损失而获得不当利益

7. 下列原则中不适用于人身保险合同的有( )。
   A. 保险利益原则   B. 近因原则
   C. 最大诚信原则   D. 代位追偿原则

8. 行使委付的条件不正确的是( )。
   A. 需附加条件   B. 就标的的整体做出索赔
   C. 必须由被保险人提出   D. 必须经保险人同意

9. 根据我国《保险法》的规定，人身保险合同保险利益的确定方式是( )。
   A. 限制家庭成员关系范围并结合被保险人同意
   B. 必须具有经济利益关系
   C. 必须具有婚姻关系
   D. 必须具有血缘关系

三、多项选择题

1. 投保人的告知形式有( )。
   A. 无限告知   B. 明确告知
   C. 明确说明   D. 询问告知
   E. 默示告知

2. 下列关于保险利益的判断正确的有( )。
   A. 张某将自己的电脑委托李某保管，李某对该台电脑享有保险利益
   B. 张某将自己的电脑抵押给李某，李某对该台电脑享有保险利益
   C. 张某将自己的电脑委托李某保管，张某对该台电脑享有保险利益
   D. 张某将自己的电脑转让给李某，张某对该台电脑享有保险利益
   E. 张某将自己的电脑出租给李某，李某对该台电脑享有保险利益

3. 下列对保险利益原则的表述正确的是( )。
   A. 一般财产保险的保险利益必须从合同订立到损失发生的全过程都存在
   B. 海上货物运输保险中，投保人对保险标的没有保险利益也可投保
   C. 海上货物运输保险要求保险利益在发生保险事故时必须存在
   D. 人身保险的保险利益必须在保险合同订立时存在
   E. 人身保险并不要求在保险事故发生时具有保险利益

4. 关于近因原则的表述正确的是(　　)。
   A. 近因是造成保险标的损失最直接、最有效、起决定性作用的原因
   B. 近因是空间上离损失最近的原因
   C. 近因是时间上离损失最近的原因
   D. 近因原则是在保险理赔过程中必须遵循的原则
   E. 只有当被保险人的损失直接由近因造成时，保险人才给予赔偿

5. 保险标的损失的近因分为多种情况，具体包括(　　)。
   A. 单一原因致损　　　　　　B. 多种原因同时致损
   C. 多种原因连续发生致损　　D. 多种原因间断发生致损
   E. 多种原因交叉致损

6. 下列有关损失补偿原则表述正确的是(　　)。
   A. 无损失，无赔偿　　　　　B. 以保险价值为限
   C. 以实际损失为限　　　　　D. 以保险金额为限
   E. 以保险利益为限

7. 下列有关重复保险分摊原则表述正确的是(　　)。
   A. 该原则是从损失补偿原则派生出来的
   B. 该原则可防止被保险人获得高于实际损失额的赔偿金
   C. 该原则是指在重复保险发生保险事故后，进行分摊的原则
   D. 在没有合同约定的情况下，应采用顺序责任分摊方式
   E. 该原则适用于人身保险

8. 代位求偿权实施的前提条件有(　　)。
   A. 保险标的的损失属于保险责任事故
   B. 保险标的的损失是由第三方责任者造成的
   C. 保险人履行了赔偿责任
   D. 被保险人对第三方责任者依法承担赔偿责任
   E. 被保险人具有对第三方责任者依法追偿的权益

9. 保险人取得代位追偿权的方式有(　　)。
   A. 法定方式　　　　　　　　B. 约定方式
   C. 协商方式　　　　　　　　D. 仲裁方式
   E. 自愿方式

四、案例分析题

1. 某公司为了丰富员工生活，专门安排一辆大巴组织员工在省内旅游。大巴在高速公路上飞速行驶时，突然从后面驶来一辆大货车(后经交警裁定，大货车为违章快速超车)。大巴来不及避让，两车严重碰撞。公司员工张强和王成双双受了重伤，立即被送往附近医院急救。张强因颅脑受到重度损伤且失血过多，抢救无效，于两小时后死亡。

王成在车祸中丧失了一条腿,在急救中因急性心肌梗塞,于第二天死亡。就在事发前不久,公司为全体员工购买了人身意外伤害保险,每人的保险金额为人民币10万元。事故发生后,该公司立即就此事向保险公司报案。保险公司接到报案后立即着手调查,了解到张强一向身体健康,而王成则患心脏病多年。

根据《人身意外伤害保险条款》及《人身意外伤害保险伤残给付标准》,保险公司应如何核定及给付赔偿金?

2. 有一租户向房东租借房屋,租期为10个月。租房合同中写明,租户在租借期内应对房屋的损坏负责。租户因此为所租借房屋投保火险一年。租期满后,租户按时退房。退房后半个月,房屋毁于火灾,于是租户以被保险人身份向保险公司索赔。保险人是否承担赔偿责任?为什么?如果租户在退房时将保单转让给房东,房东是否能以被保险人的身份向保险公司索赔?为什么?

第二篇
保险实务

第五章　财产损失保险
第六章　责任保险
第七章　信用保证保险
第八章　人身保险
第九章　再保险

第五章 财产损失保险

> **学习目标**
> 1. 掌握财产损失保险的概念与特点；
> 2. 理解财产损失保险的运行程序；
> 3. 了解财产损失保险的业务体系；
> 4. 明确火灾保险、运输保险、工程保险和农业保险的特点、内容及主要险种。

第一节 财产损失保险概述

一、财产损失保险的概念

财产保险有广义与狭义之分。广义的财产保险是指除人身(寿)保险之外一切保险业务的统称；狭义的财产保险亦可称为财产损失保险，它专指以财产物资为保险标的的各种保险业务。责任保险与信用保险、人身意外伤害保险与短期健康险均不属于此列。本章阐述的是狭义的财产保险。

二、财产损失保险的特点

作为一种有效的经济补偿制度，财产损失保险主要有以下几个特点。

(一) 保险标的是有形财产

财产损失保险承保的标的均是实际存在的、可以计量的物质财富。

(二) 强调被保险人在保险事故发生时对保险标的应具有保险利益

这一特点可以防止投保人或被保险人放任或促使其不具有保险利益或仅具有低于保险金额的保险利益的保险标的发生保险事故，从而牟取保险赔款。

(三) 业务经营十分复杂

由于财产损失保险的保险标的种类繁多，需要保险人分门别类地做好风险调研、评估和费率测算等工作，涉及技术门类和需要运用的知识较多，从而使其在整体上呈现复杂性。

(四) 防灾防损特别重要

责任保险与人身(寿)保险对风险的控制重在承保前控制和承保时控制，在承保期间往往无法控制风险；而各种财产损失保险不仅需要保前控制风险，而且需要重视保险期间对风险的控制，这就使防灾防损成为狭义的财产保险业务的重要内容和经营环节。保险公司需要设置防灾防损机构，以便专门从事防灾防损工作。

三、财产损失保险的运行

财产损失保险涉及面广、运行环节多，非常复杂，需要不断地进行展业、承保、防灾防损、再保险和理赔工作，据此可将财产损失保险的运行分为展业承保、防灾防损、再保险和理赔四大环节。

(一) 财产损失保险的展业承保

承保是财产损失保险经营的第一环节。在承保前，保险人需要展业，即进行有关财产损失保险的宣传、确定推销保险产品的合适渠道和方式。展业是承保的基础。

保险人的承保主要包括核保和签单。核保是指保险人对投保人的投保进行审核，以决定是否承保的过程。在这一过程中，保险人对不良的投保业务可以拒绝承保或与投保人商定新的承保条件，以防止不良业务的承保，影响业务的效益。因此，核保不仅是承保环节的关键，也是确保承保业务效益的关键。在核保时，保险人需要对投保人、投保标的及其处所、投保金额等进行审核。签单是指保险人经过核保，同意投保人的投保要求，决定承保并签发保单的行为。签单是承保的结果，也是该笔保险业务的真正开始。保单的签发标志着保险人对投保人风险转嫁的承诺，而保单则是维护双方保险合同关系及各自利益的直接法律依据。签单的基本程序包括缮制财产保单、复核签章、收取保险费并出具收据、单证签收等。

(二) 财产损失保险的防灾防损

财产损失保险的防灾防损包括预防和抑制保险损失。

首先，保险人需要采取有关措施，在保险事故发生前，转移保险财产，以防范保险损失的发生。例如，在防汛期间，注意天气预报，在洪灾到来之前，动员被保险人将财产转移到安全地带；再如，平时通过对被保险人的防灾防损检查，发现隐患，及时向被保险人提出整改建议，督促被保险人将灾害事故隐患消除在萌芽状态。

其次，如果采取预防措施后仍然发生保险事故，就需要采取相应的措施来抑制保险损失的扩大，即保险人需要对被损害财产进行施救、整理和保护。例如，在洪水灾害来临时，帮助被保险人抢救财产物资，为被保险人的施救提供经济补偿；当损失发生后，及时处理受损财产，以最大可能防止保险损失的扩大。

最后，保险人还可以通过参与社会防灾防损工作来达到减少保险损失的目的。例如，协助交通管理部门开展安全百日活动，举办风险管理培训，开展防灾防损宣传，甚至可以为消防部门购置消防设备等，均可以起到减损的作用。

(三) 财产损失保险的再保险

尽管并非所有财产损失保险业务均需要通过再保险来分散风险,但再保险确实是财产损失保险经营中的必要环节。财产损失风险分布的不平衡性和损失的集中性决定了保险公司很难独立支撑稳定的财务,因此需要通过再保险将自己的承保风险进一步在保险人之间分散。

(四) 财产损失保险的理赔

财产损失保险理赔程序为"受理被保险人的索赔—现场查勘—责任审核—损失核定—赔款计算—支付赔款"。前一个环节是后一个环节的基础,每一个环节的失误均可能损害保险人或被保险人的利益。

在财产损失保险理赔过程中,还需要注意下列事项。

(1) 根据近因原则来判明保险责任,尤其要分清保险责任、除外责任和附加责任等。

(2) 以保险金额、被保险人的保险利益或保险财产的实际损失为最高赔偿限额。

(3) 对第三方导致的财产保险损失,在赔偿后应行使代位追偿权,以维护保险人的经济利益。

(4) 严格按照承保方式或约定方式履行赔偿义务。例如,对不同的业务采取比例赔偿方式、第一危险赔偿方式、限额责任赔偿方式等。

(5) 对重复保险的保险财产损失,要按照重复保险分摊原则在所有保险人之间分摊损失。

(6) 在赔款计算中,应剔除不属于保险财产和保险责任范围内的损失,还应扣除免赔额,对有关费用进行分摊。

四、财产损失保险的业务体系

财产损失保险是财产保险中最传统、最广泛的一种保险。根据保险标的的不同,可按照属性相同或相近将财产损失保险分为几大业务种类,每一个业务种类又由若干具体的保险险种构成,如图5-1所示。

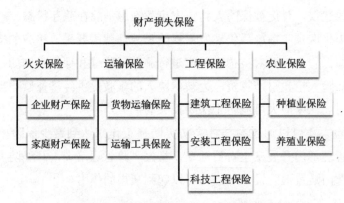

图5-1 财产损失保险的业务体系

在图5-1中，火灾保险、运输保险、工程保险、农业保险构成了财产损失保险的第一层次，在这一层次之下就是具体的财产损失保险险种。因此，财产损失保险是由多个保险类别和众多险种组成的，无论是在国际保险市场上，还是在我国保险市场上，财产损失保险均是财产保险公司的主要业务来源。

第二节 火灾保险

一、火灾保险概述

(一) 火灾保险的概念

火灾保险简称火险，它是指以存放在固定场所并处于相对静止状态的财产物资为保险标的，由保险人承担保险财产遭受保险事故损失的经济赔偿责任的一种财产保险。早期的火灾保险仅承保火灾，承保对象亦限于不动产。随着社会经济的发展，物质财富种类日益繁杂，且面临的其他风险亦日渐增加，因此，火灾保险承保的范围不断扩大。现在的火灾保险承保的风险范围已经扩展到火灾及其他各种自然灾害，乃至意外事故损失；承保的标的亦扩展到各种不动产与动产；在承保形式上既有主险，也有附加险。

(二) 火灾保险的特点

作为最富传统意义的一类财产损失保险业务，火灾保险具有以下特点。

1. 火灾保险的保险标的只能是存放在固定场所并处于相对静止状态下的各种财产物资

这一限制实际上将处于运动状态的货物、运输工具以及处于生长期的各种农作物和养殖对象排除在外，从而在标的范围上局限于各种固定资产、流动资产和生活资料。如果投保人的投保标的不符合这一规定，不可能从保险人处获得火灾保险的保障。

2. 火灾保险承保财产的地址不得随意变动

保险合同强调被保险人的保险财产必须存放在保险合同约定的固定地址范围内，在保险期间不得随意变动，否则保险人可以不负责任。如果被保险人确实需要变动保险财产存放地点，必须征得保险人的同意。

3. 火灾保险的保险标的十分繁杂

与其他保险业务相比，火灾保险承保的标的异常复杂，既有土地、房屋、机器、设备，又有各种各样的原材料、燃料、在产品、商品及生活消费资料。每一张保单承保的内容包括多项标的，而其他保险的保险标的结构较简单。

二、企业财产保险

企业财产保险简称企财险,它是财产损失保险的主要险种,它以各类工商企业及其他经济组织、机关事业单位等存放在相对地点、相对状态的固定资产、流动资产以及与企业经济利益相关的财产为主要保险标的,由保险人承担被保险人财产所面临的风险责任。它具有一般财产保险的性质。在我国保险业发展初期,企业财产保险在全部保险业务中占重要地位,也是保险人竞争的焦点之一。

(一) 企业财产保险的承保

保险标的包括可保财产、特保财产和不保财产。

1. 可保财产

可保财产是指被保险人接受的财产,通常通过两种方式反映:会计科目,如固定资产、流动资产等;企业财产项目类别,如房屋、成品等。

2. 特保财产

特保财产亦称特约保险财产,与一般可保财产不同,它是指经保险双方特别约定后在保险单中载明的保险财产。特保财产有两种,即不提高费率的特保财产和提高费率的特保财产,前者如金、银首饰等,后者如矿井、矿坑内物资设备等。

3. 不保财产

不保财产是指保险人不在本保险业务中承保的财产。

(二) 企业财产保险的责任范围

我国企业财产保险承保的风险主要有两种:一是基本险;二是综合险。这两种保险的保险责任和责任免除有很大不同。

1. 基本险

企业财产保险基本险的保险范围包括火灾、雷击、爆炸、飞行物体及其他空中运行物体坠落。另外,保险人对下列损失也负责赔偿:被保险人拥有财产所有权的自用供电、供水、供气设备因保险事故遭受损坏,并引起停电、停水、停气,以致造成保险标的的直接损失;为抢救保险标的或防止灾害蔓延,采取必要措施所造成的保险标的的损失;保险事故发生后,被保险人为防止或减少保险财产的损失所支付的必要、合理费用。基本险对战争、罢工、被保险人故意行为、核反应、地震、暴雨、暴风、洪水、泥石流、抢劫、盗窃、水管破裂等以及各种间接损失不负责赔偿。通过附加险的形式,基本险可以承保地震、暴风、暴雨、洪水、盗抢、水管破裂等风险。

2. 综合险

企业财产保险综合险的保险范围比基本险大,它可承保暴雨、暴风、洪水、泥石流、雪灾、雹灾、崖崩、突发性滑坡、地面突然塌陷等风险。上述风险在基本险属除外责任。堆放在露天或罩棚下的保险标的遭受暴风、暴雨袭击，在综合险中属于除外责任。综合险也可以有附加险，附加承保地震、盗抢、水管破裂等。

(三) 企业财产保险的保险金额

企财险保险金额是保险人对被保险财产遭受损失时所承担损失补偿的最高额度，也是计算保险费的依据。根据财产种类的不同，企财险保险金额分别采用不同的计算方式。

1. 企业固定资产

企业固定资产保险金额有以下三种确定方法。

(1) 按账面原值确定保险金额。在固定资产购置时的原始账面价值与实际价值比较一致的情况下，可采用此种方法。

(2) 按账面原值加成数确定保险金额，即经保险人与被保险人协商一致，在固定资产原值基础上附加一定成数。当账面原值与实际价值差距过大时，可采用此种方法，使之趋近于固定资产重置重建价值，使被保险人得到充分保障。

(3) 按固定资产重置重建价值确定保险金额，即保险金额为重新购置或重建该固定资产所需支付的全部费用。当账面原值与实际价值差距过大时，可直接按固定资产重置重建价值确定保险金额。

2. 企业流动资产

企业流动资产的保险金额由被保险人按最近12个月任意月份的账面余额确定，或由被保险人自行确定。

3. 企业账外财产和代保管财产

企业账外财产和代保管财产的保险金额可以由被保险人自行估价或按重置价值确定。

(四) 企业财产保险的费率

企业财产保险的费率是指保险人根据企业财产保险金额和保险期限收取保险费的计算标准率。对于不同企业财产，应按其性质、危险程度、损失率和经营费用等制定不同的企业财产保险费率。企业财产保险费率主要有以下几种。

1. 基本费率

基本费率分工业险、仓储险和普通险三类。工业险费率是根据工业生产企业使用的原材料及其主要产品、工艺流程的危险程度等因素确定的。仓储险费率是专门适用于存储商品物资的仓库或处所的费率，它是根据存储商品物资本身的性质和危险程度确定的。普通险费率适用于除工业险和仓储险之外的各种企业、机关事业单位，它是按其占用性质和危险程度确定的。

2. 特约费率

原保险责任不能满足被保险人的需要，经投保方与保险方协商，决定扩大保险责任范围或保险财产范围，由此提高的费率称为特约费率。它是在一般费率的基础上加一定的百分比确定的。特约费率分全国性和地区性两种。

3. 短期费率

企业财产保险费率通常是以一年为期限计算的年费率,为适应不到一年期的短期保险的需要,在全年费率的基础上规定短期费率。凡保险期限短于一年或被保险人要求中途退保的,保险人均按规定的短期费率收费或退费。不满一个月的按一个月计算,不按日计算,目的在于鼓励投保人按年结算保费。保险人如果提出终止保险合同,均按日计算退还保险费。

(五) 企业财产保险被保险人的义务

企业财产保险被保险人在保险合同履行期间应尽一定的义务。例如,被保险人应当在保险起保后15天以内,按保险费率计算的金额一次缴清应付的保险费。这是保险合同生效的先决条件,也是被保险人应履行的基本义务。如果被保险人的保险金额较大,一次付清保险费有困难,可与保险人协商分期支付。被保险人必须遵守有关保护财产安全的各种规定,接受有关部门和保险人关于财产安全状况的意见,切实做好安全防灾工作。保险财产如发生责任范围内的灾害事故,被保险人应采取必要措施进行救护,以防止损失加重,并立即通知保险人。

对上述各项义务,被保险人必须严格履行,否则保险人有权从通知被保险人之日起终止保险责任或拒绝赔偿损失。

三、家庭财产保险

家庭财产保险简称家财险,是指以城乡居民家庭财产为主要保险标的的一种保险。它的目的是通过保险形式,组织社会性的集体互助,保障人民财产在遭受自然灾害或意外事故而造成损失时,及时得到经济补偿。家财险是安定人民生活、稳定社会的一种重要保障措施。

相比企业财产保险,家庭财产保险具有如下特点。

首先,家庭财产保险的保险金额由被保险人根据财产的实际价值自行确定。投保时,不用按项细列家庭财产的实际价值。保险人一般不事先查证家庭财产的实际价值。这就要求投保人在确定保险金额时,必须掌握保险金额不得超过保险财产实际价值的原则。

其次,当家庭财产发生保险责任范围内的事故,造成保险财产损毁时,保险人按第一危险责任给予赔偿。不管家庭财产有多少,只要损失金额在保险金额范围内,保险人就应按实际损失赔偿,这对被保险人比较有利。

(一) 家庭财产保险的承保

家庭财产保险可保财产主要有房屋及其附属设备、衣服、卧具、家具、用具、器具、家用电器、文化娱乐用品、交通工具等生活资料。在农村地区,家庭财产保险可保财产还包括家用农具、已收获的农产品、副业产品、家禽等。对被保险人代管或共管的财产，经与保险人特别约定并载明在保险单上，只要确保相关财产存放在保险单规定的地点，都可投保。

在实际投保过程中，有些家庭财产一般不可保或需特约保险。例如金银、首饰、货币、有价证券、邮票、古书、字画、账册、技术资料、家禽、花草、鱼鸟等，以及无法确定价值的财产或正处于紧急危险状态的财产。

(二) 家庭财产保险的责任范围

参加家庭财产保险后，遇火灾、爆炸、雷击、冰雹、地震、龙卷风等自然灾害和意外事故，造成保险财产的实际损失，或为防止灾害蔓延发生的施救、抢救的费用，包括其他合理的费用，由保险人负责赔偿。

保险人对下列原因造成的财产损失不负赔偿责任：战争、军事行动或暴力行为；核辐射污染；被保险人的故意行为；家用电器的过度使用或超电压造成本身的损毁；露天堆放的保险财产损失；虫蛀、鼠咬、霉烂、变质、家禽走失或死亡等。

家庭财产保险的特约责任是盗窃风险，它是家庭财产保险的附加险，保险人一般不单独承保盗窃险。

(三) 家庭财产保险的费率

家庭财产保险期限一般为一年。对于一些特殊性质的家庭财产保险，保险期限为三到五年甚至十年。投保人到期可以续保，但必须办理续保手续。家庭财产保险的费率往往以投保财产千分率计算，对于集体投保，保险公司往往还给予优惠。

(四) 家庭财产保险的主要险种

1. 普通家庭财产保险

它是保险人专门为城乡居民家庭开设的一种通用型家庭财产保险业务，保险期限为一年，保险费率采用千分率，由投保人根据保险财产实际价值确定保险金额作为保险人赔偿的最高限额。

2. 家庭财产两全保险

它是在普通家庭财产保险的基础上衍生的一种家庭财产保险业务。与普通家庭财产保险相比，家庭财产两全保险具有保险的功能，兼具到期还本的功能，即被保险人向保险人缴纳保险储金，保险人以储金在保险期间所生利息为保险费收入；当保险期满时，无论是否发生保险事故或是否进行过保险赔偿，其本金均应返还给被保险人。除此以外，其他内容均与普通家庭财产保险相同。

3. 房屋及室内财产保险

房屋及室内财产保险可分为三种：一般的房屋保险，此种房屋保险被大多数保险公司纳入普通家庭财产保险系列之内；保险标的除房屋外还包括室内财产的保险；贷款抵押房屋保险，即保险公司将个人或家庭以抵押贷款方式购买的商品房为保险标的而推出的险种。

4. 安居类综合保险

该类保险是集房屋、室内财产责任保险于一体的且具有组合特征的综合型保险。保险客户可以根据自身需要选择投保，即保险客户既可投保包括房屋在内的一般家庭财产，又可投保现金、珠宝、有价证券，还可投保民事赔偿风险。该险种可以最大限度地满足保险消费者的全面需求和个性化选择。

5. 投资保障型家庭财产保险

它是集保障性、储蓄性、投资性于一体的新型家庭财产保险。此类保险一般既能使被保险人获得保险保障，还能使投保人(或被保险人)收回保障金本金，并确保获得高于银行同期存款利率的投资回报。

6. 专项家庭财产保险

根据保险客户的需要，保险人通常开办若干专项家庭财产保险，如家用液化气罐保险、家用电器保险、摩托车保险等，投保人可以根据需要选择投保。

案例拓展

平安理赔7.2亿元人民币——汶川地震最大保险理赔案

2009年8月20日，中国平安宣布，已与拉法基瑞安水泥有限公司(以下简称"拉法基瑞安")正式签署赔付协议，平安产险就拉法基瑞安在2008年5月12日汶川地震以及后续的系列余震中遭受的损失，在保单保障范围内赔付人民币7.2亿元。

在汶川地震发生后，慕尼黑再保险公司测算，汶川地震导致保险公司的总理赔额为33亿元人民币到108亿元人民币。中国保监会统计，截至2009年5月10日，保险业合计支付保险金16.6亿元人民币，其中，已赔付保险金11.6亿元，预付保险金4.97亿元。

此次赔付协议对象拉法基瑞安水泥有限公司为法国拉法基集团和中国香港瑞安集团在华的合资子公司。2008年5月12日，四川汶川发生大地震，拉法基瑞安水泥有限公司及其中国地区下属企业在四川都江堰、江油和绵阳等地的中外合资水泥厂遭受严重损失，在2008年8月13日的余震中，拉法基江油工厂再次受损。

中国平安表示，在2008年6月至2009年6月的一年间，平安产险拉法基专案小组与被保险人、再保险人法国AXA、再保理算人罗便士(法国)等对其300多项重建和修复项目、上万个标的进行查勘和核损，经过各方多次磋商，于2009年6月初形成最终赔付方案，平安将在保单保障范围内赔付人民币7.2亿元。此前，平安产险已于2008年8月和11月分别向拉法基瑞安预付赔款2.6亿元和1.5亿元。

另外，平安产险相关负责人表示，平安产险将按照拉法基瑞安的要求支付第三笔预付赔款人民币7000万元。同时，理赔专案小组正在抓紧时间完成案件的整理工作，在公司内部的全部报备流程结束后，将剩余的赔款2.4亿元人民币支付给拉法基瑞安，完成此次地震后的拉法基瑞安赔款结案工作。除了履行保险人义务,平安产险于震后6个月内向拉法基瑞安预付赔款4.1亿元。

对于此次大额保险赔付支出,平安产险相关负责人表示,平安产险已经在2008年财务报告中充分计提了未决赔款准备金,并具有完备的再保机制,因此,该赔案基本不会对平安产险和平安集团当年的经营结果产生影响。

资料来源:王海艳,郭振华.保险学[M].北京:机械工业出版社,2011.

第三节 运输保险

一、运输保险概述

(一) 运输保险的概念

运输保险是指以处于流动状态的财产作为保险标的的一种保险,它包括货物运输保险和运输工具保险。这种保险的共同特点是保险标的处于运输状态或经常处于运行状态。这一点与火灾保险要求保险标的存放在固定场所和处于相对静止状态有明显区别。

运输保险业务包括货物运输保险、机动车辆保险、船舶保险、航空保险、摩托车保险等。它在整个财产保险业中占有十分重要的地位。

(二) 运输保险的特点

运输保险业务具有如下特点。

1. 保险标的具有流动性

不同于火灾保险,运输保险所承保的标的通常是处于运动过程中的财产。

2. 保险风险多而复杂

运输保险承保的风险既包括海上、陆上和空中风险,又包括自然灾害和意外事故风险,还包括保险标的处于运动状态的风险和暂时处于静止状态的风险等。

3. 异地出险现象频繁

由于运输保险的标的是运输工具或处于运动过程中的财产,在异地发生保险事故的概率很大,这就给保险人开展查勘理赔工作带来很大的难度。

4. 第三者责任风险大

考虑到运输过程中特别是运输工具可能造成巨额的第三者损害赔偿责任,运输保险都包含较高保险金额的第三者责任险,并且有一部分属于强制保险险种。

二、货物运输保险

货物运输保险是以运输过程中的各种货物为保险标的、以运行过程中可能发生的有关风险为保险责任的一种财产保险。

(一) 货物运输保险的适用范围

在国际上,货物运输保险是随着国际贸易的发展而不断发展并很早就走向成熟的险种。因为无论是对内贸易,还是对外贸易,商品使用价值的转移均离不开运输。在运输过程中,货物遭受自然灾害或意外事故并造成损失总是难免的,而根据各国有关运输法律、法规的规定,承运人仅对因为自己的过错造成的货物损失负责,对于不可抗力造成的货物损失则不负责任,因此,对货物的所有者而言,无论其选择的是信誉多高的承运人,均有投保货物运输保险的必要。

基于货物运输保险保障的是运输过程中的货物安全,该险种仅适用于收货人和发货人。在国际上,货物运输保险是由收货人投保还是由发货人投保,通常由贸易合同约定,相关费用往往包含在货物价格中。在中国,发货人与收货人均可投保货物运输保险。

(二) 货物运输保险的保险责任

货物运输保险的保险责任,按基本险和综合险的不同可分为两种情况,后者比前者的责任范围大。一般而言,货物运输保险基本险承保如下项目:因火灾、爆炸及相关自然灾害所导致的货物损失;因运输工具发生意外事故而导致的货物损失;在货物装卸过程中发生的意外损失;按照国家规定或一般惯例应当分摊的共同海损费用;合理的、必要的施救费用。

货物运输保险综合险不仅承保上述项目,而且承保盗窃、雨淋等原因造成的货物损失。

无论是基本险还是综合险,保险人对下列原因导致的损失均不负责:战争或军事行动导致的损失;被保险货物本身的缺陷或自然损耗;被保险人的故意行为或过失导致的损失;核事件或核爆炸导致的损失;其他不属于保险责任范围内的损失。

(三) 货物运输保险的保险金额与费率

货物运输保险采用定值保险方式,即确定的保险金额是保险人承担赔偿责任的最后价值,从而避免受市场价格变动的影响。国内货物运输保险的保险金额依据启运地成本价、目的地成本价、目的地市场价等确定,由被保险人任选一种;涉外货物运输保险的保险金额依据离岸价(free on board,FOB)、成本加运费价(cost and freight,CFR)、到岸价(cost insurance and freight,CIF)等确定,由投保人根据贸易合同选择。

运输货物的保险费率厘定,通常要考虑所选用的运输工具、运输路径、运输方式和所经区域,以及货物本身的性质与风险。保险人据此综合评估风险,并根据费率规章确定费率。如果投保人同时选择了附加险,则还需要另行计收保险费。

(四) 货物运输保险的保险期限

一般财产保险以一年为期限,到期自然终止。货物运输保险的保险期限采用"仓至仓条款",每一批投保货物的保险责任起讫时间都以约定的运输途程为标准,即从保险货物离开启运地的仓库或储存处所开始,直至到达目的地收货人的仓库或储存处所时终止。这也是货物运输保险的一大特点。

(五) 货物运输保险的理赔

当运输货物发生损失时,保险人需要对受损货物进行检验。检验时,保险人或保险人的代理人与被保险人均应同时在场,以避免正式处理赔案时发生纠纷。被保险人索赔必须提供符合保险合同规范的各种单证,并接受保险人的审核。如果损失是由承运人造成的,则保险人还应当依法行使代位追偿权。

(六) 货物运输保险的主要险种

在中国保险市场上,涉外货物运输保险的险种主要有海洋货物运输保险、陆上货物运输保险、航空货物运输保险和邮包险等。其中,海洋货物运输保险是涉外货物运输保险的主要业务,它又分为平安险、水渍险、一切险及海洋运输冷藏货物保险和海洋运输散装桐油保险等;陆上货物运输保险则以承保火车、汽车运输为主,分为陆运险和陆运一切险;航空货物运输保险分为空运险和空运一切险;邮包险专门承保邮局递送的涉外货物,它需要兼顾海、陆、空三种运输工具的责任,亦分为邮包险和邮包一切险。上述险种与险别均依国际惯例制定相应的条款,不同险种之间因运输工具差异而在风险责任上有差别。

国内货物运输保险险种主要有水路货物运输保险、铁路货物运输保险、公路货物运输保险、航空货物运输保险。其中水、陆货物运输保险又分为基本险与综合险。此外,随着国内物流业的迅速发展,近年来,有些保险公司开设了几种以物流企业的物流货物为承保标的的物流保险及相关附加保险。

知识拓展

第一张海上运输保险单

1347年10月23日,意大利商船"圣·科勒拉"号要将一批贵重货物由热那亚运送到马乔卡。这段路程虽然不算远,但是地中海的飓风和海上的暗礁会成为致命的风险。这愁坏了"圣·科勒拉"号的船长,他害怕在海上遇到风暴而损坏货物,自己承担不起这么大的损失,可是他又不想丢掉这样一笔大买卖。正在他为难之际,朋友建议他去找一个名为乔治·勒克维伦的意大利商人,这个人以财大气粗、喜欢冒险而闻名。于是,船长找到了勒克维伦,说明了情况,勒克维伦欣然答应加入他的这次航程。双方约定,船长先存一些钱在勒克维伦那里,如果6个月内"圣·科勒拉"号顺利抵达马乔卡,那么这笔钱就归勒克维伦所有,否则勒克维伦将承担船上货物的损失。这样一份在今天看来并不完备的协议就成了第一份海上运输保险单,也成为现代商业保险的起源。

资料来源:中国保险学会.中国近代保险史[M].北京:中国金融出版社,2022.

三、运输工具保险

运输工具保险专门承保机动运输工具,包括机动车辆、船舶、飞机、摩托车等各种以机器为动力的运载工具。

运输工具保险的适用范围相当广泛,客运公司、货运公司、航空公司、航运公司,以及拥有上述运输工具和摩托车、拖拉机等机动运输工具的家庭或个人,均可以投保不同险种的运输工具保险,并通过相应的保险获得风险保障。在这里,我们重点介绍三种运输工具保险。

(一) 机动车辆保险

机动车辆保险又称汽车保险,是指以机动车辆本身以及机动车辆的第三者责任为保险标的的一种保险。我国财产保险保费收入的65%以上来自机动车辆保险。

1. 机动车辆保险的保险标的及特点

机动车辆保险的保险标的是各种以机器为动力的陆上运输工具,包括各种汽车、摩托车、拖拉机等。由于机动车辆本身所具有的特点,机动车辆保险亦具有陆上运行、流动性强、行程不固定、业务量大、投保率高、赔付率高、第三者责任风险大等特点。

2. 机动车辆保险的分类

按照保险标的来划分,机动车辆保险可以分为汽车(或一般机动车辆)保险、摩托车保险、拖拉机保险等。按照险种来划分,机动车辆保险可以分为车辆损失保险和第三者责任(强制)保险。其中,车辆损失保险属于狭义的财产保险范围,第三者责任保险属于法定责任保险的范畴。

3. 机动车辆保险的主要险种及保险责任

机动车辆保险有车辆损失保险和第三者责任保险两个基本险,以及发达的附加险。

(1) 车辆损失保险主要对被保险车辆由于碰撞和非碰撞原因引起的损失负责,即承保车辆本身因碰撞和各种自然灾害或其他非碰撞意外事故所造成的损失以及施救费用。它属于财产损失保险的范畴。车辆损失保险的保险金额通常根据投保车辆的重置价值确定,也可以由保险双方协商确定。车辆损失保险的保险费则依据基本保险费加上保险金额乘保险费率确定,其中基本保险费可以各保险公司自行制定的统一费率来计算。保险金额、保险费率会因投保车辆价值、投保人等的不同而有较大差别。当被保险车辆发生保险损失时,保险人根据其受损情况进行赔偿,全损时按照保险金额赔偿,但以不超过重置价值为限;部分损失时,则按照实际修理费用赔偿。在投保车辆损失保险的基础上,投保人或被保险人还可以附加投保全车盗抢险、自然损失险、新增设备损失险、玻璃单独破碎险等,使被保险人的更多风险能通过保险来转移。

(2) 机动车辆第三者责任保险是以被保险人依法对第三人应承担的民事赔偿责任为标的的一种保险。它主要承保被保险人或其允许的驾驶员在使用保险车辆过程中,发生意外事故，致使第三人遭受人身伤亡或财产损毁，依法应由被保险人支付的赔偿金额。它属于责任保险的范畴。保险人依据合同确定的责任限额来承担保险责任。在投保机动车辆第三者责任保险的基础上，投保人或被保险人还可以附加投保车上责任险、无过失责任险、车上货物掉落责任险等，使被保险人的更多责任风险能通过保险来转移。

此外，在同时投保以上两种基本险的基础上，投保人或被保险人还可以附加投保不计免赔特约险，将两个基本险中应由被保险人自己承担的免赔金额，转由保险人来承担。从2006年7月1日起，我国正式施行《机动车交通事故责任强制保险条例》，该条例规定对机动车第三者责任实行强制保险，称为机动车交通事故责任强制保险，简称交强险。交强险所承担的责任是有限的，投保人或被保险人可以在投保交强险的基础上，再通过投保商业性的机动车辆第三者责任保险进一步分散对第三者的责任风险。

知识拓展

不合格驾驶员

驾驶员有下列情形之一者，属于不合格驾驶员：①没有驾驶证或驾驶证有效期届满；②驾驶的车辆与驾驶证准驾车型不相符合；③实习期内驾驶公共汽车、营运客车或载有爆炸物品、易燃易爆化学物品、剧毒或放射性危险物品的被保险机动车辆，实习期内驾驶被保险车辆牵引车；④持未按规定审验的驾驶证，以及在暂扣、扣留、吊销、注销驾驶证期间驾驶被保险机动车辆；⑤使用各种专用机械车、特种车但无国家有关部门核发的有效操作证，驾驶营业性客车但无国家有关部门核发的有效资格证；⑥存在依照法律规定和公安交通管理部门规定的其他属于无有效驾驶证的情况。

资料来源：魏丽，李朝锋.保险学[M].大连：东北财经大学出版社，2011.

案例拓展

交强险

原告王某在被告阳光财产保险股份有限公司北京分公司东城营销服务部(简称阳光财险)为其所有的一辆夏利牌轿车投保了交强险，保险期限为一年，保险责任限额中，死亡伤残赔偿限额部分为11万元。保险期限内，原告驾驶被保险机动车在一公路路段与骑车同向行驶的刘某甲发生交通事故，造成刘某甲及自行车乘坐人刘某乙当场死亡。

交通事故发生后，交管部门出具事故认定书，证实原告夜间驾驶机动车因观察不周，与前方非机动车发生交通事故，事后驾车逃逸，使事故现场无法认定，应承担事故的全部责任。后经交管部门调解，原告同意一次性支付两死者(家属)共计27万元，其中死者刘某甲、刘某乙的死亡赔偿金均为9.97万元。原告履行赔偿责任后，要求被告阳光财险按照保险合同约定赔偿死亡赔偿金11万元。被告阳光财险以机动车肇事后逃逸，道路交通事故中受害人人身伤亡的丧葬费及抢救费应由救助基金先行垫付为由，不同意原告的诉讼请求。

法院查明事实后,根据《中华人民共和国道路交通安全法》的相关规定,判决被告阳光财险给付原告王某机动车交通事故责任强制保险金11万元。宣判后,原、被告均未上诉,本案判决发生法律效力。

★ **案情分析**

本案中双方当事人争议的焦点在于,如机动车发生交通事故逃逸,保险公司是否应当在交强险范围内承担保险责任。

法院认为,根据交强险条例的规定,机动车肇事后逃逸的,道路交通事故中受害人的人身伤亡丧葬费用、部分或者全部抢救费用,由交通事故社会救助基金(简称救助基金)先行垫付,救助基金管理机构有权向道路交通事故责任人追偿。国家设立救助基金是为了对肇事逃逸机动车、未投保机动车造成的交通事故受害人进行补偿。机动车肇事逃逸以后,由于暂时无法确定肇事车辆的身份以及其投保的保险公司,交强险的赔偿救助机制难以发挥作用,为使受害人的人身伤害得到及时救治,由救助基金先行垫付抢救费用,但事后如查明机动车参加了交强险,则仍应由保险公司按照理赔程序处理。对没有参加交强险的机动车,才由救助基金管理机构向交通事故责任人追偿。

根据《机动车交通事故责任强制保险条例》以下简称《交强险条例》,保险公司不承担赔偿责任的情况包括:驾驶人未取得驾驶资格的;驾驶人醉酒驾驶肇事的;被保险机动车被盗抢期间肇事的;被保险人故意制造道路交通事故的。本案中原告虽有逃逸行为,但《交强险条例》未将肇事逃逸规定为责任免除条款,《交强险条例》所规定的四种除外责任也未包括肇事逃逸行为,因此原告的逃逸行为并不引起被告免除保险责任的法律后果,被告的拒赔理由是缺乏合同依据和法律依据的。

资料来源:王磊,尚晓茜.交强险[N].中国保险报,2009-11-6.

(二) 船舶保险

船舶保险是指以各种船舶、水上装置及其碰撞责任为保险标的的一种运输工具保险。

1. 船舶保险的适用范围

船舶保险适用于各种团体单位、个人所有或与他人共有的机动船舶与非机动船舶以及水上装置等,一切船东或船舶使用人都可以利用船舶保险来转嫁自己可能遭遇的风险。不过,投保船舶保险者必须有港务监督部门签发的适航证明和营业执照等。对于建造或拆除中的船舶则要求另行投保船舶建造保险或船舶拆除保险,并按照工程保险原则来经营;对于石油钻井船、渔船等,一般另有专门的险种承保。

2. 船舶保险的保险标的

船舶保险的保险标的包括运输船舶、渔业船舶、工程船舶、工作船舶、特种船舶及其附属设备,以及各种水上装置。同时,船舶保险的承保人往往将上述保险标的的碰撞责任亦作为船舶保险的基本责任予以承保。

3. 船舶保险的保险责任

船舶保险的保险责任可以划分为碰撞责任与非碰撞责任,前者是指保险标的与其他物体碰撞并造成对方损失且依法应由被保险人承担经济赔偿责任的风险；后者则包括有关自然灾害(主要是海洋灾害)、火灾、爆炸等，以及共同海损分摊、施救费用、救助费用等。

船舶保险拒赔的情况主要包括：战争、军事行动和政府征用；不具备适航条件；被保险人及其代理人的故意行为；正常维修；因保险事故导致停航、停业的间接损失；超载、浪损等引起的损失。

4. 船舶保险的保险金额

船舶保险通常遵循"一张保险单一个保险金额"的原则，但承保船舶本身的损失、碰撞责任和费用损失等，即上述三项损失均分别以船舶保险的保险金额为最高赔偿限额，所以说船舶保险属于高度综合的险种，附加险不发达。

5. 船舶保险的费率

船舶保险的费率厘定，需要综合考虑船舶的种类和结构、船舶的新旧程度、航行水域、吨位大小、使用性质等因素，同时参照历史损失记录和国际船舶保险界的费率标准，其中航行水域是十分重要的因素。

6. 船舶保险的理赔

当发生保险事故后，被保险人应当及时通知港务监督部门进行事故调查处理，保险人亦应及时参与。在赔偿时需要注意的事项包括：严格审核事故的性质，区分保险责任与除外责任；对碰撞事故要严格区分碰撞双方或多方的责任，按责论处；对船舶本身损失、碰撞责任的赔偿以保险金额为最高限额分别计算赔款，对有关费用则需要根据情况在保险人与被保险人之间或有关各方之间进行分摊。

(三) 飞机保险

飞机保险是以飞机及其有关利益、责任为保险标的的运输工具保险，其险种主要包括机身保险、飞机第三者责任保险、航空旅客责任保险、飞机战争与劫持险等。其中机身保险是最主要的险种，飞机战争与劫持险一般是附加险。

1. 机身保险

机身保险以各种飞机本身作为保险标的，承保飞机本身在保险期间可能遭遇损失的风险。机身保险的保险标的包括机壳及其设备、仪器和特别安装的附件等。它适用于任何航空公司、飞机拥有者、相关利益关系者，以及看管、控制飞机的人投保。

保险人对飞机机身通常以一切险方式承保，即除外责任以外的任何原因造成的损失或损坏，保险人均负责赔偿。

机身保险通常采取不定值方式承保，但也有保险公司对飞机机身采取定值保险的方式，对飞机损失的赔偿方式是在保险限额内选择现金赔付或置换相同的飞机。

2. 飞机第三者责任保险

飞机第三者责任保险专门承保飞机在保险期间可能造成第三者的损失且依法应由被保险人承担经济赔偿责任的风险，其性质类似机动车辆第三者责任保险。它实行赔偿限额制。

3. 航空旅客责任保险

航空旅客责任保险是以飞机乘客为保险对象的一种飞机责任保险，保险责任一般从乘客验票后开始到离开机场终止。国际航空承运人对乘客的赔偿责任按照《国际民用航空公约》的规定执行，国内航空承运人对乘客的赔偿责任一般由所在国家的航空法律来规定。

4. 飞机战争与劫持险

飞机战争与劫持险是以飞机为保险标的，以战争、劫持等特殊性质的风险(机身保险等不保的风险)为承保责任的一种保险。在西方国家，飞机战争险与飞机劫持险是两个险种，在中国通常在一张保单项下予以附加承保。

第四节 工程保险

一、工程保险概述

(一) 工程保险的概念

工程保险是指在工程建设期间，承保因灾害和意外事故造成各种工程项目及其有关的各种机器设备的财产损失和对第三者经济赔偿责任的保险。一般而言，传统的工程保险仅指建筑工程保险和安装工程保险，进入20世纪后，各种科技工程发展迅速，亦成为工程保险市场日益重要的业务来源。

(二) 工程保险的特点

1. 工程保险的风险具有集中性

现代工程项目往往是高价值、高技术的集合体，这使得工程保险承保的风险越来越集中，巨额风险越来越多。

2. 工程保险的责任范围具有广泛性

工程保险的许多险种采用"一切险"方式承保，即除了条款列明的除外责任外，保险人对保险期间工程项目因一切突然和不可预料的外来原因所造成的损失和责任都予以赔偿。

3. 工程保险的利益关系具有多方性

工程保险的保险标的涉及多个经济利益关系人，如工程所有人、工程承包人、技术顾问及贷款银行等,他们都对同一个工程项目承担着不同程度的风险,具有一定的保险利益。因此,工程保险的利益关系复杂,各方关系人都受保险合同及交叉责任条款的规范和制约。

4. 工程保险的内容存在交叉性

不同的工程项目在内容上存在一定的交叉,比如建筑工程包含安装工程项目,安装工程往往包含建筑工程项目,这就使得各种工程保险具有内容上的交叉性与相通性。

5. 工程保险的承保具有较强的技术性

现代工程涉及多种学科或者尖端技术,对于保险的承保技术、承保手段和承保能力提出了更高的要求。

6. 工程保险的保险期限具有不确定性

工程保险的保险期限是以工期来确定的,由于工程期限有长有短,相对于以一年为期限的一般财产保险,不同工程保险的保险期限是不确定的。

二、建筑工程保险

建筑工程保险简称"建工险",是指以各类民用、工业用和公共事业的建筑工程项目为保险标的的保险。保险人承担对被保险人在工程建设过程中由自然灾害和意外事故引起的一切损失的经济赔偿责任。

(一) 建筑工程保险的适用范围

建筑工程保险承保的是各类建筑工程,即各种民用、工业用和公共事业的建筑工程,如房屋、道路、桥梁、港口、机场、水坝、道路、娱乐场所、管道以及各种市政工程项目等。

建筑工程保险的被保险人大致包括四个方面:工程所有人,即建筑工程的最后所有者;工程承包人,即负责建筑工程项目施工的单位,它又可以分为主承包人和分承包人;技术顾问,即由工程所有人聘请的建筑师、设计师、工程师和其他专业技术顾问等;其他关系方,如贷款银行。当存在多个被保险人时,一般由一方出面投保,并负责支付保险费,申报保险期间的风险变化情况,提出原始索赔等。

(二) 建筑工程保险的保险标的与保险金额

建筑工程保险的保险标的范围广泛,既有物质财产部分,也有第三者责任部分。为方便确定保险金额,投保人应在建筑工程保单明细表中列出保险项目,通常包括如下几个部分。

1. 物质损失部分

建筑工程保险的物质损失分为以下七项。

(1) 建筑工程。它包括永久性和临时性工程及工地上的物料。该项目是建筑工程险的主要保险项目。建筑工程保险金额为承包工程合同的总金额，即建成该项工程的实际造价，包括设计费、材料设备费、运杂费、施工费、保险费、税款及其他有关费用。

(2) 工程所有人提供的物料和项目。它是指未包括在上述建筑工程合同金额中的所有人提供的物料及负责建筑的项目。该项保险金额应按这一部分的重置价值确定。

(3) 安装工程项目。它是指未包括在承包合同金额内的机器设备安装工程项目。若此项已包括在承包工程合同内，则无须另行投保，但应在保单中说明。该项目的保险金额按重置价值计算，不应超过整个工程项目保险金额的20%；若超过整个工程项目保险金额的20%，则按安装工程保险费率计收保费；若超过整个工程项目保险金额的50%，则应单独投保安装工程保险。

(4) 建筑用机器、装置及设备。它是指施工用的各种机器设备，如起重机、打桩机、铲车、推土机、钻机、供电供水设备、水泥搅拌机、脚手架、传动装置、临时铁路等机器设备。该类财产一般为承包人所有，不包括在建筑工程合同价格之内，因而应作为专项承保。保险金额按重置价值确定，即重置与原来相同或相近的机器设备的价格，包括出厂价、运费、保险费、关税、安装费及其他必要的费用。

(5) 工地内现成的建筑物。它是指不在承保工程范围内的，归所有人或承包人所有或由其保管的工地内已有的建筑物或财产。该项保险金额可由保险双方当事人协商确定，但最高不得超过其实际价值。

(6) 场地清理费。它是指发生保险责任范围内的风险并导致损失后为清理工地现场所支付的费用。该项费用一般不包括在建筑合同价格内，需单独投保。对大型工程来说，该项保额一般不超过合同价格的5%；对小型工程来说，该项保额不超过合同价格的10%。本项费用按第一危险赔偿方式承保，即发生损失时，在保险金额内按实际支出数额赔付。

(7) 所有人或承包人在工地上的其他财产。它是指不能包括在前六项范围内的其他可保财产。如需投保，应列明名称或附清单于保单上，其保险金额可参照前六项的标准由保险双方协商确定。

以上七项之和构成建筑工程保险物质损失项目的总保险金额。

2. 第三者责任部分

建筑工程保险的第三者责任，是指对被保险人在工程保险期间因意外事故造成工地及工地附近的第三者人身伤亡或财产损失依法应负的赔偿责任。第三者责任险采用赔偿限额，赔偿限额由保险双方当事人根据工程责任风险的大小商定，并在保险单内列明。

3. 特种风险部分

特种风险是指保单明细表中列明的地震、海啸、洪水、暴雨和风暴。特种风险赔偿是对保单中列明的上述特种风险造成的各项物质损失的赔偿。为控制巨灾损失，保险人对保单中列明的特种风险必须规定赔偿限额。凡保单中列明的特种风险造成的物质损失，无论是发生一次还是多次保险事故，其赔款均不得超过该限额。具体限额主要根据工地的自然地理条件、以往发生该类损失记录、工程期限的长短及工程本身的抗灾能力等因素来确定。

(三) 建筑工程保险的责任范围

建筑工程保险的保险责任分为物质损失部分的保险责任和第三者责任两大部分。

1. 物质损失部分的保险责任

物质损失部分的保险责任主要有保单上列明的各种自然灾害和意外事故，如洪水、风暴、地陷、冰雹、雷电、火灾、爆炸等多项，同时还承保盗窃、工人或技术人员过失等人为风险，并可以在基本保险责任项下附加特别保险条款，以利被保险人全面转嫁自己的风险。不过，对于错误设计引起的损失、费用或责任，置换、修理或矫正标的本身原材料缺陷或工艺不善所支付的费用，由此引起的机械或电器装置的损坏或建筑用机器、设备损坏，以及停工引起的损失等，保险人不负责任。被保险人所有或使用的车辆、船舶、飞机、摩托车等交通运输工具，亦需要另行投保相关运输工具保险。

2. 第三者责任部分的保险责任

第三者责任是指对于在保险期间因建筑工地发生意外事故造成工地及邻近地区的第三者人身伤亡和财产损失，且依法应由被保险人承担的赔偿责任，以及事先经保险人书面同意、被保险人因此而支付的诉讼费用和其他费用。赔偿责任不得超过保单中规定的每次事故赔偿限额或保单有效期内累计赔偿限额。

三、安装工程保险

安装工程保险是指以各种大型机器、设备的安装工程项目为保险标的的工程保险，保险人承保安装工程期间因自然灾害或意外事故造成的物质损失及有关法律赔偿责任。相对于建筑工程而言，安装工程保险主要承保人为风险。

(一) 安装工程保险的投保人

安装工程保险的投保人包括安装工程项目的所有人、承包人、分包人、供货人、制造商等。但实际情形往往是一方投保，其他各方可以通过交叉责任条款获得相应的保险保障。

(二) 安装工程保险的保险标的与保险金额

安装工程保险的保险标的通常包括物质损失、特种危险赔偿和第三者责任三个部分。其中物质损失部分分为安装项目、土木建筑工程项目、场地清理费、承包人的机器设备、所有人或承包人在安装工地上的其他财产等，各项标的均应明确保险金额；特种危险赔偿和第三者责任保险项目与建筑工程保险相似。

安装工程保险承保的物质损失部分的保险金额和建筑工程保险一样，也是分项确定的，具体分为以下几项。

(1) 安装项目的保险金额，一般按安装合同总金额确定，待工程建设完毕后再根据完毕时的实际价值调整。

(2) 土木建筑工程项目，保险金额一般为该项目建成的价格。

(3) 场地清理费，保险金额由投保人自定，并在安装工程合同价外单独投保。

(4) 承包人所有的用于安装工程施工的机器设备，保险金额按重置价值计算。

(5) 所有人或承包人在工地上的其他财产，保险金额按重置价值计算。

这五项保险金额之和构成物质损失部分的总保险金额。

(三) 安装工程保险的责任范围

安装工程保险物质损失部分的保险责任与建筑工程保险大致相同，此外还要承保安装过程中出现的超负荷、超电压、碰线、电弧、走电、短路等引起的事故，以及安装技术不善引起的事故。安装工程保险第三者责任险的保险责任与建筑工程相同。

安装工程保险物质损失部分的除外责任与建筑工程保险大致相同，但安装工程保险对设计错误造成的损失不保，对由此引起的其他保险财产的损失负责。

四、科技工程保险

科技工程保险是指以各种重大科技工程或科技产业为保险标的，承保科技工程实施中因自然灾害或意外事故造成的财产损失以及责任风险的保险。

科技工程保险主要适用于海洋石油开发工程、航天工程、核能工程和其他科技工程。由于科技工程保险的保险标的具有价值高昂、风险集中、技术含量极高的特点，使得科技工程保险被视为现代保险业中最高级的业务。它虽属于工程保险，但又具有相对独立的保险业务来源。下面介绍常见的几种科技工程保险。

(一) 海洋石油开发保险

海洋石油开发保险面向现代海洋石油工业，它承保从勘探到建成、生产整个开发过程中的风险。海洋石油开发工程的所有人或承包人均可投保该险种。

投保该险种一般应经历四个阶段，即普查勘探阶段、钻探阶段、建设阶段和生产阶段。每一个阶段均有若干具体的险种供投保人选择。每一个阶段均以工期为保险责任起讫期。当前一阶段完成，并证明有石油或有开采价值时，后一阶段才得以延续，被保险人亦需要投保后一阶段保险。因此，海洋石油开发保险作为一项工程保险业务，是分阶段进行的。

海洋石油开发保险主要的险种有勘探作业工具保险、钻探设备保险、费用保险、责任保险、建筑安装工程保险。在承保、防损和理赔方面，均与其他工程保险业务具有相通性。

(二) 卫星保险

卫星保险是以卫星为保险标的的科技工程保险，它属于航天工程保险范畴。它包括发射前保险、发射保险和寿命保险，主要业务是卫星发射保险，即保险人承保卫星发射阶段的各种风险。卫星保险的投保与承保手续与其他工程保险并无区别。

(三) 核电站保险

核电站保险以核电站及其责任风险为保险对象，它是核能民用工业发展的必要风险保障措施，也是对其他各种保险均将核风险除外不保的一种补充。

核电站保险的险种主要有财产损毁保险、核电站安装工程保险、核责任保险和核原料运输保险等。其中财产损毁保险与核责任保险是主要业务。

在保险经营方面，保险人一般按照核电站的选址勘测、建设、生产等不同阶段提供相应的保险，从而使其在总体上仍然具有工期性。当核电站正常运转后，则可以投保定期保险。

(四) 其他科技保险

其他科技保险主要承保科技成果转化及其产业化过程中的风险，主要包括科技成果应用保险、计算机与网络技术保险等。

第五节 农业保险

一、农业保险概述

(一) 农业保险的概念

农业是国民经济的基础，农业保险作为财产保险的有机组成部分，是为农业生产发展服务的一种风险工具。它主要承保种植业、养殖业的风险，亦被称为两业保险。种植业保险包括农作物保险、收获期农作物保险、森林保险、园林苗圃保险等；养殖业保险包括牲畜保险、畜禽保险、水产养殖保险、特种养殖保险等。

按照保险责任划分，农业保险可以分为单一责任保险、混合责任保险和一切险。其中，单一责任保险一般承保一项风险责任，如水灾、火灾等；混合责任保险则采取列举方式明示承保的多项风险责任；一切险虽然也采取列举方式，但实质上除列示的不保风险外其余风险均属于可保责任，因此，一切险承保的风险范围最大。

(二) 农业保险的特点

1. 农业保险面广量大

农业生产在野外进行，生产场所非一般保险的保险地址范围可比，其数量亦非一般财产保险的保险标的那样有限，种植业保险往往是大面积成片投保，养殖业保险往往是大规模成批投保。面广量大的特点决定了保险人只有投入较多的力量才能开办这类保险业务。

2. 农业保险受自然风险和经济风险的双重制约

农业生产的最大特点是自然再生产与经济再生产相互交织在一起，农业保险也必然要受到自然风险与经济风险的双重制约。

3. 农业保险的风险结构具有特殊性

农业保险面对的主要是各种气象灾害和生物灾害，尤其是水灾、冰雹、低温、干热风、病虫害等，多数灾害只对农业生产构成严重威胁，从而与其他财产保险所面临的风险结构具有较大的差异性。

4. 高风险与高赔付率并存

由于农业生产面临的风险大、损失率高，保险赔付率通常也很高，保险人要想通过农业保险赚取利润较其他财产保险业务更困难。因此，农业保险被许多保险公司视为畏途，真正成功的农业保险模式较为罕见。

5. 农业保险需要政府的支持

农业保险的发展离不开政府的支持，包括财政税收、贷款政策等方面的支持。例如，美国的联邦农作物保险公司实质上是由美国政府投资设立的一家政策性保险公司；日本的村民共济制度亦获得了日本政府直接的财税支持；中国的安信、安华、阳光等农业保险公司自成立以来也同样获得了中国财政的直接保费补贴。

(三) 农业保险的注意事项

农业保险的复杂性，决定了保险人在经营中需要注意下列事项。

1. 审慎选择风险责任

保险人需要根据投保标的的风险状况及公司的承保能力与风险控制能力，确定农业保险的承保责任，一般可采取单一责任保单，也可以采取混合责任保单，一切险保单只有在条件成熟的情况下才宜采用。保险人通过适度限制责任，来控制保险风险。

2. 让被保险人分担相应的责任

农业保险所面临的巨大风险和生产特性，以及其面广量大、不易管理的特点，决定了保险人在承保时必须让被保险人同时分担相应的风险责任，即不能足额承保农业保险业务，以此达到增强被保险人安全管理的责任心的目的，并防止道德风险的发生。

3. 适宜采取统保方式承保

统保是分散农业生产风险和稳定农业保险财务的基本要求，保险人在承保农业保险业务时，适宜采取统保方式承保，即投保人必须将同类标的全部向保险人投保，有的甚至可以要求多个被保险人同时投保某一险种。例如，水稻保险就必须是成片承保，而不能只保某一家的田地。这种方式可以防止农业保险的逆选择，同时为被保险人或更多的保险客户提供更加全面的风险保障。

4. 明确地理位置

无论是种植业保险还是养殖业保险，在保险合同中均须载明其地理位置，这是杜绝理赔纠纷、准确判定责任的重要依据。

5. 争取政府支持

从宏观出发，农业保险特别需要政府的支持，包括争取政府免税政策和财政支持，通过政府的引导来促使更多的农民投保等。

总之，农业保险是难度很大的财产保险业务，但它又为财产与责任保险公司提供了一个庞大的保险市场和重要的业务来源。当狭义的财产保险、责任保险等市场被各保险公司基本分割完毕时，农业保险将成为保险市场业务竞争的又一个领域。因此，农业保险虽然需要由专业的农业保险公司来经营，但一般的财产与责任保险公司亦可努力开拓这一市场，通过经营农业保险市场业务来实现自己的经营目标。

(四) 农业保险的主要险种

在将农业保险划分为种植业保险与养殖业保险的基础上，还可以对其进一步细分。农业保险的主要险种如图5-2所示。

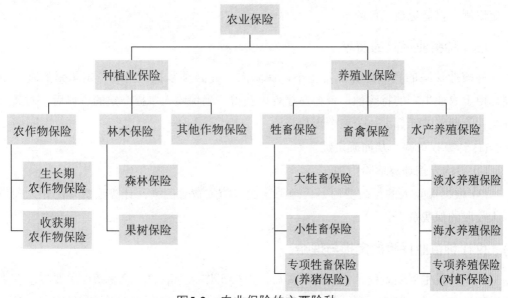

图5-2 农业保险的主要险种

图5-2显示的是农业保险的主要险种，实际上还有更多险种。例如，农作物保险就有水稻保险、小麦保险、油菜保险等多种。因此，农业保险是一个不容忽视的保险市场领域。

二、种植业保险

种植业保险是指以各种粮食作物、经济作物为保险对象的保险，又称"农作物保险"。按作物的生长阶段，种植业保险可分为生长期农作物保险和收获期农作物保险。

生长期农作物是有机体，每一种作物的生长都有自己的规律。阳光、水分、土壤、肥料、空气都是作物生长的基本要素，同时又是制约作物生长的破坏因素。收获期是指从农作物开始收割或从采摘到完成初加工进入仓库的期间。

(一) 种植业保险的期限

种植业保险期限是根据不同农作物的生长期确定的，一般从农作物出土定苗开始(如水稻从插秧开始、棉花从移株开始)到成熟收割时止。对于分期收获的农作物(如烤烟等)，其保险期限到最后一茬收获为止。对于收获期农作物保险，则保险期限到入仓前为止。

(二) 种植业保险的保险金额

种植业保险金额主要受保险人的技术水平和农民对保险费承受能力的制约。保险金额有两种确定方法。

(1) 承保作物成本，保险金额主要由机耕费、种子费、肥料费、灌溉费、工具折旧费、劳动力等项组成。

(2) 承保收获量，即以预期的收获量为保险金额，一般要加以限制，承保收获量的一定比例，以避免道德风险。

(三) 种植业保险的费率

种植业保险的费率计算非常复杂，保险人首先必须掌握大量的一定年限的真实资料。由于农业生产的特殊性，资料往往难以获得。当保险人掌握一定的资料后，对某一作物保险费率的计算大体分三个步骤。

(1) 计算损失率，从而确定纯费率。

(2) 用均方差计算危险附加。

(3) 根据保险人的行政费用、代理手续费、防灾费等因素，计算毛费率，即为向投保人收取的保费费率。

(四) 种植业保险的定损与理赔

农作物发生保险责任范围内的损失后，定损工作比一般财产险复杂，主要方法有查株数穗法和抽样实测法。在计算农作物保险赔款时，承保成本或承保收获量不同，其计算方法也不同。

按成本承保，当农作物全损时，计算公式为

$$赔款 = 实际收入成本 \times (1 - 免赔率)$$

当农作物部分损失时，计算公式为

$$赔款 = 实际投入成本 \times \frac{受损农作物}{农作物总数} \times (1 - 免赔率)$$

按收获量承保,当全部损失时,按保险金额减去免赔额计算;当部分损失时,计算公式为

$$赔款=(投保时双方约定产量-出险后实际收获量)\times 国家收购价\times(1-免赔率)\times 承保成数$$

在保险期限内,连续发生保险事故进行赔款时,其累计赔付金额以保单上注明的保险金额为限;部分损失时,保单继续有效,有效保险金额为原保险金额与赔偿金额的差额;保险亩数小于实际种植的亩数时,保险人应按保险亩数与实际种植的亩数的比例进行赔偿;残值一般作价给投保人。

三、养殖业保险

养殖业保险是指以牛、马、骡、驴等大牲口和猪、羊、兔、鸡等畜禽以及鱼、虾、蟹类为保险标的的死亡损失保险。经保险人与投保人双方同意,可特约承保一些其他责任。养殖业保险包括以役用、乳用、肉用、种用的马、牛、骆驼、奶牛、菜牛等为对象的大牲畜保险;以肉用、皮用、毛用的猪、羊、鸡、鸭、兔、鱼、虾、蟹、貂、鹿、麝、蜂、蚕等为对象的家畜、家禽、养鱼、珍贵动物保险。养殖保险对象品种繁多,保险双方可根据各自的要求和可行性,承保一些有特殊需要的养殖动物或昆虫等。

(一) 养殖业保险的期限

养殖业保险一般以一年为限,也有以一个养殖周期为保险期限的情况。总之,为适应实际需要,期限可不尽相同。保险期限自保险合同签订后,中途不得改变。如有特殊需要,双方可以批单形式变更保险期限。

(二) 养殖业保险的保险金额

保险金额是保险人对被保险人所有的养殖品种在发生保险责任范围内的损失时所赔偿的最高限额。养殖业保险金额可根据双方协商确定,也可根据账面价值确定。不论以何种形式确定保险金额,为避免道德风险和保险人技术上的不足,一般都必须设定一个相对免赔率或绝对免赔额,保险金额一般为保险标的实际价值的60%~70%,必要时应确定最高赔偿限额。

(三) 养殖业保险的责任与理赔

养殖业保险责任一般包括:各种自然灾害,如洪水、火灾、风灾、地震、爆炸、雷击、冰雹、雪灾、泥石流等造成的死亡;各种意外事故,如野兽伤害、互斗、中毒、摔跤、淹溺、触电、碰撞,以及空中运行物或固定物体坠落、倒塌所导致的死亡;各种疫病和疾病造成的死亡;等等。

养殖业保险的赔偿处理比较复杂,保险人要做深入细致的调查核对工作,做到准确、合理。在养殖业保险赔偿中,理赔人员要做好查勘记录,记录内容主要包括出险时

间、出险地点、死亡原因、施救经过、责任确定、残值处理、核损情况、定损依据、赔付金额等方面。具体的计算公式根据不同标的而有所不同。

例如，生猪、羊、兔等的赔款计算公式为

$$实际赔款 = (尸体重量 \times 单价 - 残值) \times 承保成数 - 免赔额$$

养殖鱼的保险赔偿计算公式为

$$实际赔款 = (承保鱼数 - 灾后实际存鱼数) \times 每尾鱼平均保额 \times 承保成数$$

练一练

一、单项选择题

1. 保险合同中的保险标的有多种形式，财产损失保险的保险标的是(　　)。
   A. 无形的利益　　　　　　　B. 有形的财产
   C. 法定的责任　　　　　　　D. 违约的风险

2. 转让财产保险合同的保险标的时，通常必须经过保险人的同意，方可变更投保人和被保险人，属于例外的保险合同有(　　)。
   A. 工程保险合同　　　　　　B. 企业财产保险合同
   C. 机动车辆保险合同　　　　D. 货物运输保险合同

3. 对传统的财产保险不予承保的间接损失提供补偿的保险是(　　)。
   A. 利润损失保险　　　　　　B. 责任保险
   C. 火灾保险　　　　　　　　D. 机器损坏保险

4. 对于非一般性的生产资料或商品，企业财产保险通常不予承保，这类财产包括(　　)。
   A. 运输货物　　　　　　　　B. 土地矿藏
   C. 机动车辆　　　　　　　　D. 票证资料

5. 家庭财产两全保险的保险费是(　　)。
   A. 保险金额产生的利息　　　B. 准备金产生的利息
   C. 保险利益产生的利息　　　D. 保险储金产生的利息

6. 家庭财产综合保险特约承保的标的是(　　)。
   A. 房屋　　　　　　　　　　B. 房屋的附属设备
   C. 室内装修　　　　　　　　D. 存放在室内的农用工具

7. 目前，在我国可供投保人选择的企业财产保险中，费率水平最低的险别是(　　)。
   A. 综合险　　　　　　　　　B. 一切险
   C. 基本险　　　　　　　　　D. 财产险

8. 企业财产保险的特约可保财产有( )等。
   A. 建筑物 B. 机器设备
   C. 铁路 D. 原材料

9. 企业财产保险基本险的除外责任包括( )等。
   A. 雷击 B. 盗窃
   C. 火灾 D. 爆炸

10. 在家庭财产综合保险中，保险人对于被保险人的室内财产损失采用的赔偿方式是( )。
    A. 限额赔偿方式 B. 第一危险赔偿方式
    C. 比例分摊赔偿方式 D. 顺序赔偿方式

11. 在企业财产保险中，当保险人怀疑造成保险财产损失的真正原因不在赔付范围内，或怀疑被保险人的索赔金额过大，但又没有充分证据证明被保险人有故意或欺诈行为时，通常选择的赔偿方式是( )。
    A. 限额责任赔偿方式 B. 现金赔偿方式
    C. 重置赔偿方式 D. 第一危险赔偿方式

12. 厘定机动车辆保险费率时，保险人十分重视从车和从人两方面因素，其中从车因素包括( )等。
    A. 停放地点 B. 驾龄
    C. 违章肇事记录 D. 索赔记录

13. 车辆损失险的保险金额的确定方式通常是( )。
    A. 按保险人的要求确定 B. 按出险时车辆的实际价值确定
    C. 按新车购置价确定 D. 按赔偿时车辆的实际损失确定

14. 车辆损失险的保险责任包括碰撞事故，保险人所承保的碰撞事故包括( )。
    A. 保险车辆爆炸 B. 保险车辆撞上树木
    C. 保险车辆坠落 D. 保险车辆倾覆

15. 在机动车辆保险中，保险人对于上一年或上几年无赔款者在续保时可给予费率优惠，这种制度称为( )。
    A. 统保优待制度 B. 续保优待制度
    C. 无赔款优待制度 D. 无索赔优待制度

16. 在车辆损失险中，如果保险车辆的保险金额低于投保时的新车购置价，那么在保险车辆发生部分损失时，保险赔偿金额应( )。
    A. 按照保险金额计算
    B. 按照约定价值计算
    C. 按照新车购置价计算
    D. 按照保险金额与投保时新车购置价的比例计算

17. 在车辆损失险中，如果保险车辆的保险金额是按投保时新车购置价确定的，那么当保险车辆发生部分损失时，保险赔偿金额应（　　）。
   A. 按照保险金额计算　　　　　B. 按照约定价值计算
   C. 按照实际修复费用计算　　　D. 按照新车购置价计算

18. 运输货物保险合同的保险标的是（　　）。
   A. 投保人拟交付运输的货物　　B. 运输过程中的运输工具
   C. 运输过程中的货物　　　　　D. 运输过程本身

二、案例分析题

1. 王某经常外出，担心家中被盗，于2021年6月向P保险公司投保了家财险及附加盗窃险，保额为1万元。2021年7月，王某所在单位为全体职工在T保险公司投保了家财险附加盗窃险，每人的家财险保额为5000元。2022年1月，王某家被盗，王某立即向公安部门报案，并马上通知了保险公司。经过现场查勘核实，王某家的门锁是被撬开的，丢失的财物有彩电、冰箱各1台，高级毛料西装1套，金戒指1枚，人民币现金1000元。3个月过去了，公安机关仍然未能破案，王某便要求两家保险公司赔偿损失。但是保险公司会怎么赔呢？王某并不确定，不过他倒是听说这样一件事：同事的一个亲戚曾经在两家人寿保险公司分别投保了5万元的意外伤害保险和3万元的人寿保险，遇车祸死亡后，两家保险公司都全额支付了保险金。那么他家被盗，两家保险公司是否会按照他所投保的金额足额赔付呢？

2. 某个体运输户与保险公司签订保险合同，为其3年前从别人手中购买的解放牌大货车投保机动车辆险附加盗抢险，保险金额为6万元，保险期限为1年。在保险期间，该车在某县一酒店门前停放时被盗。投保人向公安机关报案，同时向保险公司递交了索赔申请，要求保险公司按保险金额6万元予以赔偿。保险公司经核查得知，该车已使用5年之久，按照有关的会计规定计算，本车出险时的实际价值只有3万元，因此只能按3万元赔偿。投保人不服，将保险公司诉至法院。法院该如何判赔？

第六章　责任保险

> **学习目标**
> 1. 掌握责任保险的概念与特点；
> 2. 理解责任保险的基本内容；
> 3. 明确公众责任保险、产品责任保险、雇主责任保险和职业责任保险的基本内容及主要险种。

第一节　责任保险概述

一、责任保险的概念

责任保险是指以保险客户的法律赔偿风险为承保对象的一类保险。它属于广义的财产保险范畴，适用广义的财产保险的一般经营理论，但又具有独特的内容和经营特点，因而它是一类可以自成体系的保险业务。

首先，责任保险与一般财产保险具有共同的性质，即都属于补偿性保险，承保时均需遵循财产保险的保险利益原则，发生索赔时均需运用财产保险的赔偿原则，当责任事故是由第三者造成时亦适用于权益转让原则等。它既可以满足被保险人的风险转嫁需要，又不允许被保险人通过责任保险获得额外利益。因此，责任保险可以归入广义的财产保险范畴。

其次，责任保险承保的风险是被保险人的法律风险，即以法律规定的民事损害赔偿责任为承保风险，但也可以根据保险客户的要求并经特别约定后，承保其合同责任风险。这种风险与一般财产保险和人寿保险所承保的风险是有根本区别的。

最后，责任保险以被保险人在保险期间可能造成他人的利益损失为承保基础。一般财产保险承保的是被保险人自己的现实利益，例如火灾保险与运输保险等保障的是被保险人自己的现实物质利益，信用保险保障的是被保险人自己的现实款物利益，它们都是在保险人承保前客观存在并可以用货币计量的事实。而责任保险承保的则是被保险人在保险期间可能造成的他人的利益损失，即责任保险承保的这种利益损失首先必须表现为他人的利益受到损失，其次才是这种利益损失因有关法律、法规的规定应当由被保险人负责，因此，责任保险的承保建立在被保险人可能造成他人利益损失的基础之上。这种利益损失在承保时是无法确定或预知的，从而对被保险人的责任风险大小也无法像其他财产保险或人身保险那样用保险金额来评价，而只能以灵活的赔偿限额作为被保险人转嫁法律风险和保险人承担法律风险的最高限额。

根据业务内容的不同，责任保险可以分为公众责任保险、产品责任保险、雇主责任保险、职业责任保险和第三者责任保险(第三者责任保险不能单独承保，必须附着在其他险种上，在介绍其他险种时有提及，此处不再赘述)五类业务，其中每一类业务又由若干具体的险种构成。例如，公众责任保险包括场所责任保险、电梯责任保险、车库责任保险等。这是责任保险常见的分类方法，也是责任保险业务经营的基本依据。

二、责任保险的特点

责任保险与一般财产保险相比较，其共同点是两者均以大数法则为数理基础，经营原则一致，经营方式相近(除部分法定险种外)，均是对被保险人的经济利益损失进行补偿。然而，作为一类独特的保险业务，责任保险在产生与发展基础、补偿对象、承保标的、承保方式、赔偿处理等方面又具有自己明显的特点。

(一) 责任保险产生与发展基础的特点

一般财产保险产生与发展的基础是自然风险与社会风险的客观存在和商品经济的产生与发展；一般人寿保险产生与发展的基础是社会经济的发展和社会成员生活水平的不断提高；而责任保险产生与发展的基础是各种民事法律风险的客观存在、社会生产力发展到一定阶段以及由于人类社会的进步带来的法律制度的健全与完善，其中法律制度的健全与完善是责任保险产生与发展的重要基础。

正是因为人们的社会行为受法律制度的规范，所以当人们因触犯法律而造成他人财产损失或人身伤害时必须承担经济赔偿责任。法律规定某种行为应负经济赔偿责任，有关单位或个人才会想到通过保险来转嫁这种风险，责任保险的必要性才会被人们所认识、所接受；法律规定对各种责任事故中的致害人进行严格处罚，才会促使可能发生民事责任事故的有关各方自觉地参加各种责任保险。事实上，当今世界上责任保险最发达的地区，同时也是各种民事法律制度最完备、最健全的地区，它表明了责任保险产生与发展的基础是健全的法律制度，尤其是民法和各种专门的民事法律与经济法律制度。

(二) 责任保险补偿对象的特点

在一般财产保险与各种人身保险的经营实践中，保险人的补偿对象是被保险人或其受益人，其赔款或保险金归被保险人或其受益人所有，不会涉及第三者。而各种责任保险却与此不同，其直接补偿对象虽然也是与保险人签订责任保险合同的被保险人，被保险人无损失则保险人亦无须补偿，但被保险人利益损失首先表现为因被保险人的行为导致第三者的利益损失，即第三者利益损失客观存在并依法应由被保险人负责赔偿时才会产生被保险人的利益损失。因此，尽管责任保险中保险人的赔款是支付给被保险人的，但这种赔款实质上是对被保险人之外的受害方即第三者的补偿，所以可以说它是直接保障被保险人利益、间接保障受害人利益的一种双重保障机制。

(三) 责任保险承保标的的特点

一般财产保险承保的是有实体的各种财产物资，人身保险承保的是自然人的身体，两者均可以在承保时确定一个保险金额作为保险人的最高赔偿限额；而责任保险承保的是各种民事法律风险，没有实体标的。

对每一个投保责任保险的人而言，其责任风险可能价值数十元，也可能价值数十亿元，这是无法预料的，保险人对所保的各种责任风险及其可能导致的经济赔偿责任也无法用保险金额来确定。若责任保险没有赔偿额度的限制，保险人很可能会陷入经营风险之中，因此，保险人在承保责任保险时，通常会对每一种责任保险业务规定若干等级的赔偿限额，由被保险人自己选择，被保险人选定的赔偿限额便是保险人承担赔偿责任的最高限额，超过限额的经济赔偿责任只能由被保险人自行承担。可见，责任保险承保的标的是没有实体的各种民事法律风险，保险人承担的责任只能采用赔偿限额的方式进行确定。

(四) 责任保险承保方式的特点

责任保险的承保方式具有多样化特点，从责任保险的经营实践来看，主要有独立承保、附加承保或与其他保险业务组合承保三种方式。

在独立承保方式下，保险人签发专门的责任保险单，它与特定的物没有保险意义上的直接联系，而是完全独立操作的保险业务。例如，公众责任保险、产品责任保险等。采取独立承保方式承保的责任保险业务，是责任保险的主要业务来源。

在附加承保方式下，保险人签发责任保险单的前提是被保险人必须参加一般的财产保险，即一般财产保险是主险，责任保险则是没有独立地位的附加险。例如，建筑工程保险中的第三者责任保险，一般被称为建筑工程保险附加第三者责任保险。附加，承保的责任保险在业务性质和业务处理方面，与独立承保的各种责任保险是完全一致的，不同的只是承保方式。

在组合承保方式下，保险人既不必签订单独的责任保险合同，也无须签发附加或特约条款，只要参加该财产保险便可使相应的责任风险得到保险保障。例如，船舶的责任保险承保就是与船舶的财产保险承保组合而成的，保险人将其作为综合船舶保险中的一类保险责任承担即可。

(五) 责任保险赔偿处理的特点

与一般财产保险与人身保险业务相比，责任保险的赔偿要复杂得多，具体表现在以下几方面。

(1) 每一起责任保险赔案的出现，均以被保险人对第三者的损害并依法应承担经济赔偿责任为前提条件，必然要涉及受害的第三者，从而表明责任保险的赔偿处理并非像一般财产保险或人身保险赔案那样只涉及保险双方。

(2) 责任保险的承保以法律制度的规范为基础，责任保险赔案的处理也是以法院的判决或执法部门的裁决为依据，保险双方需要更全面地运用法律制度。

(3) 在责任保险中，由保险人代替致害人承担对受害人的赔偿责任，被保险人对各种责任事故的处理态度往往关系到保险人的利益，从而使保险人具有参与处理责任事故的权力。

(4) 责任保险赔款最后并非归被保险人所有，实质上支付给了受害方。

三、责任保险的基本内容

(一) 责任保险的承保

作为一类自成体系的保险业务，责任保险适用于一切可能造成他人财产损失与人身伤亡的单位、家庭或个人，具体包括如下几类：各种公众活动场所的所有者、经营管理者；各种产品的生产者、销售者、维修者；各种运输工具的所有者、经营管理者或驾驶员；各种需要雇佣员工的单位；各种提供职业技术服务的单位；城乡居民家庭或个人。此外，在各种工程项目的建设过程中也存在民事责任事故风险，建设工程的所有者、承包者等亦对相关责任事故风险具有保险利益；各单位场所(即非公众活动场所)也存在公众责任风险，例如企业等单位亦有投保公众责任保险的必要性。可见，责任保险的适用范围几乎包括所有的团体组织和所有的社会成员。

在承保责任保险业务时，保险人有必要对投保人的资信、风险状况等进行调查，并做出相应的风险评估，根据不同业务采取相应的承保方式，确保业务素质良好。

(二) 责任保险的责任范围

人们一般认为，责任保险的保险责任就是民事损害赔偿责任，事实上这两者既有联系又有区别，不能完全等同。对责任保险而言，一方面，其承保的责任主要是被保险人的过失行为所致的责任事故风险，即被保险人的故意行为通常是绝对除外不保的风险责任，这一经营特点决定了责任保险承保的责任范围小于民事损害赔偿责任的范围；另一方面，在被保险人的要求下并经过保险人的同意，责任保险又可以承保超越民事损害赔偿责任范围的风险。例如，在航空事故中，即使民航公司无任何过错，只要旅客在飞行中遭受了人身伤害或财产损失，航空公司就要承担经济上的赔偿责任。这种无过错责任超出了一般民事损害赔偿责任的范围，但保险人通常将其纳入承保责任范围。

根据前述分析和责任保险的国际惯例可知，责任保险的保险责任一般包括以下两项内容。

1. 被保险人依法对造成他人财产损失或人身伤亡应承担的经济赔偿责任

这一项责任是基本的保险责任，保险人以受害人的损害程度及索赔金额为依据，以保险单载明的赔偿限额为最高赔付额进行赔偿。

2. 其他赔偿责任

具体包括因赔偿纠纷引起的由被保险人支付的诉讼、律师费用及其他事先经过保险人同意支付的费用。

(三) 责任保险的费率

责任保险的费率通常根据各种责任保险的风险大小及损失率的高低来确定。对于不同的责任保险种类，制定费率时所考虑的因素亦存在差异，但从总体上看，保险人在制定责任保险费率时，主要考虑如下几个因素。

1. 被保险人的业务性质及其产生意外损害赔偿责任可能性的大小

例如，影剧院的责任风险主要是公众责任风险，企业的责任风险主要是产品责任风险，雇主的责任风险主要是对雇员的责任风险等。不同的业务性质，具有不同的责任风险，在制定责任保险费率时必须着重考虑业务性质这一因素。

2. 法律制度对损害赔偿的规定

法律制度规范越严格，表明风险越大，费率越高；反之亦然。

3. 赔偿限额的高低

赔偿限额与免赔额的高低对责任保险的费率有客观影响，赔偿限额越高，保险费绝对数越高，但保险费率相对比率会越低，因为责任事故越大，事故出现的概率就越小；反之亦然。

此外，承担风险的区域、每笔责任保险业务量及同类责任保险业务的历史损失资料亦是保险人在制定责任保险费率时必须参照的依据。

(四) 责任保险的赔偿

责任保险承保的是被保险人的赔偿责任，而非有固定价值的标的，且赔偿责任大小因损害责任事故大小而异，很难准确预计，因此，不论何种责任保险，均无保险金额的规定，而是采用在承保时由保险双方约定赔偿限额的方式来确定保险人承担的责任限额。凡超过赔偿限额的索赔，由被保险人自行承担。

从责任保险的发展实践来看，赔偿限额作为保险人承担赔偿责任的最高限额，通常有以下几种类型。

(1) 每次责任事故或同一原因引起的一系列责任事故的赔偿限额。它又可以分为财产损失赔偿限额和人身伤害赔偿限额两项。

(2) 保险期间累计的赔偿限额。它也可以分为累计的财产损失赔偿限额和累计的人身伤害赔偿限额。

(3) 在某些情况下，保险人可将财产损失和人身伤害合成一个限额，或者只规定每次事故和同一原因引起的一系列责任事故的赔偿限额而不规定累计赔偿限额。

从国际责任保险的发展趋势来看，越来越多国家的责任保险的保险人对人身伤亡不再规定赔偿限额,或者仅规定一个综合性的赔偿限额。

在责任保险经营实践中,保险人除通过确定赔偿限额来明确自己的承保责任外,还可通过设定免赔额来达到促使被保险人小心谨慎、防止发生事故、减少小额及零星赔款支出的目的。责任保险的免赔额通常是绝对免赔额,即无论受害人的财产是否全部损失或受害人是否死亡,免赔额内的损失均由被保险人自己承担。免赔额一般以具体金额数字来表示,也可以规定赔偿限额或赔偿金额的一定比率。因此,责任保险人承担的赔偿责任是超过免赔额且在赔偿限额之内的赔偿金额。

第二节 公众责任保险

一、公众责任与公众责任保险

公众责任是指致害人在公众活动场所的过错行为致使他人的人身或财产遭受损害,依法应由致害人承担的对受害人的经济赔偿责任。公众责任的构成以在法律上负有经济赔偿责任为前提,其法律依据是各国的民法及各种有关的单行法规制度。

公众责任保险又称普通责任保险或综合责任保险,它以被保险人的公众责任为承保对象,是责任保险中独立的、适用范围最为广泛的保险类别。

此外,如果公众在一些并非公众活动的场所受到了应当由致害人负责的损害,亦可以归属于公众责任。例如,某人到某企业办事,在该企业厂区内受到了依法应由企业负责的损害,那么这就是该企业应承担的公众责任。因此,各种工厂、办公楼、学校、医院、商店、展览馆、动物园、宾馆、旅店、影剧院、运动场所以及工程建设工地等,均存在公众责任事故风险,这些场所的所有者、经营管理者等均需要通过投保公众责任保险来转嫁其责任风险。

二、公众责任保险的基本内容

(一) 公众责任保险的责任范围

公众责任保险的保险责任包括被保险人在保险期间、在保险地点发生的依法应承担的经济赔偿责任和有关的法律诉讼费用等。

公众责任保险的除外责任包括:被保险人故意行为引起的损害事故;战争、内战、叛乱、暴动、骚乱、罢工或封闭工厂引起的任何损害事故;人力不可抗拒的原因引起的损害事故;核事故引起的损害事故;有缺陷的卫生装置及除一般食物中毒以外的任何中毒;由于震动、移动或减弱支撑引起的任何土地、财产或房屋的损坏责任;被保险人的雇员或正在为被保险人服务的任何人所受到的伤害或其财产损失,他们可通过其他保险获得保障;各种运输工具的第三者或公众责任事故,由专门的第三者责任保险或其他责任保险承保;公众责任保险单上列明的其他除外责任。对于有些除外责任,经过保险双方的约定,可以作为特别条款予以承保。

(二) 公众责任保险的费率

保险人在经营公众责任保险业务时,一般不像其他保险业务那样有固定的保险费率表,通常视每一个被保险人的风险情况逐笔议定费率,以便确保保险人承担的风险责任与所收取的保险费相适应。按照国际保险界的习惯做法,对于公众责任保险,保险人一般按每次事故的基本赔偿限额和免赔额分别厘定人身伤害和财产损失两项保险费率,如果基本赔偿限额和免赔额需要增减,保险费率也应适当增减,但又非按比例增减。公众责任保险费的计算方式包括如下两种。

一是以赔偿限额(累计或每次事故赔偿限额)为计算依据,计算公式为

$$保险人应收保险费 = 累计赔偿限额 \times 适用费率$$

二是对某些业务按场所面积大小计算保险费,计算公式为

$$保险人应收保险费 = 保险场所占用面积(平方米) \times 每平方米保险费$$

例如,某影剧院占用面积1000平方米,根据其风险大小及特点,保险双方协商约定每10平方米收保险费1.5元,则该笔业务的应收保险费为

$$应收保险费 = 1.5 \times \frac{1000}{10} = 150(元)$$

无论以何种方式计算保险费,保险人原则上均应在签发保险单时一次收清。

(三) 公众责任保险的赔偿

公众责任保险通常采用规定每次事故赔偿限额的方式确定赔偿限额,既无分项限额,又无累计限额,仅规定每次公众责任事故的混合赔偿限额,它只能制约每次事故的赔偿责任,对整个保险期间的总赔偿责任不起作用。

当发生公众责任保险事故时,保险人的理赔应当以受害人向被保险人提出有效索赔并为法律所认可为前提,以赔偿限额作为保险人承担责任的最高限额,并根据规范化的程序对赔案进行处理。公众责任保险的理赔程序包括七个基本步骤。

(1) 保险人接到出险通知或索赔要求时,应立即记录出险的被保险人的名称、保险单号码、出险原因、出险时间与地点、造成第三者损害程度及受害方的索赔要求等。

(2) 进行现场查勘,调查核实责任事故的相关情况,并协助现场施救。

(3) 根据现场查勘情况写出查勘报告,作为判定赔偿责任和计算赔款的依据。

(4) 进行责任审核,明确事故是否发生在保险期间,是否属于保险责任范围,受害人是否向被保险人提出索赔要求或起诉。

(5) 做好抗诉准备,必要时可以被保险人的名义或同被保险人一起出面抗诉。

(6) 以法院判决或多方协商确定的赔偿额为依据,计算保险人的赔款。

(7) 支付保险赔款。

三、公众责任保险的主要险种

公众责任保险是责任保险的主要业务来源之一，它可以分为综合公共责任保险、场所责任保险、承包人责任保险和承运人责任保险四类，每一类保险又包括若干险种，它们共同构成了公众责任保险业务体系。

(一) 综合公共责任保险

综合公共责任保险是一种综合性的责任保险业务，它承保被保险人在任何地点因非故意行为或活动造成他人人身伤害或财产损失时依法应负的经济赔偿责任。从国外类似业务的经营实践来看，除一般公众责任外，保险人在该种保险中还承保合同责任、产品责任、业主及工程承包人的预防责任、完工责任及个人伤害责任等风险。因此，它是一种主要承保公众责任的综合性公共责任保险。

(二) 场所责任保险

场所责任保险是公众责任保险最具代表性的业务来源，它承保固定场所因存在结构缺陷或管理不善，或被保险人在被保险场所进行生产经营活动时因疏忽发生意外事故，造成他人人身伤害或财产损失且依法应由被保险人承担的经济赔偿责任。

场所责任保险是公众责任保险中业务量最大的险种。场所责任保险的险种主要有宾馆责任保险、展览会责任保险、电梯责任保险、车库责任保险、机场责任保险以及各种公众活动场所的责任保险。

以英国为例，根据《1956年旅馆业法》，保险人承保的法律责任包括房屋缺陷、食品和饮料供应、商店出售的商品、收货或交货、停车场使用、顾客存放在保管处的财产灭失、雇员过失、理发厅营业等导致的索赔。

(三) 承包人责任保险

承包人责任保险专门承保承包人的损害赔偿责任，它主要适用于承包各种建筑工程、安装工程、修理工程施工任务的承包人，包括土木工程师、建筑工、公路及下水道承包人以及油漆工等。

在承包人责任保险中，保险人通常对承包人租用或自有的设备以及对委托人的赔偿责任、合同责任和对分包人应承担的责任等负责，但对被保险人看管或控制的财产、施工对象、退换或重置的工程材料或提供的货物及已安装的货物等不负责任。

(四) 承运人责任保险

承运人责任保险专门承保承担各种客、货运输任务的部门或个人在运输过程中可能发生的损害赔偿责任，主要包括旅客责任保险、货物运输责任保险等险种。依照有关法律，承运人对委托给他的货物运输和旅客运送的安全负有严格责任，除非损害货物或旅客的原因是不可抗力、军事行动及客户自己的过失等，否则承运人均须对被损害的货物和旅客负经济赔偿责任。

与一般公众责任保险不同的是,承运人责任保险保障的责任风险实际上是处于流动状态中的责任风险,但因运行途径是固定的,亦可以视为固定场所的责任保险业务。

此外,个人责任保险作为西方责任保险市场上的一类独立业务,也可归属于公众责任保险范畴。它以家庭或个人为保险对象,承保其可能遭遇的法律风险。

案例拓展

公众责任保险理赔案

某洗浴中心于开业初期向某保险公司购买了公众责任保险,保险期限为一年,每次事故赔偿限额为20万元,累计赔偿限额为200万元。后顾客童某来此消费,其从蒸浴间出来时,未注意到门前的窨井正在维修,右脚不慎踩入井内,被井中阀门螺杆扎中右脚掌心,深入脚骨,并因身体失衡摔倒在地。后经诊断,童某右脚受伤并感染,同时因为摔跤导致轻微脑震荡和骨盆破裂,住院治疗131天后出院,期间共支付医疗费、交通费、护理费等30万元。出院后,童某与浴池经营者没有达成赔偿协议,童某即向人民法院提起诉讼。经法院判决,该浴池在管理上存在疏忽,导致意外事故发生,使消费者受到人身意外伤害,洗浴中心应该承担赔偿责任。后洗浴中心向保险公司提出索赔,保险公司经查勘后确认,最终按照合同规定赔偿洗浴中心18万元。

资料来源:徐文虎,陈冬梅.保险学[M].北京:北京大学出版社,2008.

第三节 产品责任保险

一、产品责任与产品责任保险

产品责任保险以产品责任为保险风险,而产品责任又以各国的产品责任法律制度为基础。所谓产品责任,是指产品在使用过程中因其缺陷而造成用户或公众人身伤亡或财产损失时,依法应当由产品供给方(包括制造者、销售者、修理者等)承担的民事损害赔偿责任。例如,化妆品因质量不合格而对人体皮肤造成损害,电视机爆炸造成的财产损失或人身伤害,汽车因缺陷而致车祸等,均属于产品责任事故,产品的制造者、销售者、修理者等均应依法承担相应的产品责任。产品的制造者包括产品生产者、加工者、装配者;产品销售者包括批发商、零售商、出口商、进口商等各种商业机构,如批发站、商店、进出口公司等;产品修理者是指被损坏产品或陈旧产品或有缺陷产品的修理者。此外,承运人如果在运输过程中损坏了产品并因此导致产品责任事故,亦应当承担相应的产品责任。由此可见,产品责任保险承保的产品责任以产品为具体指向物,以产品可能对他人造成的财产损失或人身伤害为具体承保风险,以制造产品或能够影响产品责任事故发生的有关各方为被保险人。

产品责任保险是指以产品制造者、销售者、修理者等所承担的产品责任为承保风险的一种责任保险。早期的产品责任保险主要承保一些直接与人体健康有关的产品，如食品、饮料、药品、化妆品等；后来，承保范围逐渐扩展，日用、轻纺、机械、石油、化工、电子等产品以及大型飞机、船舶、成套设备、钻井船、核电站、航天产品等均可以投保产品责任保险，即只要投保人有投保要求，任何产品均可以从保险人处获得产品责任风险的保险保障。当然，武器、弹药以及残次品等，保险人是不予承保的。

在国际上，美国的产品责任法律制度最为严厉，对产品责任事故的处理采用的是严格或无过失责任原则，赔偿金额也是世界上最高的，因此，美国成为世界上产品责任保险最发达的国家，不但本国的各种产品需要投保产品责任保险，而且各国出口到美国的各种产品也须投保产品责任保险。在我国，每年发生的产品责任事故众多，产品责任保险自20世纪80年代中期以来虽然有所发展，但尚未形成自己的业务体系，因而产品责任保险在我国有着广阔的发展前景。

二、产品责任保险的基本内容

(一) 产品责任保险的责任范围

产品责任保险承保产品造成的用户及其他任何人的财产损失、人身伤亡所导致的经济赔偿责任，以及由此而导致的有关法律费用等。不过，保险人承担上述责任也有一些限制性条件，例如，造成产品责任事故的产品必须是供给他人使用即用于销售的商品，产品责任事故必须发生在制造、销售该产品的场所范围之外的地点，如果不符合这两个条件，保险人就不承担责任。对于餐厅、宾馆等单位自制和自用的食品、饮料等引起的风险，一般由公众责任保险附加责任险承保。

产品责任保险的除外责任一般包括如下几项。

(1) 根据合同或协议规定应由被保险人承担的责任。

(2) 根据法律制度或雇佣合同等的规定，应由被保险人承担的对其雇员及有关人员的损害赔偿责任。

(3) 被保险人所有、照管或控制的财产的损失。

(4) 产品仍在制造或销售场所，其所有权仍未转移至用户手中时的责任事故。

(5) 被保险人故意违法生产、销售或分配的产品造成的损害事故。

(6) 被保险产品本身的损失。

(7) 不按照被保险产品说明去安装、使用或在非正常状态下使用时造成的损害事故。

(二) 产品责任保险的费率

制定产品责任保险费率时主要考虑如下因素。

(1) 产品的特点和可能对人体或财产造成损害的风险大小，如药品、烟花等产品的责任事故风险就比农副产品的责任事故风险要大得多。

(2) 产品数量和产品价格,这两者与保险费呈正相关关系,与保险费率呈负相关关系。

(3) 承保的区域范围,如出口产品责任事故风险比国内销售的产品责任事故风险要大。

(4) 产品制造者的技术水平和质量管理情况。

(5) 赔偿限额的高低。

综合上述因素,即可以比较全面地把握承保产品的责任事故风险情况,从而制定合理的保险费率。

在产品责任保险的经营实践中,保险人一般事先根据产品的性能等因素,将其按照风险大小划分为若干类型。例如,中国人民保险公司、华泰ACE保险公司等在承保出口产品责任保险时,将各种产品划分为一般风险产品、中等风险产品和特别风险产品,并以此作为确定各种投保产品保险费率的依据。

(三) 产品责任保险的赔偿

在产品责任保险的理赔过程中,保险人的责任通常以产品在保险有效期内发生事故为基础,而不论产品是否在保险有效期内生产或销售。例如,在保险生效前生产或销售的产品,只要在保险有效期内发生保险责任事故并导致用户或其他任何人的财产损失和人身伤亡,保险人均予负责;反之,即使是在保险有效期内生产或销售的产品,如果不是在保险有效期内发生的责任事故,保险人不会承担责任。对于赔偿标准的掌握,仍然以保险双方在签订保险合同时确定的赔偿限额为最高额度,既可以每次事故的赔偿限额为标准,也可以累计赔偿限额为标准。生产、销售、分配的同批产品由于同样原因造成多人的人身伤害、疾病、死亡或多人的财产损失均被视为一次事故造成的损失,以每次事故的赔偿限额为标准。

案例拓展

人工股骨产品责任保险理赔案

北京某生物医学工程公司为其生产的人工股骨产品投保了产品责任保险。该产品植入病人高某体内两年后断裂。高某要求该生物医学工程公司赔偿医药费、误工费等实际支出。该生物医学工程公司作为被保险人要求保险公司依据产品责任保险合同赔偿10万元人民币。

我国《产品质量法》第四十一条第一款规定:"因产品存在缺陷造成人身、缺陷产品以外的其他财产损害的,生产者应当承担赔偿责任。"据此,产品本身存在内在缺陷是构成产品责任的一个必要前提条件。所以,本案应首先确定涉案产品是不是不合格产品,然后才涉及责任赔偿。国家医药管理局指定的医用产品鉴定单位对取出的人工股骨进行鉴定分析，结论是该人工股骨符合国家标准和国家医药管理局制定的行业标准，是合格产品。该产品是医用产品，产品出产时并未承诺使用年限，因为每个人的具体生理条件不同。况且，受科学技术发展水平所限，人工股骨还没有达到能够替代人骨患者终身使用的程度。据此，法院判决驳回原告高某的诉讼请求，被告某生物医学工程公司无民事损害赔偿责任。根据法院的判决，保险公司不应承担保险赔付责任。

资料来源：徐文虎，陈冬梅.保险学[M].北京：北京大学出版社，2008.

第四节 雇主责任保险

一、雇主责任与雇主责任保险

雇主责任保险是以被保险人即雇主的雇员在受雇期间从事业务时因遭受意外导致伤、残、死亡或患有职业性疾病而依法或根据雇佣合同应由被保险人承担的经济赔偿责任为承保风险的一种责任保险。在许多国家，雇主责任保险都是一种普遍性的责任保险业务，也是一种强制实施的保险业务；也有一些国家将类似业务纳入社会保险范围，即以工伤社会保险取代雇主责任保险；在日本，工伤社会保险与雇主责任保险并存，前者负责基本保障，后者负责超额保障。不论采用何种方式经营，都表明雇主承担相当的民事责任风险，在没有工伤社会保险或工伤社会保险不足的条件下，均需要保险公司开办雇主责任保险业务。

一般而言，雇主所承担的对雇员的责任，包括雇主自身的故意行为、过失行为乃至无过失行为所致的雇员人身伤害赔偿责任，但保险人所承担的责任风险并非与此相一致，将被保险人的故意行为列为除外责任，而主要承保被保险人的过失行为所致的损害赔偿，或者将无过失风险一起纳入保险责任范围。构成雇主责任的前提条件是雇主与雇员之间存在直接的雇佣合同关系，即只有雇主才有解雇该雇员的权利，雇员有义务听从雇主的管理从事业务工作，这种权利与义务关系均通过书面形式的雇佣或劳动合同来进行规范。

下列情况通常被视为雇主的过失或疏忽责任：雇主提供危险的工作地点、机器工具或工作程序；雇主提供的是不称职的管理人员；雇主本人的疏忽或过失行为，如没有为有害工种提供合格的劳动保护用品。

凡属于上述情形且不存在主观故意的均属于雇主的过失责任，由此而造成的雇员人身伤害，雇主应负经济赔偿责任。此外，许多国家还规定雇主应当对雇员承担无过失责任，即只要雇员在工作中受到的伤害不是其故意行为所导致的，雇主就必须承担对雇员的经济赔偿责任。因此，雇主责任相对于其他民事责任而言是较为严厉的，雇主责任保险所承保的责任范围亦超出过失责任的范围。

📌 案例拓展

雇主责任的判定

与雇佣关系有关的伤害赔偿，虽然其索赔定案的判断标准受制于法官以及理赔人员的尺度，但总是围绕"发生于工作地点"和"因工作而起"两点进行。雇主的责任范围还有不断扩大的倾向。相比之下，"责任"的概念被淡化，强调的是"相关"的概念。法官似乎更加相信雇主和雇员的雇佣关系对雇员的影响涉及各方面，因而将其作为引起事故发生的关键因素看待，以至于原本由个人习惯和疏忽造成的伤害，只要是发生在工作时间、工作地点，或者说"与工作有关"，就可能被认定为雇主责任。以此来看，雇主责任险更像一种与工作"相关"的"意外"险，这使得在劳动保险高度普及的国家，雇主责任险的投保比例与赔付率都非常高。通过以下案例，我们能够清晰地感受到雇主责任险理赔定案尺度的倾向性。

★有一名索赔人受雇于某贵重金属经销商，这名索赔人在工作中经常去银行为雇主存现金，有一次他被武装匪徒抢劫并打伤。

法庭裁决：工作使索赔人要面对更高的抢劫风险，其所遭受的伤害由工作引起，索赔有效。

★一名矿工得到指示去雇主的办公室归还灯具，结果在结冰的路上滑倒摔伤。

法庭裁决：雇主要求索赔人在路上行走，因此导致的事故应该由雇主负责，索赔有效。

★一名索赔人的工作是驾驶室外工作的筑路机，因为他患有糖尿病，所以他穿了电热暖靴以保持脚部温暖，而电热暖靴给他造成了伤害。

法庭裁决：工作让索赔人必须在寒冷的室外环境劳动，如果不是因为工作环境，他无须穿电热暖靴，索赔有效。

★当事人在一个偏远的工作站上班，他每天在那里过夜。工作站有一个用来取暖的火炉，火炉散发一氧化碳，导致当事人死于中毒。

法庭裁决：因为索赔人有充足的理由表明当事人必须在工作站过夜，索赔有效。

资料来源：魏丽，李朝锋. 保险学[M]. 大连：东北财经大学出版社，2011.

二、雇主责任保险的基本内容

(一) 雇主责任保险的责任范围

雇主责任保险的责任范围包括在责任事故中雇主对雇员依法应负的经济赔偿责任和有关法律费用等，导致这种赔偿的原因主要是各种意外工伤事故和职业病，但下列原因导致的责任事故通常除外不保。

(1) 战争、暴动、罢工、核风险等引起雇员人身伤害。

(2) 被保险人的故意行为或重大过失。

(3) 被保险人对其承包人的雇员所负的经济赔偿责任。

(4) 被保险人在雇佣合同项下的责任。

(5) 被保险人的雇员因自己的故意行为导致的伤害。

(6) 被保险人的雇员由于疾病、传染病、分娩、流产以及由此而施行的内、外科手术所致的伤害等。

(二) 雇主责任保险的费率

雇主责任保险一般根据风险归类确定不同行业或不同工种的费率标准,同一行业基本上采用同一费率,但对于某些工作性质比较复杂、工种较多的行业,则须规定每一个工种的适用费率。例如,在20世纪80年代,中国香港保险公会制定的雇主责任保险费率规章就是按照工种规定码头、仓库业的保险费率,分别为:码头装卸工,5.25%;搬运工,4.25%;运货司机,2.25%;理货人员,1.75%;其他雇员,1.25%。再如,中国人民保险公司在经营涉外雇主责任保险业务中,对旅馆业的费率也是按工种制定的,分别为:内勤人员,1.2%~2.4%;电梯司机,1.6%~3.2%;锅炉工,2.4%~4.8%。可见,雇主责任保险的费率制定应以工种与行业为依据,同时还应当参考赔偿限额。

雇主责任保险费的计算公式为

$$应收保险费 = A工种保险费(年工资总额 \times 适用费率) + B工种保险费(年工资总额 \times 适用费率) + \cdots$$

其中

$$年工资总额 = 该工种数 \times 月平均工资收入 \times 12$$

如果有扩展责任,还应另行计算收取附加责任保险费,它与基本保险责任保险费相加,即构成该笔业务的全额保险费收入。

(三) 雇主责任保险的赔偿

在处理雇主责任保险索赔时,保险人应首先确认受害人与致害人之间是否存在雇佣关系。根据国际流行做法,确定雇佣关系的标准包括:雇主具有选择受雇人的权力;雇主支付工资或其他报酬;雇主掌握工作方法的控制权;雇主具有中止雇佣或解雇受雇人的权力。在英国,雇主对雇员工作方式的控制被看成上述四条标准中最重要的一条。但在某些国家或地区,雇主选择与解雇雇员的权力被看成最重要的标准。受害人与被保险人的雇佣关系的认定,是雇主责任保险保险人承担赔偿责任的基础。

雇主责任保险的赔偿限额,通常是雇员若干个月的工资收入,即以雇员若干个月的工资收入作为雇主责任保险的赔偿额度,每一个雇员只适用自己的赔偿额度。在一些国家,雇主责任保险的保险人对雇员的死亡赔偿额度与永久完全残疾赔偿额度是有区别的,后者往往比前者的标准要高;对于部分残疾或一般性伤害,则严格按照事先规定的赔偿额度计算,计算公式为

赔偿金额＝该雇员的赔偿限额×适用的赔偿额度比例

如果保险责任事故是第三者造成的，保险人在赔偿时仍然适用权益转让原则，即在赔偿后可以代位追偿。

三、雇主责任保险的附加险

在雇主责任保险经营中，为满足不同保险客户的需要，保险人一般还根据需要推出若干附加险种，它们的共同特点就是超越了雇主责任保险的范畴，成为保险人的一种业务扩展。雇主责任保险主要有如下附加险种。

(一) 附加第三者责任保险

该项附加险承保被保险人(雇主)因其疏忽或过失行为导致雇员以外的其他人人身伤害或财产损失的法律赔偿责任。它实质上属于公众责任保险的范畴，但如果雇主在投保雇主责任保险时要求加保，保险人可以扩展承保。

(二) 附加雇员第三者责任保险

该项附加保险承保雇员在执行公务时因其过失或疏忽行为造成的对第三者的伤害且依法应由雇主承担的经济赔偿责任。

(三) 附加医药费保险

该项附加险承保被保险人的雇员在保险期限内因治疗疾病等所需的费用，它实质上属于普通人身保险或健康医疗保险的范畴。

此外，雇主责任保险还可以附加战争保险、附加疾病引起的雇员人身伤害保险。总之，保险人可以根据被保险人的不同要求，设计多种附加险条款，以便在满足被保险人需要的同时进一步扩展保险业务。

案例拓展

假如购买了雇主责任保险

保姆焦女士在雇主刘先生家擦玻璃时不慎从楼上坠亡。事后，焦女士的家人以"雇主应承担责任"为由，将刘先生告上法庭。焦女士家人诉称，刘先生家一直雇焦女士当保姆。2004年11月7日，焦女士在刘先生家擦玻璃时意外坠楼身亡。他们认为，焦女士的死亡给全家人造成了巨大的财产损失和精神伤害，因此希望法院判决刘先生支付死亡赔偿金等费用。

刘先生没有否认焦女士意外坠楼身亡的事实，但他同时认为自己也很冤枉。他说，焦女士是和自己住在同一个小区的邻居，2001年1月至2004年9月，他家雇佣焦女士照料家务。不过，在2004年9月以后，因为家里不再需要保姆帮忙，他们就解除了和焦女士之间的雇佣关系。可焦女士却向他哭诉家里生活困难，希望能在刘先生家继续帮忙。刘先生觉得他是从友情和社会责任感的角度考虑，决定尽力帮助焦女士。焦女士出于对他的感激，此后经常来他家走动。刘先生认为，此时焦女士的身份已经不再是保姆了，所以双方没有雇佣关系。

此外，刘先生还提出，出事前他曾明确阻止焦女士擦玻璃，但焦女士还是自己来到他家，自行整理家务，结果造成意外事故。出事后，他已经给焦女士的丈夫提供了27 979元的经济帮助。

★ 案情分析

法院审理认为，根据法律规定，雇员在从事雇佣活动中遭受人身损害，雇主应承担赔偿责任。本案中，刘先生虽然辩称事发时焦女士已没有保姆身份，但从"2004年9月后，焦女士仍来刘先生家帮忙干活，仍掌握刘先生家的钥匙"等情节来看，双方仍存在事实的雇佣关系。同时，刘先生家的窗户未安装护栏，未对此采取安全措施，存在一定过错，而焦女士长期在刘先生家做保姆，在明知窗户没有护栏的情况下仍未尽谨慎义务，也对事故负有过失责任。据此，法院一审判刘先生一次性支付死者家属死亡赔偿金15.6万元。

由以上案例不难看出，倘若刘先生在雇佣焦女士时为其购买几十元的雇主责任保险，就不会受巨额经济补偿压力之苦。

资料来源：徐文虎，陈冬梅.保险学[M].北京：北京大学出版社，2008.

第五节 职业责任保险

一、职业责任与职业责任保险

职业责任保险是以各种专业技术人员在从事职业技术工作时因疏忽或过失造成合同对方或他人的人身伤害或财产损失所导致的经济赔偿责任为承保风险的责任保险。由于职业责任保险与特定的职业及其技术性工作密切相关，在国外又被称为职业赔偿保险或业务过失责任保险，它是由提供各种专业技术服务的单位(如医院、会计师事务所等)投保的团体业务。个体职业技术工作的职业责任保险通常由专门的个人责任保险来承保。

职业责任保险所承保的职业责任风险，是从事各种专业技术工作的单位或个人因工作失误导致的损害赔偿责任风险。职业责任风险是职业责任保险存在和发展的基础。职业责任风险的特点在于：它属于技术性较强的工作导致的责任事故；它不仅与人的因素有关，同时也与知识、技术水平及原材料等的欠缺有关；它限于技术工作者从事本职工作时出现的责任事故，如某会计师同时又是医生，但若他的单位是会计师事务所，则其行医过程中发生的医疗职业责任事故就不是保险人可以负责的。

在当代社会，医生、会计师、律师、设计师、经纪人、代理人、工程师等技术工作者均存在职业责任风险，因而均应当通过职业责任保险的方式来转嫁其风险。

二、职业责任保险的基本内容

(一) 职业责任保险的承保方式

职业责任保险的承保方式有如下两种。

1. 以索赔为基础的承保方式

从职业责任事故的发生到受害方提出索赔,往往可能间隔一个相当长的时期。因此,各国保险人在经营职业责任保险业务时,通常采用以索赔为基础的承保方式。所谓以索赔为基础的承保方式,是指保险人仅对在保险有效期内受害人向被保险人提出的有效索赔负赔偿责任,而不论导致该索赔案的事故是否发生在保险有效期内。这种承保方式实质上使保险时间前置,从而使职业责任保险的风险较其他责任保险的风险更大。采用上述方式承保,可使保险人确切把握该保险单项下应支付的赔款,即使赔款数额在当年不能确定,至少可以使保险人了解全部索赔情况,对自己应承担的风险责任或可能支付的赔款数额做出切合实际的估计。同时,为了控制保险人承担的风险责任无限前置,各国保险人在经营实践中通常规定一个责任追溯日期作为限制性条款,保险人仅对追溯日期以后、保险期满之前发生的职业责任事故且在保险期限内提出索赔的法律赔偿责任负责。

2. 以事故发生为基础的承保方式

该承保方式是指保险人仅对在保险有效期内发生的职业责任事故而引起的索赔负责,而不论受害方是否在保险有效期内提出索赔。这样做实质上将保险责任期限延长了。这种方式的优点是保险人支付的赔款与其保险有效期内实际承担的风险责任相适应;缺点是保险人在该保险单项下承担的赔偿责任往往要经过很长时间才能确定,而且因为货币贬值等因素,受害方最终索赔的金额可能大大超过职业责任保险事故发生当时的水平或标准。在这种情况下,保险人通常规定赔偿责任限额,同时明确一个后延截止日期。

从一些国家经营职业保险业务的惯例来看,采用以索赔为基础的承保方式的职业责任保险业务较多些,采用以事故发生为基础的承保方式的职业责任保险业务要少些。保险人规定的追溯日期或后延日期一般以前置三年或后延三年为限。由于两种承保方式关系到保险人承担的职业责任风险及其赔款估计,保险人在经营职业责任保险业务时,应当根据各种职业责任保险的不同特性并结合被保险人的要求来选择承保方式。

在承保职业责任保险业务时,保险人通常只接受提供职业技术服务的团体投保,要求投保人如实告知其职业性质、从业人数、技术或设备情况、主要风险以及历史损失情况、投保要求等,并根据需要进行职业技术风险调查与评估,以此作为决定是否承保的客观依据。在承保时,需要明确承保方式并合理确定赔偿限额、免赔额、保险追溯日期或后延日期等事项。

需要特别指出的是,职业责任保险承保的对象不仅包括被保险人及其雇员,而且包括被保险人的前任与雇员的前任,这是其他责任保险所不具备的特色,它表明了职业技术服务的连续性和保险服务的连续性。

(二) 职业责任保险的责任范围

1. 保险责任

对于职业责任保险的责任范围,各国通常有如下规定:根据保险合同规定的条件、除外责任和赔偿限额,对被保险人或其从事该业务的前任或其任何雇员或从事该业务的雇员的前任,在任何时候、任何地方从事该业务时,由于疏忽行为、错误或失职而违反或被指控违反其职业责任所致的损失,在本保险单有效期内向被保险人提出的任何索赔,本公司同意给予赔偿。

职业责任保险只负责专业人员由于职业上的疏忽行为、错误或失职造成的损失。国外也有一些保险人准备扩大责任范围,负责被保险人由于一般民事责任引起的赔偿责任,例如由于违反契约保证条款引起的损失,这就超出了一般职业责任保险的范畴。

2. 除外责任

职业责任保险的除外责任,一般包括下列几项。

(1) 战争和罢工造成的损失。

(2) 核风险造成的损失。

(3) 被保险人的故意行为造成的损失。

(4) 被保险人的家属、雇员的人身伤害或财物损失。

(5) 被保险人的契约责任(没有契约规定被保险人依法仍应负责者除外)。

(6) 被保险人所有或由其照管、控制的财产损失。

(7) 因被保险人或者从事该业务的前任或其任何雇员或从事该业务的雇员的前任的不诚实、欺骗、犯罪或恶意行为所引起的任何索赔。

(8) 因文件的灭失或损失引起的任何索赔(但也可加保费,扩展承保范围)。

(9) 因被保险人隐瞒或欺诈行为,以及被保险人在投保或保险有效期内不如实向保险人报告应报告的情况而引起的任何责任。

(10) 被保险人被指控有诽谤他人或恶意中伤行为而引起的索赔,但某些特定的职业责任保险也可承保这种赔偿责任。

(三) 职业责任保险的费率

职业责任保险费率的确定,是职业责任保险业务中较为复杂且关键的问题。各种职业均有其自身特定的风险,从而也需要制定不同的保险费率。

从总体而言,制定职业责任保险的费率时,需要着重考虑下列因素。

(1) 投保人的职业种类。

(2) 投保人的工作场所。

(3) 投保人工作单位的性质。
(4) 该笔投保业务的数量。
(5) 被保险人及其雇员的专业技术水平与工作责任心。
(6) 赔偿限额、免赔额和其他承保条件。
(7) 被保险人职业责任事故的历史损失资料以及同类业务的职业责任事故情况。

根据上述因素，综合考查具体的投保对象，能够较为合理地确定投保业务的保险费率。

(四) 职业责任保险的赔偿

当职业责任事故发生并由此导致被保险人索赔后，保险人应当严格按照承保方式的不同基础进行审查，确属保险人应当承担的职业责任赔偿，应按保险合同规定进行赔偿。在赔偿方面，保险人承担赔偿金与有关费用两项，其中保险人对赔偿金通常规定一个累计赔偿限额，法律诉讼费用则在赔偿金之外另行计算，但如果保险人的赔偿金仅为被保险人应付给受害方的总赔偿金的一部分，则该项费用应当根据各自所占的比例进行分摊。

三、职业责任保险的主要险种

职业责任保险主要有以下几个险种。

(一) 医疗职业责任保险

医疗职业责任保险也叫医生失职保险，它承保医务人员或其前任由于医疗责任事故而致病人死亡或伤残、病情加剧、痛苦增加等，受害者或其家属要求赔偿且依法应当由医疗方负责的经济赔偿。在西方国家，医疗职业责任保险是职业责任保险中最主要的业务来源，它几乎覆盖整个医疗、健康领域及一切医疗服务团体。医疗职业责任保险以医院为投保对象，普遍采用以索赔为基础的承保方式，是从事医疗技术服务工作的医生、护士等在工作过程中必不可少的风险转移工具。

(二) 律师责任保险

律师责任保险承保被保险人或其前任作为一个律师在服务中发生的一切疏忽行为、错误或遗漏过失行为所导致的法律赔偿责任，包括一切侮辱、诽谤，以及赔偿被保险人在工作中发生的或造成的对第三者的人身伤害或财产损失。律师责任保险以事故发生或索赔为基础，它通常采用主保险单——法律过失责任保险和额外责任保险单——扩展限额相结合的承保方式。此外，律师责任保险还有免赔额的规定，其除外责任一般包括被保险人的不诚实、欺诈犯罪、居心不良等行为责任。

(三) 会计师责任保险

会计师责任保险承保因被保险人或其前任或被保险人对其负有法律责任的那些人，因违反会计业务上应尽的责任及义务，而使他人遭受损失，依法应负的经济赔偿责任，但不包括身体伤害、死亡及实质财产的损毁。

(四) 建筑、工程技术人员责任保险

建筑、工程技术人员责任保险承保因建筑师、工程技术人员的过失而造成合同对方或他人的财产损失与人身伤害并由此导致经济赔偿责任的职业技术风险。建筑、安装以及其他工种的技术人员、检验员、工程管理人员等均可以投保该险种。

此外，职业责任保险还有美容师责任保险、保险经纪人和保险代理人责任保险、情报处理者责任保险等多个险种，它们在发达的保险市场上广受欢迎。由此可见，职业责任保险业务范围广阔，是发展前景很好的保险业务，保险公司应当加快研究并开拓这一保险业务领域的步伐。

案例拓展

职业责任保险理赔案

甲医院于某年3月向乙保险公司投保医疗责任保险，保险期限为一年。保险合同约定，累计赔偿限额为320万元，每次事故赔偿限额为20万元。患者徐某于某年3月因交通事故导致颅骨骨折、胸腹挤压综合征并胸腔急性出血，送往甲医院后经抢救无效死亡，医患双方由此产生医疗赔偿纠纷。该市卫生法研究会医疗纠纷调解中心组织专家鉴定组鉴定，专家对医疗行为是否违反法律规范及医疗护理操作规范、是否存在医疗过失、医疗过失与死亡后果进行了因果分析与责任分析。鉴定组一致认为，被保险人的医疗行为违反了医疗法律规范及各种医疗护理操作常规，医疗行为在患者死亡后果中的责任程度达到主要责任以上，构成一级甲等医疗事故。经调解，纠纷双方达成协议，由被保险人一次性补偿死者近亲属医疗费、丧葬费、被抚养人生活费等共计12万元。保险公司遂根据保险合同的约定向被保险人支付了保险金。

资料来源：徐文虎，陈冬梅.保险学[M].北京：北京大学出版社，2008.

练一练

一、单项选择题

1. 按照我国《保险法》的规定，责任保险的被保险人支付的仲裁或者诉讼费用以及其他必要的、合理的费用的承担者是(　　)。

A. 被保险人　　　　　　　　B. 保险人

C. 投保人　　　　　　　　　D. 受害人

2. 宾馆责任保险、展览会责任保险和机场责任保险均属于( )。

   A. 承包人责任保险　　　　　　B. 场所责任保险

   C. 个人责任保险　　　　　　　D. 综合公共责任保险

3. 承保被保险人在任何地点因非故意行为或活动造成他人人身伤害或财产损失所应负的经济赔偿责任的保险是( )。

   A. 承包人责任保险　　　　　　B. 场所责任保险

   C. 个人责任保险　　　　　　　D. 综合公共责任保险

4. 承保由于机场经营人或其工作人员的过失、疏忽造成第三者的飞机或其他财产损失所应负的赔偿责任的保险是( )。

   A. 旅客法定责任保险　　　　　B. 机场经营人责任保险

   C. 飞机承运货物责任保险　　　D. 飞机产品责任保险

5. 从产品责任的演变过程来看，最初的产品责任是一种( )。

   A. 侵权责任　　　　　　　　　B. 返还不当得利责任

   C. 合同责任　　　　　　　　　D. 刑事责任

6. 独立责任保险和附加责任保险的显著区别在于( )。

   A. 保险标的不同　　　　　　　B. 承保地位不同

   C. 风险性质不同　　　　　　　D. 保险利益不同

7. 公众责任保险承保的民事赔偿责任是( )。

   A. 直接责任和间接责任　　　　B. 侵权责任和合同责任

   C. 过失责任和刑事责任　　　　D. 民事责任和行政责任

8. 公众责任保险的基本责任包括( )等。

   A. 核燃料引起的责任

   B. 战争导致的后果责任

   C. 被保险人的雇员所遭受的人身伤害

   D. 被保险人因发生损害事故而支出的有关诉讼费用

9. 为雇主在经营业务活动中可能造成的第三者责任风险提供保障的险种是( )。

   A. 雇主责任保险附加医疗费保险

   B. 雇主责任保险附加第三者责任保险

   C. 雇主责任保险

   D. 意外伤害保险

10. 在产品责任保险中，被保险人为产品责任所支付的诉讼、抗辩费用及其他经保险人事先同意支付的费用通常属于( )。

    A. 除外责任　　　　　　　　　B. 保险责任

    C. 保险单未予列明的责任　　　D. 保险单特别列明的责任

11. 在雇主责任保险中，投保人、被保险人和受益人分别是(　　)。
    A. 雇主、雇主和雇主　　　　B. 雇员、雇员和雇员
    C. 雇主、雇员和雇员　　　　D. 雇主、雇主和雇员

12. 对于机动车辆在使用过程中，所载货物从车上掉下来致使第三者遭受人身伤亡或财产损毁，保险人应承担赔偿责任的附加保险是(　　)。
    A. 车上人员责任险　　　　　B. 车载货物掉落责任险
    C. 车上货物责任险　　　　　D. 无过失责任险

13. 某航空公司投保了飞机第三者责任保险，在保险有效期内发生了飞机坠落事件。在此事件中，机长及空姐死亡，飞机上公司雇佣的两名清洁工重伤，由于飞机坠落造成三名在田地里作业的农民身亡。上述人员中，属于飞机第三者责任保险中"第三者"的是(　　)。
    A. 机长　　　　　　　　　　B. 农民
    C. 清洁工　　　　　　　　　D. 空姐

14. 按照保险合同关系来看，机动车辆商业第三者责任险中的"第三者"是指(　　)。
    A. 保险人　　　　　　　　　B. 被保险人
    C. 使用保险车辆的人　　　　D. 上述以外的其他人

二、简答题

1. 简述责任保险产生和发展的基础。
2. 简述产品责任保险和产品质量保证保险的区别。
3. 简述职业责任保险的责任免除。

第七章 信用保证保险

> **学习目标**
> 1. 了解信用保证保险的起源；
> 2. 掌握信用保证保险的概念与特点；
> 3. 理解信用保证保险的作用；
> 4. 明确信用保险和保证保险主要险种的基本内容。

第一节 信用保证保险概述

一、信用保证保险的起源

信用保证保险是在商品买卖延期付款或货币借贷行为中，商品赊销方(或货币贷出方)赊销商品(或贷出货币)后不能得到相应的偿付，即赊购方(或货币借入方)出现信用危机后产生的。信用危机的出现，在客观上要求建立一种经济补偿机制，以弥补债权人所遭受的损失，信用保证保险正是在这种情况下产生的。

在财产保险发展史上，信用保证保险的发展历史并不长。信用保证保险分为信用保险与保证保险，保证保险的起源早于信用保险。保证保险于18世纪末、19世纪初随着商业信用的发展而出现。最早产生的保证保险是诚实保证保险，由一些商行或银行办理。19世纪中叶，英国几家保险公司试图开办合同担保业务，但因缺乏足够的资本而没有成功。1901年，美国马里兰州的诚实存款公司首次在英国提供合同担保，英国几家公司相继开办此项业务并逐渐将该业务推向欧洲市场。随后，美国、法国、德国、英国等国家的一些私营保险公司相继开办信用保证保险业务。日本到20世纪30年代才开办这类业务。

随着商业信用的普遍化和道德风险的增加，保证保险及信用保险业务得到了迅速发展。1934年，国际信贷和投资保险人协会(简称"伯尔尼协会")在瑞士伯尔尼成立，该协会的成立有力地推动了保证保险及信用保险的发展。据统计，1992—1996年，该协会为全球出口贸易提供了50 000亿美元的信贷保险。中国人民保险公司于1996年10月代表我国加入伯尔尼协会，成为伯尔尼协会观察员，经过一年半的过渡期，于1998年10月成为该协会的正式会员。中国人民保险公司加入伯尔尼协会，为我国出口贸易的发展和引进外资提供了更为广阔的发展空间。

二、信用保证保险的概念

(一) 信用保险和保证保险的概念

信用保证保险是一种以经济合同所制定的有形财产或预期应得的经济利益为保险标的的保险。信用保证保险是一种担保性质的保险,按担保对象的不同,信用保证保险可以分为信用保险和保证保险两种。

1. 信用保险

信用保险是权利人要求保险人担保义务人信用的一种保险。信用保险的投保人为信用关系中的权利人,由其投保他人的信用风险。

2. 保证保险

保证保险是义务人根据权利人的要求,请求保险人担保义务人自己信用的一种保险。保证保险的保险人代义务人向权利人提供担保,如果由于义务人不履行合同义务或者有犯罪行为,致使权利人受到经济损失,由保险人负赔偿责任。

(二) 信用保险和保证保险的关系

1. 信用保险和保证保险的联系

(1) 保险标的均为无形的信用利益。

(2) 保险人履行保险合同约定的赔付保险金义务均以被保证人不能履行应承担的义务为前提。

(3) 保险人履行赔付保险金义务后,被保证人对保险人赔付的费用均负有返还义务。

2. 信用保险和保证保险的区别

在这里以借款人(债务人)、银行(贷款人,即债权人)和保险人为例,阐释信用保险和保证保险的区别。

(1) 合同内容不同。保证保险的合同并不是真正意义上的保险合同,实际上是担保书,只有在义务人不能履行义务时由保险人保证代为履行。

信用保险的合同是典型的保险合同,有保险责任、除外责任、被保险人的如实告知、通知义务等内容。

(2) 投保人不同。保证保险的投保人是债务人或义务人,而信用保险的投保人是债权人。

(3) 所涉及的利益方之间的关系不同。在保证保险中,银行与保险人之间没有任何关系,银行和借款人之间是借款合同关系,借款人与保险人之间是连带责任关系。

在信用保险中,借款人与保险人之间没有任何关系,银行和借款人之间是借款合同关系,银行与保险人之间是保险责任关系。

(4) 定价因素不同。在保证保险中，借款人是投保人，不能采用大数法则作为保险定价基础。保险人在核保时除了要考虑贷款金额和贷款期限等影响风险的共同因素之外，还必须要考虑借款人的信用记录，对特定的借款人采用特定的费率。

在信用保险中，可以采用大数法则厘定保险费率。在一定的贷款标准之下，银行的坏账率(即借款人不能按时还款的风险)应该服从某种概率分布，保险人可以根据大数法则来定价。因此，银行的历史坏账率是影响信用保险费率的主要因素。

(5) 风险防范方法不同。在保证保险中，由于保险人与借款人之间具有连带责任关系，保险人为了降低自己的风险，可以要求借款人提供其他形式的担保。如果借款人向保险人提供的担保不充分，保险人可以拒绝承保。通常在保证保险中，一旦保险人为借款人提供了保证，保险人就要为被保证的借款人设计一个风险管理计划来确保借款人能及时归还贷款，如限定支出、保证收入等。

在信用保险中，保险人不能直接对借款人提出任何要求，只能协助和督促银行进行风险管理，例如要求银行建立和规范例行的检查制度，建立银行内部风险控制体系、风险预警体系等，或者保险公司只承担一定比例的赔偿责任。

三、信用保证保险的特点

与一般商业保险相比，信用保证保险有如下特点。

(1) 一般保险合同是投保人和保险人共同签订的，因此它的合同当事人只有两方；而信用保证保险合同的当事人有三方，即保证人、被保证人和权利人。信用保证保险中的保证人一般为保险人；被保证人是经济合同当事人的一方，可以是法人，也可以是自然人；权利人是享受信用保证保险合同保障的人，是享受与被保证人签订经济合同利益的一方。当被保证人违约或不忠诚而使权利人遭受经济损失时，权利人有权从保险人(保证人)处获得补偿。

(2) 在信用保证保险中，保险人(保证人)承诺的责任通常属"第二性"付款责任。信用保证保险合同是保险人对被保证人的债务偿付、违约或失误承担附属责任的书面承诺。在信用保证保险合同规定的履行条件已具备，而且被保证人不履行经济合同义务的情况下，保险人才履行赔偿责任。当发生保险事故，权利人遭受经济损失时，只有在被保证人不能补偿损失的情况下，才由保险人代为补偿。

(3) 被保证人对保险人(保证人)为其向权利人支付的任何赔偿，有返还给保险人的义务。由于信用保证保险承保的是一种无形的信用风险，保险人必须事先对被保证人的资信进行审查，并要求被保证人提供反担保，以保障其对权利人支付的任何赔偿都能从被保证人处得到返还。

(4) 从理论上说，保险人(保证人)经营这类业务只是收取担保费而无盈利可言。这是因为信用保证保险均由直接责任者承担责任，保险人不是从抵押财物中得到补偿，就是行使追偿权追回赔款。

四、信用保证保险的作用

信用保证保险的作用,主要体现在以下三个方面。

(一) 有利于促进企业资金周转

银行开展贷款业务必然要考虑到贷款能否按期收回。企业投保了信用保证保险之后,就可以将保险单作为一种保证手段抵押给贷款银行,甚至要求保险人以向贷款银行出具担保的方式,使银行得到收回贷款的可靠保证,以解除贷款银行的后顾之忧。

(二) 有利于促进商品交易的健康发展

在商品交易中,当事人能否按时履行供货合同、销售货款能否按期收回,一般受到多种因素的影响,而商品流通又与生产者、批发商、零售商及消费者存在连锁关系。一旦某个商品流通环节出现信用危机,不仅会给债权人造成损失,而且会使商品交易关系中断,最终阻碍商品经济的健康发展。有了信用保证保险,无论在何种交易中出现信用危机,均有保险人提供风险保障,从而切实保证商品流通的顺利进行。

(三) 有利于促进出口贸易,增加外汇收入

扩大出口贸易、增加外汇收入是各国政府的贸易目标。各国出口商面对的是商业风险和政治风险并存、竞争异常激烈的国际市场,一旦出现信用危机,就有可能陷入困境。信用保证保险的开办,为出口商规避了风险,即使出口商因商业风险或政治风险不能从买方收回货款或合同无法执行,也可以从保险人那里得到赔偿。因此,信用保证保险有利于出口企业增强竞争实力,促使出口企业为国家创造更多的外汇收入。

第二节 信用保险

一、国内信用保险

国内信用保险也称"商业信用保险",它是指在商业活动中,一方当事人作为权利人,为了避免对方当事人的信用风险,要求保险人将对方当事人作为被保证人并承担由于被保证人的信用风险而使权利人遭受商业利益损失的保险。

商业信用保险主要有以下三个险种。

(一) 赊销信用保险

赊销信用保险是为国内商业贸易(批发)中延期付款或分期付款行为提供信用担保的一种信用保险。在这种保险业务中,投保人是制造商或供应商,保险人承保买方(义务人)的信用风险,目的在于保证被保险人(权利人)能按期收回赊销货款,保障商业贸易的顺利进行。

(二) 贷款信用保险

贷款信用保险是保险人对银行或其他金融机构与企业之间的借贷合同进行担保并承保其信用风险的保险。

(三) 个人贷款信用保险

个人贷款信用保险是指以金融机构向自然人提供贷款时，由于债务人不履行贷款合同致使金融机构遭受经济损失为保险对象的信用保险。

二、出口信用保险

出口信用保险承保的是出口商因买方不履行贸易合同而遭受损失的风险。进出口贸易的付款方式一般有托收和信用证两种。以信用证方式支付，因有银行担保，对出口商来说比较可靠。但是对进口商来说，要银行开具信用证就要增加经济负担，因此为节约开支，大多数进口商愿意以托收方式支付，出口商因此要承受货物出运后得不到货款或进口商不履行债务的全部政治风险和商业风险。开办出口信用保险，可促进商品出口，保障本国出口商在国际贸易市场上的竞争地位。

出口信用保险不同于一般的保险，它在相当程度上承保的是进口商的道德风险，因而风险比较复杂，需要有一整套用于承保、理赔的专业调查网络予以配合，这是一般保险人无力承受的。因此，世界各国的出口信用保险一般都由政府直接办理，或由政府投资成立一个专门负责提供出口信用保险的经营实体办理，有的国家政府则委托私营机构代理。2001年，我国正式设立了专业的出口信用保险公司负责办理出口信用保险。

出口信用保险的责任可概括为三类，即商业信用风险、政治风险和外汇风险。出口信用保险业务受国际政治和经济情况的影响，政治稳定、经济有序发展，信用风险就小；反之，信用风险就大。

出口信用保险通常分为短期与中长期两种。短期出口信用保险适用于持续性出口的消费性货物，信用期限在180天之内，采用固定保险合同格式；中长期出口信用保险适用于资本性货物，如船舶、飞机、成套设备等，以及工程承包、技术服务等，信用期限在180天以上或5年、8年，采用非固定保险合同格式。

知识拓展

出口信用保险的金融服务功能

随着我国国民经济发展对出口依存度的不断提高，出口经营权不断放开，出口经营主体逐渐增多。以前出口企业主要以抵押和担保为条件进行融资，其结果是许多有出口融资需求的企业，特别是中小企业，因不能满足银行抵押担保的条件而无法获得融资。企业的出口融资需求与其资产状况之间的矛盾，制约了企业出口规模与银行融资额及结算业务的增长。银行与保险机构的合作将银行的信贷业务与保险机构的保险主业有机地结合起来，使企业的融资能力大为提升，有效地增强了企业出口的能力与信心，同时银行的国际业务领域与规模也得以扩大。

例如，中国出口信用保险公司与多家银行联合推出了银行出口短期贸易融资产品——保险后出口押汇。保险后出口押汇是押汇申请人(出口商)已在保险公司投保了出口信用保险，并将保险权益转让给银行的一种出口押汇形式，它是一种保留追索权的短期贸易融资方式，它将保险机构承保短期信用风险与银行提供的出口贸易融资业务相结合，可满足出口商保险和融资的需求。银行要求出口企业投保出口信用保险，与企业签订保险押汇总质押书，银行、保险机构和企业三方签署保险赔偿权益转让协议，在保险机构核定的买方信用额度内，银行向出口企业不同国际结算方式下的出口提供出口押汇融资。

这一短期贸易融资产品在有效控制风险的基础上大大降低了企业融资门槛，受到了企业的欢迎，尤其是使采取赊销与托收方式结算的出口企业获得银行融资成为可能，从而提升其出口竞争能力。对于银行来说，信用保险的介入规避了来自进口方的大部分风险，为企业提供了收汇保障，长期困扰银行的买方商业信用问题得到了解决，降低了银行的贷款风险。银行积极地开展此项业务，对贸易融资额及国际结算业务的增长也起到了良好的推动作用。

资料来源：魏丽，李朝锋.保险学[M].大连：东北财经大学出版社，2021.

三、投资保险

投资保险又称政治风险保险，它是为保障海外投资者利益而开办的一种保险。国际投资是国际资本输出的一种形式，对资本输出国来说，可为过剩资本谋求出路，获取高额利润；对资本输入国来说，可利用外资，解决国内资金不足，引进技术，发展民族经济。但是，向海外投资，特别是私人直接投资会面临各种不同的风险。

投资保险是为鼓励和保障海外投资开办的保险，主要承保被保险人(投资者)由于资本输入国的政治原因或签约双方不能控制的原因遭受损失的保险。它主要保障三类风险。

(一) 外汇风险(又称禁止汇兑风险)

例如，东道国政府实行外汇管制，禁止外汇汇出；东道国发生战争或内乱，导致外汇交易无法进行；东道国政府对投资者各项应得金额实行管制或冻结；东道国政府取消对投资者将应得金额汇回本国的许可；东道国政府没收投资者应得金额。

(二) 征用风险(又称国有化风险)

投资者的投资项目、资产被东道国政府或地方政府、团体征收或被国有化。

(三) 战争或类似战争风险

这类风险是指由于战争、叛乱、罢工等而使投资者的财产遭受损失或被剥夺留置等，但不包括一般的骚乱风险。

投资保险仅保障投资者投资的有形资产的直接损失，不包括间接损失，也不包括文件、档案、证券、现金等的损失。

投资保险分为短期保险和长期保险两种，短期保险期限为1年，长期保险期限为3~15年。投保3年后，被保险人有权要求注销保险单；投保未到3年提前注销保险单的，被保险人须交足3年保费。

知识拓展

政策性保险公司——中国出口信用保险公司

中国出口信用保险公司是由国家出资设立、支持中国对外经济贸易发展与合作、具有独立法人地位的国有政策性保险公司，它于2001年12月18日成立，目前已形成覆盖全国的服务网络。该公司的经营宗旨："通过为对外贸易和对外投资合作提供保险等服务，促进对外经济贸易发展，重点支持货物、技术和服务等出口，特别是高科技、附加值大的机电产品等资本性货物出口，促进经济增长、就业与国际收支平衡。"

截至2021年，中国出口信用保险公司为数万家出口企业提供了出口信用保险服务，为数百个中长期项目提供了保险支持，包括高科技出口项目、大型机电产品和成套设备出口项目、大型对外工程承包项目等，累计向企业支付赔款163.7亿美元。

资料来源：魏华林，林宝清.保险学[M].北京：高等教育出版社，2017.

第三节 保证保险

一、忠诚保证保险

忠诚保证保险又称诚实保证保险、雇员忠诚保险，它是指当被保证人(雇员)有不诚实或不法行为而使权利人(雇主)遭受损失时，由保证人(保险人)承担赔偿责任的保证保险。在忠诚保证保险中，雇主为权利人，雇员为被保证人，雇员的诚实信用为保险标的。忠诚保证保险合同涉及雇主与雇员的关系，承保的风险是雇员的不诚实行为。

忠诚保证保险的保险责任包括雇员在受雇期间盗窃财物所致损失、雇员在受雇期间贪污财物所致损失、雇员在受雇期间的欺诈行为所致损失。它有6个月发现期的规定，即在雇员退休、离职、死亡或保单终止后6个月内可以提出索赔，以先发生者为准。

忠诚保证保险可以分为指名保证保险、职位保证保险、总括保证保险以及其他忠诚保证保险四种。

(一) 指名保证保险

指名保证保险是指以特定的雇员为被保证人的忠诚保证保险，它又分为个人保证和表定保证。

1. 个人保证

个人保证仅对单独的指名雇员提供保证，一般由这个指名雇员提出保证申请，保险费由该雇员支付，保证人对他进行调查后做出是否提供保证的决定。

2. 表定保证

表定保证则是对两个或两个以上的雇员提供保证，并且在规定的表格内列明被保证人的姓名及其各自的保证金额。表定保证实际上是多个保证合同的合并，被保证人的人数可以根据情况增减。

(二) 职位保证保险

职位保证保险在保险合同中不列被保证人姓名，只列出各级职位及其人数，每个职位都有确定的保证金额。职位保证保险又可以分为单一职位保证和职位表保证两种。无论是单一职位还是职位表中的多个职位，职位保证保险都以所约定的职位上的若干人为被保证人，而不考虑由谁担任这一职位。

(三) 总括保证保险

总括保证保险承保一个企业的所有雇员。在总括保证保险下，如果企业招聘新雇员，在通知保险人之前新雇员就属于被保证人，这样可以避免因选择被保证人或职位而引起信息不对称。总括保证保险一般可以分为普通总括保证和特别总括保证。

1. 普通总括保证

普通总括保证不指定雇员，也不指定职位。根据确定赔偿限额的方法，普通总括保证可以分为商业总括保证和职位总括保证。商业总括保证规定每一项损失的赔偿限额，在保证金额内，对所有雇员的不诚实行为造成的损失，保险人都负责赔偿；职位总括保证规定每一个事故中的每一个人的赔偿限额，即保证金额以每人为计算单位。

2. 特别总括保证

特别总括保证承保由各种金融机构的工作人员的不诚实行为所造成的损失。

(四) 其他忠诚保证保险

其他忠诚保证保险包括伪造保证保险、三D保单等。

1. 伪造保证保险

伪造保证保险承保因伪造或篡改背书、签名、收款人姓名或金额等造成的损失。它分为存户伪造保证、家庭伪造保证。

2. 三D保单

三D保单是有关不诚实(dishonesty)、损毁(destruction)及失踪(disappearance)的综合保单，承保企业因他人不诚实、盗窃、失踪、伪造或篡改票据而遭受的各种损失。

二、确实保证保险

确实保证保险是保险市场上常见的一种保证保险,是对业主或其他权利人的保证,其保险标的是被保证人的违约责任。当权利关系人因无力或不愿履行应尽义务而使权利人遭受损失时,由保险人代为赔偿。

确实保证保险与忠诚保证保险的区别:忠诚保证保险涉及的是雇主与雇员的关系,确实保证保险没有这种关系;忠诚保证保险所承保的风险是雇员不诚实和欺诈行为给雇主带来的损失,确实保证保险承保的风险是被保证人履行义务的能力和意愿;忠诚保证保险可由被保证人购买,也可由权利人购买,确实保证保险只能由被保证人购买。

常见的确实保证保险有以下五种。

(一) 履约保证保险

履约保证保险是指保证被保证人履行与权利人签订的合同,如被保证人不履约而使权利人遭受经济损失,由保险人负责补偿。它的保险标的是被保证人的违约责任。

(二) 司法保证保险

司法保证保险是指由法律程序引起的保证保险。它分为诉讼保证和信托保证两种。当原告或被告为自己的利益要求法院采取某种行动但可能伤害另一方的利益时,法院通常要求请求方提供某种诉讼保证。诉讼保证包括保释保证、扣押保证、上诉保证以及禁令保证等;信托保证主要用于保证根据法院命令为他人利益管理财产的人忠诚尽责。

(三) 特许保证保险

特许保证保险是指从事某一活动或从事某一行为向政府申请执照或许可证时必须提供的保证。它通常用于保证对领照人因违反政府法令或公众利益所造成的损失负赔偿责任。

(四) 公务员保证保险

公务员保证保险是指对政府工作人员的诚实信用提供保证。它分为诚实总括保证和忠实执行职务保证两种。诚实总括保证对公务员不诚实或欺诈等行为所造成的损失承担赔偿责任;忠实执行职务保证对公务员因工作中未能忠于职守而给政府造成的损失承担赔偿责任。

(五) 存款保证保险

存款保证保险是指以银行为投保人向保险人投保,保证存款人利益的保证保险。

三、产品保证保险

产品保证保险又称产品质量保证保险或产品信誉保险,它承保被保险人因制造或销售的产品丧失或达不到应有的效能而对买方承担的经济赔偿责任,即保险人对质量有缺陷产品的本身以及由此引起的间接损失和费用承担赔偿责任。保险责任包括为用户或消费者更换或整修不合格产品；赔偿质量有缺陷产品造成的损失和费用；赔偿用户或消费者由于质量有缺陷的产品花费的额外费用；赔偿被保险人根据法院判决或政府命令，收回、更换或修理已投放市场的质量有缺陷的产品造成的损失和费用。保险金额一般按出售价格或实际价值确定。保险费率的厘定主要考虑制造商的技术管理水平、产品的性能和用途、产品的数量和价格、产品销售区域等因素。

产品保证保险与产品责任保险都与产品有关，前者的保险标的是产品质量，而后者的保险标的是产品责任。前者是保险人以担保人的身份对产品质量提供担保，只对产品本身的质量提供保证，属于信用保证保险的范畴；而后者是保险人为被保险人的产品可能产生的民事赔偿责任提供经济保证，属于责任保险的范畴。

知识拓展

产品质量保证保险和产品责任保险的区别

★ **保险业务性质不同**

产品质量保证保险提供的是带有担保性质的保证保险，仅承保不合格产品本身的损失；产品责任保险是保险人代替责任方承担因产品责任事故造成的对受害方的经济赔偿责任，属于责任保险的范畴。

★ **保险人收取的费用性质不同**

产品质量保证保险的保险费实际上是保险人提供担保业务的劳务费或手续费，与产品责任保险因保险人提供保险业务而收取的保险费有本质的不同。

★ **保险人承保的责任性质不同**

产品质量保证保险承保的产品质量责任以事先签订合同为前提，是一种违约责任；产品责任保险承保的产品责任不以当事人之间存在合同关系为前提，属于侵权责任的范畴。

★ **保险标的不同**

产品质量保证保险的保险标的是产品质量违约责任；产品责任保险的保险标的是责任。

★ **保险责任范围不同**

产品质量保证保险承保的是被保险人因制造或销售的产品质量有缺陷而对有缺陷的产品本身的赔偿责任及由此引起的损失或费用；产品责任保险承保的是被保险人因产品质量问题造成消费者人身伤害或财产损失依法应负的经济赔偿责任，至于有缺陷的产品本身的损失以及引起的间接损失或费用，则不属于产品责任保险的赔偿范围。

★ **适用的归责原则不同**

产品质量保证保险适用过错责任原则，即只有当违约方对给付质量不符合合同规定的产品存在故意或过失时，才能承担赔偿责任；而产品责任保险适用严格责任原则，即只有产品制造者、销售者能证明自己所制造、销售的产品是合格的，或者能证明消费者、购买者故意违反使用规则时，才能免除其所造成的民事损害责任。

资料来源：王海艳，郭振华.保险学[M].北京：机械工业出版社，2011.

练一练

一、单项选择题

1. 保险人对银行或其他金融机构与企业之间的借贷合同进行担保，并承保其信用风险的保险，称为(　　)。

   A. 贷款信用保险　　　　　　B. 个人贷款信用保险
   C. 赊销信用保险　　　　　　D. 出口信用保险

2. 产品质量保证保险与产品责任保险的共同点是(　　)。

   A. 两者都负责赔偿产品本身的损失
   B. 两者都带有担保性质
   C. 两者都与产品的质量有关
   D. 两者都以产品责任为保险标的

3. 短期出口信用险承保工作的第一步是(　　)。

   A. 保单的承保　　　　　　　B. 出运的承保
   C. 买方的承保　　　　　　　D. 国家的承保

4. 忠诚保证保险的被保证人是(　　)。

   A. 雇主　　　　　　　　　　B. 雇员
   C. 债权人　　　　　　　　　D. 债务人

5. 忠诚保证保险的承保对象是(　　)。

   A. 雇主的品德　　　　　　　B. 雇员的品德
   C. 债权人的品德　　　　　　D. 债务人的品德

二、案例分析题

2015年8月，李某以首付30%房款按揭购买了一套住房，通过银行贷了70%的房款，共计49万元，分10年还清。在银行办理贷款手续时，银行同时让其办理一份个人贷款抵押房屋综合保险。2016年3月，李某开车途中发生交通事故，经医院抢救无效死亡。后经交通部门勘查认定，对方负全部责任。事后，李某的妻子向保险公司报案，并提出了索赔申请。保险公司经过调查发现，在李某的死亡认定书上，医院明确写明，死亡原因为突发性脑溢血。由于因疾病死亡不在房屋贷款抵押保险责任范围之内，保险公司下达拒赔通知书。双方经调解无效后，李某的妻子向法院提起诉讼。

请问：法院该如何判决？

第八章 人身保险

> **学习目标**
> 1. 掌握人身保险的概念、特点和功能；
> 2. 理解人身保险的特殊条款；
> 3. 了解人身保险的业务体系；
> 4. 明确人寿保险、意外伤害保险和健康保险的特点、内容及主要险种。

第一节 人身保险概述

一、人身保险的概念

人身保险是以人的生命和身体作为保险标的的一种保险。人身保险的投保人按照保险合同约定向保险人缴纳保险费，当被保险人在合同期限内发生死亡、伤残、疾病等保险事故，或达到人身保险合同约定的年龄、期限时，由保险人按照合同约定承担给付保险金的责任。从概念可以看出，人身保险的保险标的是人的生命和身体，这成为人身保险和财产保险的本质区别。

人身风险是客观存在的，死亡、伤残、患病、衰老等是难以准确预计的随机事件。天灾、人祸以及各类疾病都会给人们带来生命危险或增加人们的经济负担。即使是必然发生的人身死亡风险，也因其死亡时间难以预料而成为不确定事件。因此，人身风险可得到保险的保障。

二、人身保险的特点

人身保险具有如下几个特点。

(一) 人身保险属于定额保险

财产保险中，保险金额的确定必须以保险标的的实际价值即保险价值作为衡量依据。人身保险不同，它的保险标的是人的生命和身体，无法判断被保险人的生命和身体到底价值几何，所以保险金额不是以保险标的的价值来确定的，而是根据被保险人对保险的需求程度和投保人的经济条件来确定的。

(二) 人身保险的保险金给付属于约定给付

和财产保险的补偿赔付方式不同,人身保险通常采用约定给付的方式。当发生保险事故时,保险人按照约定的保险金额承担保险金给付责任,不能自行增减。在人身保险中不能适用损失补偿原则,不实行代位追偿,也不存在对重复保险进行比例分摊的规定。

健康险是人身保险的一个例外,健康险的保障范围是被保险人因疾病或意外事故支出的医疗费用,医疗费用不像人的生命和身体那样无法确定其真实价值,所以健康险可以适用损失补偿原则、代位追偿,并对重复保险实行比例分摊。

(三) 人身保险事故具有特殊性

1. 保险事故发生概率高

人的寿命有限,每个人都要面对死亡,而疾病也是每个人一生中都要遇到的风险,所以人身保险事故的发生带有必然性,只不过何时死亡、何时生病、疾病带来的损失究竟有多大无法确定。

2. 保险事故的发生具有分散性

在通常情况下,人身保险事故的发生比较分散,无论是死亡、疾病还是意外伤害,都是以个别形式发生的。一般来说,疾病和死亡基本遵循人类自然规律,同一时期内,人身保险事故分布于不同的家庭和地区,相对来说比较稳定。只有出现巨大自然灾害时,人身伤亡才会集中出现,如地震、火山爆发、特大洪水和泥石流等。而财产保险的保险标的如果发生事故,可能会波及较大范围,造成巨额经济损失。

3. 死亡危险随着被保险人年龄的增长而增加

人的年龄越大,面临的死亡危险就越大,这是自然规律所致,所以人身保险事故发生比较频繁的年龄段在中老年阶段,年轻人发生死亡保险事故相对较少。老年人的死亡通常由疾病所致,而年轻人的死亡事故大多由意外所致。

(四) 人身保险业务经营具有自身特点

1. 人身保险中的人寿保险采用均衡费率

均衡保险费和自然保险费相对应。自然保险费是指根据某一年龄的人群当年对应的死亡率来确定保险费率并收取保险费,被保险人每年都要缴纳不同数额的保险费。可想而知,随着被保险人年龄的增长,每年对应的死亡率也在不断增长,这导致被保险人年轻时保费负担小,而到了年老多病、劳动收入相对降低时,反而要负担更多的保险费。英国人陶德森改变了这一情况,他将被保险人每年面临的不同费率加总后进行平均,投保人和被保险人每年缴纳投保时所对应的保险费即可,保险费的数额在缴费期限内保持不变。

目前保险公司出售的大部分人寿保险产品都采用均衡费率,少数产品如万能人寿险采用自然费率。显然，在缴费前期，投保人缴纳的保险费高于自然保险费；在后期，保险人缴纳的保险费低于自然保险费。保险人可以用前期多缴纳的保险费来弥补后期的保费不足，用以均衡投保人的经济负担，保证投保人在年老时也能有足够的能力缴纳保险费。

2. 人身保险的保险人应对每份人身保险逐年提取责任准备金

人身保险履行给付保险金责任的前提是投保人按时缴纳保险费，投保人缴纳的保险费可以看作保险人对被保险人的负债，这笔保险费除了扣除保险人的必要支出和合理利润之外，余下都用于保险金给付。为了能够履行将来可能出现的给付责任，保险人必须计提保险责任准备金。但是每份保单的期限长短、保障范围及发生事故的时间都不相同，所以每年保险人要对每一份尚在保险期限内的保单的准备金进行精确计算，以便于提取。通常保险人在保单生效时就已经计算出保险期间每年的责任准备金数额。

3. 人身保险的保险人更重视保险资金的投资

人身保险中的人寿保险属于长期保险，保险期限通常在5年以上，保险人不仅要提取责任准备金应对可能发生的保险赔付，还要保证保险资金的保值增值。保险人采用均衡费率收取保险费，这意味着在每笔业务的缴费期，保险人都可以获得稳定的保险费，而在保险前期多收的保险费，通常要经过很长时间才能用于保险金给付。因此，保险人可以将此笔可观的资金用于各种投资。而财产保险由于保险期限较短，不存在按均衡费率收取保费的情况。相比较而言，人身保险的保险人有更多资金用于长期投资。

4. 人身保险经营管理具有连续性

人身保险中的人寿保险具有长期性的特点，这就要求人身保险经营管理具有连续性。在长期内，被保险人可能会发生各种变化，比如增加或减少保险金额、变更地址，甚至被保险人提出退保。这些情况都要求保险人有严格的经营管理制度，及时记录被保险人的变化，在保险期间要随时核实被保险人的情况。投保人缴纳的保险费有相当数量可以用于投资，从人身保险连续性的角度出发，在资金运用上也要求保险人考虑资金使用期限，充分考虑保险投资的长期性，选择适合长期投资的金融产品。

三、人身保险的功能

保险作为一种经济补偿制度，具有分散风险、补偿损失的基本职能，并由此派生聚集资金、防灾防损和融资等功能。作为现代保险的两大部类之一，人身保险同样也具有这样的功能。

(一) 分散风险

人身风险是人们无法避免或回避的风险，一方面个人力量有限；另一方面能够完全防范风险的技术手段也有限。因此，无论是在生产还是在生活中，生、老、病、死、伤残可能会降临到每一个人头上。通过保险，可以把少数受害者的损失分摊在处于同样风险中的多数人的身上,这就是保险的风险分散功能,体现了保险的互助本质。保险不仅是一种法律关系,也是一种经济互助制度,其实质就是多数人基于合作互助分摊少数人的财产损失和人身损害的行为。现代社会中,风险分散意义重大,让众多社会成员分摊少数成员的风险,能够减少风险对少数人的侵害,保障社会正常运转。

(二) 给付保险金

人身保险的给付保险金功能等同于财产保险的补偿损失功能,但补偿损失和给付保险金又有所不同。财产保险中,标的价值可以用货币衡量,那么标的损失也可以明确计量,保险公司的赔偿金额就是对标的损失的补偿;而在人身保险中,由于标的的价值无法用货币衡量,当标的遭受保险事故后,保险人只能按照事先约定的保险金额进行给付。给付是人身保险支付保险金的特定说法,有时候给付是一次性发生的,比如意外伤害险的保险金给付;有时候给付是分期进行的,比如养老保险的保险金给付。

(三) 调节收入分配

保险对收入分配的调节作用主要体现在两个方面:一方面,保险人集合众多投保人缴纳的保险费,形成保险基金,用于向其中少数发生保险事故的被保险人给付保险金,其实质是参加保险的所有成员以自己缴纳的保险费帮助那些受害者,这体现了一种经济上的互助关系,也是对收入的一种调节或再分配。另一方面,保险人利用人身保险的特点,对积累起来的长期保险资金加以运用或投资,以增加投保人的现金价值,这实质上也是对国民财富收入的一种调节或再分配。

(四) 实现资金融通

由于人身保险是长期合同,保险费的预先收取与保险金的事后给付之间存在时间差,大量的保险资金以准备金的状态滞留于保险公司,使得人身保险活动具有显著的聚集社会资金的能力。同时,人身保险要承担保险金给付义务,为了保证保险人承诺的给付在将来能够顺利实现,以及增强保险公司的盈利能力,保险公司必须加强投资业务运营,从而使保险成为金融体系的重要组成部分,承载和发挥资金融通的功能。

(五) 稳定家庭生活

人身保险的首要功能是保障,人身风险的阴影笼罩人的一生。人身保险能把个人和家庭遇到的风险转移到保险公司,投保人缴纳保险费之后,在约定期限内发生死亡、伤残、衰老等人身风险时,可以从保险公司领取保险金,保证家庭生活的稳定,避免家庭陷入困境。因此,人身保险能够减轻个人和家庭对人身风险的忧虑,给个人和家庭提供保障。

(六) 补充社会保险

人口老龄化是当前困扰许多国家的棘手问题。根据联合国制定的标准,当一国之中65岁以上的老年人数量达到总人口的7%时，就可认定该国进入老龄化社会。中国在2020年11月开展第七次人口普查，结果显示：60岁及以上人口为264 018 766人，占18.70%；其中65岁及以上人口为190 635 280人，占13.50%。按国际标准衡量，中国已进入老龄化社会。老龄化已成为21世纪不可逆转的世界性趋势。探索有效解决老龄化问题的途径，使老年人能够老有所养，是当今社会面临的严峻问题。虽然社会保险、社会保障体系是目前解决这个问题的主力，但是社会保险保障的范围和水平毕竟有限，因此仅依靠社会保险保障解决养老问题远远不够，应该充分发挥商业人身保险在养老问题中的作用，使之与社会保险保障互相补充，构建一个全面有效的养老保险体系，解决老龄化问题。

四、人身保险的特殊条款

(一) 不可抗辩条款

不可抗辩条款又称不可争条款。人身保险要求投保人据实告知被保险人的身体健康情况及其他影响保险人决定是否承保的有关情况，如果投保人故意隐匿或因过失作不实说明，足以影响保险人对风险的估计，此种情况下，保险人就有权解除保险合同或不负给付责任。因为人身保险合同大多是长期合同，所以投保人的告知义务是有时间限制的，时间过长的话，不易查清当时的告知是否属实，而且一旦被保险人死亡，受益人也不一定了解当时的告知情况。因此，保险人一般只能在1~2年内以投保人告知不实为理由解除保险合同，这个期间称为可抗辩或可争时期，超过这个时期即进入不可抗辩或不可争时期，保险人不得提出异议，即使投保人确有告之不实的情形，在保险事故发生后保险人仍有给付保险金的义务。人身保险合同一般都会有此条款。

(二) 年龄误告条款

被保险人的年龄是决定保险费率的重要依据，也是保险人承保时测量风险程度、决定是否承保的依据。实际上，在订立人身保险合同时逐个验明被保险人的实际年龄是比较困难的，因此，保险人往往是在保险事故发生后或者在年金保险开始给付时才核实被保险人的年龄。如发现年龄误报，保险金额按实际年龄调整。

一般来说，年龄误报不属于不可抗辩条款的范围，但是中国的法律将其列入不可抗辩条款。《中华人民共和国保险法》(以下简称《保险法》)第三十二条规定："投保人申报的被保险人年龄不真实，并且其真实年龄不符合合同约定的年龄限制的，保险人可以解除合同，并按照合同约定退还保单现金价值。保险人行使合同解除权，适用本法第十六条第三款、第六款的规定。投保人申报的被保险人年龄不真实，致使投保人支付的保险费少于应付保险费的，保险人有权更正并要求投保人补交保险费，或者在给付保险金时按照实付保险费与应付保险费的比例支付。投保人申报的被保险人年龄不真实，致使投保人支付的保险费多于应付保险费的，保险人应当将多收的保险费退还投保人。"

(三) 宽限期条款

人身保险投保人可分期支付保险费，投保人支付了首期保险费后，保险人对到期没有缴纳续期保险费的投保人可给予一定时间的优惠，即为宽限期。在宽限期内，即使投保人未按规定的期限缴纳保险费，合同仍然有效。在宽限期内发生保险事故时，保险人可以在应付保险金中扣除欠交的保险费。

宽限期条款又称缴纳保险费的宽限条款。人身保险合同规定宽限期条款，一方面是为了方便投保人，另一方面是为了不使保险合同轻易失效。我国《保险法》第三十六条规定："合同约定分期支付保险费，投保人支付首期保险费后，除合同另有约定外，投保人自保险人催告之日起超过三十日未支付当期保险费，或者超过约定的期限六十日未支付当期保险费的，合同效力中止，或者由保险人按照合同约定的条件减少保险金额。被保险人在前款规定期限内发生保险事故的，保险人应当按照合同约定给付保险金，但可以扣减欠交的保险费。"

(四) 复效条款

如果投保人因不能如期缴纳保险费而导致合同效力中止或失效，既可以重新投保成立新合同，也可以在一定条件下要求恢复原保险合同。保险合同中规定的恢复原保险合同的办法称为复效条款。我国《保险法》第三十七条规定："合同效力依照本法第三十六条规定中止的，经保险人与投保人协商并达成协议，在投保人补交保险费后，合同恢复效力。但是，自合同效力中止之日起满二年双方未达成协议的，保险人有权解除合同。"

(五) 自杀条款

自杀条款是关于被保险人自杀时间限制的条款。如果被保险人自杀也能获得保险金，就可能鼓励意图自杀的人在自杀前投保巨额人身保险，从而诱发道德风险。如果对并非为图谋保险金而自杀的被保险人一概拒付保险金，也会影响受益人的正常生活，而且人身保险的目的是保障受益人的利益，因此多数国家对自杀做了时间上的限制。只有在保险合同生效后若干年内发生的自杀行为，才作为除外责任；对于超过若干年后的故意自杀，保险人仍应向受益人给付死亡保险金。

我国《保险法》第四十四条规定："以被保险人死亡为给付保险金条件的合同，自合同成立或者合同效力恢复之日起二年内，被保险人自杀的，保险人不承担给付保险金的责任，但被保险人自杀时为无民事行为能力人的除外。保险人依照前款规定不承担给付保险金责任的，应当按照合同约定退还保险单的现金价值。"

(六) 共同灾难条款

受益人受领寿险死亡保险金的权利，通常以被保险人死亡时受益人仍然存活为条件。如果受益人先于被保险人死亡，在没有其他受益人的情况下，保险金则作为被保人的遗产处理。但是如果受益人与被保险人在同一意外事件中死亡，并且没有死亡顺序的明确证明，就会产生由谁来受领保险金的问题。对于这种情况，按照一般法律规定，应推定受益人先于被保险人死亡，以便同时死亡的人之间彼此不产生受益关系。如果推定被保险人先于受益人死亡，则保险金可能被受益人的继承人所得，这违背了投保人为自己的利益或者为被保险人的利益投保的初衷。

(七) 不丧失价值条款

不丧失价值条款又称为不丧失价值任选条款。除定期保险外，一般人身保险合同中都有此条款。一般人身保险合同，在投保人缴纳一定时期的保险费后都具有现金价值。这种价值称为不没收价值或不没收给付。当保险人收取保险费后，其中一部分用于费用支付，大部分被积存用作责任准备金。保险事故发生前，保险人也可以利用这部分现金价值；保险事故发生后，投保人可以取回全部保险金；而当投保人不愿继续投保而致使合同失效时，投保人仍然享有现金价值的权利，因此称为不丧失价值条款。投保人有权任意选择有利于自己的方式来处理这种现金价值，例如保单贷款、抵交保险费或于放弃保单时领回现金。

(八) 保单贷款条款

长期人身保险合同具有储蓄性质，保险合同具有现金价值。因此，人身保险合同通常规定贷款条款。贷款条款规定，投保人在缴纳保险费超过规定期限(一般两年)后，可以保险合同为抵押申请贷款。贷款额不可超过保单当时现金价值的一定比例，并要承担贷款利息，贷款期满归还本息。当发生保险事故时，保险人从应付的保险金中扣除贷款本息，将余额给付于受益人，而受益人不得有异议。另外，根据我国《保险法》的规定，以死亡为给付保险金条件的保险合同，非经被保险人同意，投保人不得将保单进行质押。

(九) 自动垫缴保险费条款

当保单生效满一定时期(通常是两年)后，如果投保人在宽限期结束后仍没有缴纳保险费，而保单当时的现金价值足以垫缴保险费及利息时，除非投保人事先另以书面形式做反对声明，保险人可自动以保单的现金价值垫缴保险费，使得保单继续有效。如果在垫缴保险费期间发生了保险事故，保险人从应予给付的保险金中扣除垫缴的保险费和利息。当垫缴的保险费和利息超过保单的现金价值时，保险合同终止。

保险费自动垫缴条款可避免非故意的保单失效，维持保单的有效性。为防止投保人过度使用该条款，有的合同要求投保人先提出申请才能办理自动垫缴，有的合同对自动垫缴的使用限定了次数。

(十) 保单转让条款

人身保险合同作为个人资产的一部分，其现金价值逐年增加，因此它与所有的有价凭证一样,可以转让或用于借款抵押。但人身保险合同的转让不同于财产保险合同的转让,人身保险合同一般不能变更被保险人,仅仅是一般民事权利义务的转移。一般来说,人身保险条款会规定,保单的转让,非经书面通知保险人,不发生效力。这样规定,使保险人在因不知转让的事实而将保险金给付于原受益人时,不负任何责任。

五、人身保险的业务体系

根据保险标的的不同,按照属性相同或相近原则,可将人身保险分为人寿保险、意外伤害保险和健康保险三大业务种类,每一个业务种类又由若干具体的保险险种构成。人身保险的业务体系如图8-1所示。

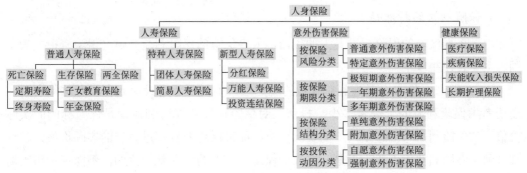

图8-1 人身保险的业务体系

第二节 人寿保险

一、人寿保险及其特点

(一) 人寿保险的概念

人寿保险是以被保险人的寿命作为保险标的,以被保险人的生存或死亡作为保险事故(即给付保险金的条件)的一种人身保险业务。人寿保险所承保的风险可以是生存,也可以是死亡,也可同时承保生存和死亡。

(二) 人寿保险的特点

1. 生命风险的特殊性

以生命风险作为保险事故的人寿保险,其主要风险因素是死亡率。死亡率直接影响人寿保险的经营成本,对于死亡保险而言,死亡率越高则费率越高。死亡率受很多因素的影响,如年龄、性别、职业等。同时死亡率也随着经济的发展、医疗卫生水平和生活水平的提高而不断降低,因此可以说死亡率是变动的。但是根据许多专业机构对死亡率的研究,与其他风险事故发生概率的波动性相比,人寿保险中被保险人的死亡率具有相对稳定性,所以在寿险经营中巨灾风险较少。由于寿险经营的稳定性较好,对再保险手段的运用是相对较少的,保险公司主要对大额保单和次标准体保险进行再保险安排。

2. 保险标的的特殊性

人寿保险的保险标的是人的生命,而人的生命价值是不能用货币来衡量的。对于财产保险,保险标的的实际价值是确定保险金额的客观依据,而人寿保险金额的确定却不能以人的生命的实际价值作为客观依据。在实务中,人寿保险的保险金额是由投保人和保险人双方约定后确定的,此约定金额既不能过高,也不宜过低,一般从两个方面来考虑:一方面是被保险人对人寿保险需要的程度;另一方面是投保人缴费能力。对于人寿保险的需求程度,可以采用生命价值理论或者人寿保险设计方法来测算,而缴费能力则主要通过投保人的职业和经济收入来判断。

3. 保险利益的特殊性

由于人寿保险的保险标的是人的生命,人寿保险的保险利益与财产保险有很大的不同,主要表现在以下几个方面。

(1) 在财产保险中,保险利益有量的规定性,不仅要考虑投保人有没有保险利益,还要考虑保险利益的金额是多少。投保人对保险标的的保险利益就是保险标的的实际价值,其保险利益不应超出财产的实际价值。如果保险金额超过财产的实际价值,超过部分因无保险利益而无效。但是,在人寿保险中,人的生命是无价的,不能用货币来衡量,因此,从理论上来说,人寿保险没有金额限制,人寿保险的保险利益没有量的规定性,只是考虑投保人有无保险利益,而不考虑保险利益的金额是多少,即保险利益一般是无限的。在实际中,人寿保险的保险金额要受投保人的缴费能力的限制。在某些特殊情况下,人寿保险的保险利益有量的规定性。例如,债权人以债务人为被保险人投保死亡保险,保险利益以债权金额为限。

(2) 在财产保险中,保险利益不仅是订立保险合同的前提条件,而且是维持保险合同效力、保险人支付赔款的条件,一旦投保人对保险标的丧失保险利益,即使发生保险事故,保险人也不负赔款责任。在人寿保险中,保险利益只是订立保险合同的前提条件,不是维持保险合同效力、保险人给付保险金的条件。只要投保人在投保时对被保险人具有保险利益,此后即使投保人与被保险人的关系发生了变化,投保人对被保险人已丧失保险利益,也不影响保险合同的效力,发生了保险事故,保险人仍要给付保险金。例如,丈夫为妻子投保人寿保险后,夫妻离婚;企业为雇员投保人寿保险后,雇员与企业解除劳动合同。在这两种情况下,虽然投保人对被保险人已丧失了保险利益,但人寿保险合同并不因此而失效,发生保险事故后,保险人仍要给付保险金。

4. 保险金额的确定与给付的特殊性

人寿保险金额的确定与给付的特殊性是由人的生命无法用货币衡量这一特殊性决定的。人寿保险是定额给付性保险。损失补偿原则是保险的基本原则,其派生出来的比例分摊原则和代位追偿原则也是保险经营中非常重要的原则。人寿保险标的的特殊性使得被保险人发生保险责任范围内的保险事故时,不能像投保财产保险那样得到与实际损失程度相等的保险赔款(以保险金额为最高限额)。人寿保险的保险人只能按照保险合同规定的保险金额支付保险金，不能有所增减。因此，人寿保险不适用损失补偿原则，所以也不存在比例分摊和代位追偿的问题。同时，人寿保险一般没有重复投保、超额投保和不足额投保的问题。

5. 保险期限的特殊性

人寿保险合同往往是长期合同，保险期限短则数年，长则数十年。这种长期性的特点使人寿保险具有特殊性，受到诸多外界因素的影响。

(1) 利率因素。人寿保险合同的投保人缴纳保费的时间与保险人给付保险金的时间有很长的间隔，保险人应对投保人缴纳的保费承担保值增值的责任，因此在人寿保险的长期合同中都有预定利率假设，即保险公司向投保人做的利率保证承诺。对于长期合同，利率因素会产生很大的影响，时间越长，利率的影响越大。

(2) 通货膨胀因素。通货膨胀是经济发展中很难避免的一种现象，传统人寿保险的主要特点是固定利率和固定给付，即保险合同约定的预定利率和保险金额不会因为通货膨胀而改变，因此持续的通货膨胀会导致人寿保险实际保障水平的下降。通货膨胀问题一直是人寿保险经营的重大困难之一，许多国家都在不断寻找克服通货膨胀影响的途径，主要的办法是不断变革险种。

(3) 预测因素的偏差。人寿保险合同的长期性使保险公司对于未来因素的预测变得十分困难，例如死亡率因素、利率因素、费用因素、失效率因素等。例如，利率因素对人寿保险费率的影响很大，不同的利率值对于积累值的影响也很大。利率因素是动态的，它不可能长期稳定于某个固定值，而人寿保险合同又是长期合同，因此保险人对于利率因素可能发生的变动及其对寿险业务的影响必须进行非常谨慎的预测。分红保单和利率敏感型保单都在一定程度上克服了利率波动对人寿保险的影响。此外，死亡率因素、费用因素等都有类似的问题。

二、普通人寿保险

(一) 定期寿险

定期寿险又称定期死亡保险、定期人寿保险，它是人寿保险中最早出现的险种。定期寿险的保险期限较短，一般为几个月至几年。被保险人在保险有效期内死亡时，保险人才负保险责任。如果被保险人在合同期满后继续生存，保险公司则不负保险责任。定期寿险对于需要较大保额的保障或在较短时间内需要保障的人适用，因为享受同一金额的保障，定期寿险的费率比其他险种费率低。

定期寿险具有以下特点。

1. 费率低

定期寿险的保险费率是根据被保险人的死亡率计算得出的，不包含储蓄因素。定期寿险的保险责任相对简单，只对因疾病或者意外造成的死亡负保险责任。在保险金额相同的情况下，投保定期寿险缴纳的保险费低于终身寿险和两全保险。

2. 逆选择发生率高

因为定期寿险可以用较少的保险费支出获取较多的保险保障，所以定期寿险的投保人和被保险人很容易发生逆选择，即健康状况不好的人选择投保定期寿险而不是其他寿险险种。当被保险人感到自己身体不适或者认为自己即将处于极度危险的境况时，往往会投保高额定期寿险，这样做可能会给保险公司的经营带来困难。为了防范逆选择现象，保险公司采取了一系列措施控制逆选择风险。例如，对保险金额较高的投保人进行健康体检；对身体状况较差的投保人采用加费承保的方式；限定可投保年龄，对超过一定年龄的高龄者拒保。

3. 局限性明显

定期寿险保单没有储蓄性，购买定期寿险不能在得到保险保障的同时获得投资收益。如果定期寿险的被保险人在保险有效期内没有发生保险事故，保险人不会给付保险金。定期寿险不适合终身保障，当保险合同期满时，被保险人可能由于年龄达到保险公司规定的拒保年龄而不能续保。

(二) 终身寿险

终身寿险也称为终身死亡保险，被保险人在保险合同生效后无论何时死亡，保险人均按照合同约定给付保险金。

1. 终身寿险的特点

(1) 无固定期限。与定期寿险有固定的保险期限不同，终身寿险没有固定的保险期限，无论被保险人何时死亡，保险人均按约定给付保险金。但也有例外情况，一旦被保险人超过100岁，保险人视被保险人已经发生保险事故，也会给付保险金。事实上，终身寿险相当于保险期限至被保险人100岁的特殊定期寿险。

(2) 终身寿险具有储蓄性质。终身寿险的保险期限长，采用均衡费率，这使其在保险期限的前期积累了大量的责任准备金，而这些责任准备金又由保险公司通过各种渠道进行保值增值。和定期寿险相比，终身寿险保单的现金价值较高，投保人在退保时能够得到相当数额的退保金。同时，由于保单现金价值的存在，终身寿险保单所有人可以利用保单作为质押向保险人贷款。

2. 终身寿险的缴费方式

(1) 终身缴费的终身寿险。缴费期限不固定，与保险期限相同。投保人必须终身缴费，直至被保险人死亡为止。如果投保人没能按时缴纳保险费，保险合同将失效，影响被保险人得到的保障。同其他缴费方式相比，这种缴费方式的优点在于保费比较低廉；缺点在于当投保人年老失去劳动能力，收入锐减时，保险费对投保人而言是一个沉重的负担。

(2) 趸交保费的终身寿险。趸交保费是指投保人一次性缴纳终身寿险的全部保险费,也称为一次缴费终身寿险。这种缴费方式可以避免保单失效,但因一次性缴费数额较大,大部分人不会选择此种缴费方式。在国外,有些人通过趸交保费的方式购买高额终身寿险,将自己的家人指定为受益人,而各国对保险金通常都是免征税的,这样可以逃避遗产税。

(3) 限期缴费的终身寿险。这是较为常见的一种缴费方式,即限定缴费期限或者约定最后缴费年龄。在同一保险金额下,缴费期限越长,每期应缴保费就越少;反之,缴费期限越短,每期应缴保费就越多。投保人可以选择自己有劳动能力、能够获得劳动收入的期间作为缴费期间,以保证保费能够按时缴纳,使保险合同继续有效。

(三) 生存保险

生存保险是指以被保险人在规定期限届满仍生存为给付保险金条件的人寿保险。生存保险主要是为了使被保险人在一定的人生阶段,可以领取约定保险金以满足生活需求,例如子女教育、婚嫁、养老等需求。生存保险包括子女教育保险和年金保险等。

案例拓展

国寿英才少儿保险

中国人寿保险公司推出多年且很受欢迎的"国寿英才少儿保险"规定:"①被保险人生存至18周岁的生效对应日,本公司按基本保额的30%给付成才保险金。②被保险人生存至22周岁的生效对应日,本公司按基本保额的30%给付立业保险金。③被保险人生存至25周岁的生效对应日,本公司按基本保额的40%给付安家保险金,本合同终止。④被保险人于18周岁的生效对应日前身故,本公司无息返还所交保险费的1.5倍,本合同终止;被保险人于18周岁的生效对应日后身故,本公司一次性给付其尚未领取的生存保险金,本合同终止。⑤投保人在被保险人年满18周岁的生效对应日以前身故而被保险人生存,免交以后各期保险费,本合同继续有效。"

资料来源:中国人寿[EB/OL]. https://www.e-chinalife.com.

1. 子女教育保险

子女教育保险是以为孩子准备教育基金为目的的保险。该保险首先具有强制储蓄的作用,父母可以根据自己的预期和孩子未来受教育程度的高低来为孩子选择险种和金额,一旦为孩子建立了教育保险计划,就必须每年存入约定的金额,从而保证这个储蓄计划能够完成。该保险同时具有保障功能,一般有保费豁免的规定。一旦投保人发生疾病、意外身故、高残等风险,不能完成孩子的教育金储备计划,则保险公司会豁免投保人以后应缴的保险费,相当于保险公司为投保人缴纳保费,而保单原先应享有的权益不变,仍然能够给孩子提供以后受教育的费用。教育保险还具有理财分红功能,能够在一定程度上抵御通货膨胀的影响。它一般分多次给付,回报期相对较长。

2. 年金保险

年金保险是指以被保险人生存为给付保险金条件，按约定分期给付生存保险金，且分期给付生存保险金的间隔不超过一年(含一年)的人寿保险。年金保险主要有以下类别。

1) 按缴费方式分类

(1) 趸交年金，即一次交清保费的年金。投保人一次交清年金保费后，年金受领人于约定时间开始按期领取年金。

(2) 期交年金，即在给付日开始之前，分期缴纳保费的年金。投保人分期缴纳保费后，年金受领人于约定给付日期开始，按期领取年金。

2) 按被保险人数分类

(1) 个人年金，即以一个被保险人生存作为年金给付条件的年金。

(2) 联合年金，即以两个或两个以上被保险人均生存作为年金给付条件的年金。这种年金的给付，在数个被保险人中有一个死亡时即停止。

(3) 最后生存者年金，即以两个或两个以上被保险人中至少有一个生存作为年金给付条件且给付金额不发生变化的年金。这种年金的给付持续到最后一个生存者死亡为止，且给付金额保持不变。

(4) 联合及生存者年金，即以两个或两个以上被保险人中至少有一个生存作为年金给付条件，但给付金额随着被保险人数的减少而进行调整的年金。这种年金的给付持续到最后一个生存者死亡为止，但给付金额根据仍存活的被保险人数进行相应调整。

3) 按给付额是否变动分类

(1) 定额年金，即每次按固定数额给付的年金。这种年金的给付额是固定的，不随投资收益水平变动而变动。

(2) 变额年金，即年金给付按资金账户的投资收益进行调整。这种年金能够克服定额年金在通货膨胀下保障水平降低的缺点。

4) 按给付开始日期分类

(1) 即期年金，即合同成立后，保险人即按期给付的年金。

(2) 延期年金，即合同成立后，经过一定时期或年金受领人达到一定年龄后才开始给付的年金。

5) 按给付方式(或给付期间)分类

(1) 终身年金，即年金受领人在有生之年一直可以领取约定数额，直到死亡为止的年金。

(2) 最低保证年金。最低保证年金可以防止年金受领人因早期死亡而过早丧失领取年金的权利。最低保证年金分为两种：一种是确定给付年金，即规定了一个最低保证年数，在规定期间无论被保险人生存与否均可得到年金；另一种是退还年金，即当年金受领人死亡而其年金领取总额低于年金购买价格时，保险人以现金方式一次或分期退还其差额的年金。

(3) 定期生存年金，即以被保险人在规定期间生存为给付条件的年金。这种年金的给付以一定的年数为限，若被保险人一直生存，则给付到期满；若被保险人在规定的期限内死亡，则年金给付立即停止。

(四) 两全保险

两全保险称为生死合险，该保险既向被保险人提供生存保障，也提供死亡保障。无论被保险人在保险期限内死亡还是在保险期满后仍然生存，都视作已经发生保险事故。生死两全保险的保险人事实上在一张保单中提供两类保险保障，在保险期限内被保险人死亡，保险人向受益人给付死亡保险金；保险期满被保险人仍然生存，则保险人向被保险人本人付保单规定数额的生存保险金。

实际上，两全保险是由生存保险和定期寿险两者构成的。从经济学角度看，两全保险可以分为保额递减的定期寿险以及保额递增的具有储蓄性质的生存保险。储蓄部分的价值，保单所有人可以通过退保或保单贷款获得，递增的储蓄部分和递减的定期寿险部分相结合，刚好等于保单规定的保险金额。正是因为两全保险兼具死亡和生存两种保障责任，它的保险费率要高于定期寿险、终身寿险和养老保险。

两全保险的主要险种包括普通两全保险和期满双赔两全保险。前者的内容是不论被保险人在保险期间身故还是在保险期满后生存，保险人都必须向被保险人给付保险金；后者的内容是如果被保险人生存至保险期满时，保险公司按照期内死亡给付金额的两倍给付保险金，这种保险费率通常比普通两全保险费率高。

三、特种人寿保险

特种人寿保险是相对普通人寿保险而言的，它是指在普通寿险保障范围的基础上，在投保方式上不同于普通人寿保险的一些险种。本书主要介绍团体人寿保险和简易人寿保险。

(一) 团体人寿保险

团体人寿保险是团体人身保险的一种。团体人身保险包括团体健康保险和团体意外伤害保险。团体人寿保险是以团体方式投保的定期或者终身死亡保险，它是团体人身保险中的重要类型。本书只介绍团体人寿保险，由于团体健康保险和团体意外伤害保险及团体人寿保险在承保方式上有很大的相似性，后文不再单独介绍。

团体人寿保险的投保人是机关、社会团体、企事业单位等独立核算的组织，被保险人是这些组织的在职人员。在职人员是指和以上单位建立了劳动关系，签有正式劳动合同的员工。团体保险起源于美国，它出现以后引起了业界和社会公众的注意，发展非常迅速。团体人寿保险有助于社会福利事业的顺利推行，对国家和职工个人十分有利。

团体人寿保险其实不是一个具体险种，而是一种承保方式，它用一份保险合同对团体成员提供保险保障，保险人只与作为投保人的单位签订合同，而不与每个被保险人签订合同。投保人作为被保险人的雇主，对其员工具有保险利益。我国《保险法》第三十一条规定："投保人对下列人员具有保险利益：(一)本人；(二)配偶、子女、父母；(三)前项以外与投保人有抚养、赡养或者扶养关系的家庭其他成员、近亲属；(四)与投保人有劳动关系的劳动者。"由此可见，用人单位为职工投保的合法性已经得到法律认同。但是在指定受益人时必须注意，团体人寿保险的受益人既可由被保险人指定，也可以由投保人即单位指定，如果是由单位指定，根据《保险法》的规定，投保人指定受益人时须经被保险人同意。投保人为与其有劳动关系的劳动者投保人身保险，不得指定被保险人及其近亲属以外的人为受益人，这样能够避免很多纠纷。

团体人寿保险由保险公司和用人单位签订一份总括合同，保险公司只关心整个团体的可保性，而不计较团体中单个成员是否可保。团体保险的保险人在承保时重点审核团体的合法性和团体成员的投保比例。该投保团体的成立必须合法，参加保险的人数必须达到团体总人数的一定比例。投保团体保险的被保险人一般无须进行体检，因为在一个团体当中，其死亡率和社会正常水平相差无几，这可以为投保人和被保险人提供方便。团体保险的保险费率低于个人保险的费率，原因在于团体人寿保险手续简化，节约了营销费用和管理费用，降低了附加保费。团体人寿保险的保险金额通常是分等级制定的，被保险人不能自由选择投保金额，一个团体内保险金额可以实行单一标准，也可以划分为不同的等级标准。

(二) 简易人寿保险

简易人寿保险是一种以低收入劳动者为承保对象，按月或者按周收取保险费，免体检、低保额的人寿保险。

简易人寿保险源自英国，在人寿保险发展初期，普通劳动者由于收入较低，没有每年缴纳保险费参加一般人寿保险的经济能力，劳动者的保险需求无法得到满足。1854年，英国伦敦谨慎保险公司创办了简易人寿保险，随着全球化的保险业飞速发展，其他国家也纷纷开办简易人寿保险。我国在1935年由交通部邮政储金汇业局筹办简易人寿保险业务。

简易人寿保险的保险品种通常是终身寿险和两全保险，没有分红，对每张保单的保险金额有最高限制。在美国，简易人寿保险每张保单或每个被保险人的最高保险金额为5000美元。简易人寿保险的费率是根据特定生命表计算的，该生命表根据投保简易寿险的被保险人的死亡资料编制而成，其死亡率要高于普通寿险所用生命表的死亡率，所以简易人寿保险的保费表面看似较低，但真实费率要略高于普通人寿保险。简易人寿保险的保费一般按月或按周缴纳，同时对被保险人也没有体检的要求。

四、新型人寿保险

(一) 分红保险

分红保险是一种定期将每期盈利的一部分分配给被保险人的保险。分红保险首先出现于相互寿险公司,以相互制形式经营的保险人将保险公司经营盈余的一部分分配给保单所有人,吸引了大批客户投保分红保险。股份制保险公司为了争夺市场份额,也开始出售有分红的寿险险种。分红保险的红利来自保险公司的经营利润,其分配状况和保险公司经营状况密切相关,每一期的红利分配是不固定的。

分红保险的红利主要来自保险公司的以下几类收益。

1. 死差益

保险公司根据生命表所载死亡率计算得出危险保费率,这就是保险人的预定死亡率,即保险人依据生命表预测被保险人出现死亡或生存等保险事故的情况。实际发生的保险事故和保险人的预算总会有一些差异,如果保险人的预定死亡率大于实际死亡率,保险人支付的保险金少于所收取的保险费,这个差额就是死差益,它是保险红利来源的一部分。如果保险人的预定死亡率小于实际死亡率,称为死差损。死差益的计算公式为

$$死差益=(预定死亡率-实际死亡率)\times 危险保额$$

2. 利差益

保险公司在计算保险费时,由于长期寿险通常采用均衡费率,保险公司对投保人缴纳的责任准备金负有保值增值的义务。保险人事先会估计一个预定利率,如果实际利率要高于保险公司估计的利率,则产生利差益。利差益是最主要的红利来源,占分红保险红利的70%左右。若是实际资金收益率小于预定利率,则产生利差损。利差益的计算公式为

$$利差益=(实际资金运用收益率-预定利率)\times 责任准备金$$

3. 费差益

在保险公司财务年度内,各类寿险业务营业保费的附加保费大于年度实际支出的营业费用,则称两者之差为费差益或附加差异;反之,则称为费差损。新保单可能会因第一年的实际费用支出更多而出现亏损现象,在当年的业务结构中,如果新业务所占比重较大,可能会出现费差损。但是新业务会为保险公司的后续发展提供保障,最终会转化为费差益。费差益的计算公式为

$$费差益=(保护收入\times 附加费用率)-手续费-$$
$$(业务费+管理费+固定资产折旧费用+固定资产修理费+其他)\times 分摊比重$$

分红保险红利的分配要遵循公平性、均衡性和简洁性的原则,要做到红利分配公平合理,广大保户易于计算和接受。

(二) 万能人寿保险

万能人寿保险简称万能寿险,它是一种缴费灵活、保额可调整、具有非约束性的寿险。它首次出现在美国,是为了满足那些要求保费支出灵活的消费者而设计的。

万能寿险的保费缴纳方式灵活,保险金额可以按照约定进行调整。投保人在缴纳一

定数量的首期保费之后,只要保证保单的现金价值足以支付相关费用,在保单维持效力的前提下,投保人可根据自己的需要和支付能力提高或者降低保险金额。

万能寿险的投保人首先要与保险人约定一个保费数额,首期缴纳的保费可以等于或大于该数额,但不能低于该数额。该保单的各种前期费用支出,如保单管理费用、代理人佣金等要从首期保费中扣除。其次根据被保险人的年龄、保险金额等计算出相应的自然保费并从首期保费中扣除,扣除之后的剩余部分就是保单的现金价值。如果保单的现金价值足以支付下一保单年度的费用以及自然保费,投保人可以不缴纳保费,保单仍维持效力;若保单现金价值不足,保单会失去效力。

万能寿险为投保人和被保险人提供了两种给付保险金的方式,一般应选择保险金额和现金价值两者较大者。

(三) 投资连结保险

投资连结保险简称投连保险,也称单位连结保险、证券连结保险、变额寿险。投资连结保险顾名思义就是保险与投资挂钩的保险,是指一份保单在提供人寿保险时,在任何时刻的保单现金价值是根据其投资基金在当时的投资表现来决定的。

投资连结保险是一种融保险与投资功能于一体的新险种。它设有保证收益账户、发展账户和基金账户等多个账户。每个账户的投资组合不同,收益率就不同,投资风险也不同。由于投资账户不承诺投资回报,保险公司在收取资产管理费后,充分利用专家理财的优势,所有的投资收益和投资损失由客户承担,客户在获得高收益的同时也承担投资损失的风险。因此,投资连结保险适合于具有理性的投资理念、追求资产高收益同时又具有较高风险承受能力的投保人。

20世纪70年代,英国最早出现投连保险并在国际上流行。从1987年到1997年,投资连结类产品占英国寿险产品的市场份额由39%提高到50%。1998年,美国的投资连结保险产品占寿险市场份额的32%。这类保险已经成为欧美国家人寿保险的主流险种之一。

第三节 意外伤害保险

一、意外伤害保险及其特点

(一) 意外伤害保险的概念

1. 意外伤害

意外伤害的构成包括意外和伤害两个必要条件。

(1) 意外。意外是就被保险人的主观状态而言的,它是指被保险人事先没有预见伤害的发生或伤害的发生违背被保险人的主观意愿。

被保险人事先没有预见伤害的发生,可理解为伤害的发生是被保险人事先所不能预见或无法预见的，或者伤害的发生是被保险人事先能够预见但由于被保险人的疏忽而没有预见，即偶然发生的事件或突然发生的事件。

伤害的发生违背被保险人的主观意愿，主要表现为被保险人预见伤害即将发生时，在技术上已不能采取措施避免，或者被保险人已预见伤害即将发生，在技术上也可以采取措施避免，但由于法律或职责上的规定，不能躲避。

(2) 伤害。伤害亦称损伤，它是指被保险人的身体受到侵害的客观事实。伤害由致害物、侵害对象、侵害事实三个要素构成，三者缺一不可。

致害物即直接造成伤害的物体或物质。没有致害物，就不可能构成伤害。在意外伤害保险中，只有致害物是外来的，才被认为是伤害。侵害对象是致害物侵害的客体。在意外伤害保险中，只有致害物侵害的对象是被保险人的身体，才能构成伤害。侵害事实即致害物以一定的方式破坏性地接触、作用于被保险人身体的客观事实。如果致害物没有接触或作用于被保险人的身体，就不能构成伤害。

仅有主观上的意外而无伤害的客观事实，不能构成意外伤害；反之，仅有伤害的客观事实而无主观上的意外，也不能构成意外伤害。只有在意外的条件下发生伤害，才构成意外伤害。因此，在意外伤害保险中，意外伤害可以表述为：在被保险人没有预见或违背被保险人意愿的情况下，突然发生的外来致害物明显、剧烈地侵害被保险人身体的客观事实。

2. 意外伤害保险

意外伤害保险是指当被保险人因遭受意外伤害造成死亡、残疾时，保险人依照合同规定给付保险金的人身保险。具体来说，投保人向保险人缴纳一定数额的保险费，如果被保险人在保险期限内遭受意外伤害并以此为直接原因或近因，在自遭受意外伤害之日起的一定时期内造成死亡、残疾时，则保险人给付被保险人或其受益人一定数额的保险金。

(二) 意外伤害保险的特点

1. 意外伤害保险属于定额给付保险

在人寿保险中，保险事故发生时，保险人不问被保险人有无损失以及损失金额是多少，只是按照约定的保险金额给付保险金。在意外伤害保险中，保险事故发生时，死亡保险金按约定的保险金额给付，残疾保险金按保险金额的一定百分比给付。

2. 意外伤害保险的保险期限相对较短

人寿保险的期限一般较长，超过1年。意外伤害保险的期限较短，最长5年，一般不超过1年，短的甚至只有几天或者几个小时、几十分钟。例如，公路旅客意外伤害保险只承保旅客从上车到下车这一段时间。

3. 意外伤害保险的纯保险费是根据意外事故发生的概率来厘定的

人寿保险的纯保险费依据生命表(死亡率)和利率计算。意外伤害保险承保的是意外伤害事件，它与性别及年龄关系不大，而与被保险人的职业、工种、从事的活动或生活环境的风险程度等因素密切相关。意外伤害保险的费率是根据过去各种意外伤害事故发生的概率及意外伤害事故对被保险人造成的伤害程度、对被保险人的危险程度等进行分类和计算的。

4. 意外伤害保险只有保障性，而无储蓄性

人寿保险具有储蓄性质，投保人缴纳的保险费中，除了当年的死亡给付保费之外，其余的都作为投保人的储备金，由保险人积累为责任准备金。意外伤害保险的投保人缴纳的纯保险费，应用于保险期间的保险金给付，所以保单没有现金价值，也没有储蓄性质。

5. 意外伤害保险可以不出具专门的保单

无论是人寿保险还是医疗保险、疾病保险，保险人必须向投保人出具专门的保单。在意外伤害保险中，保险人可以不出具专门的保险单。例如，投保人乘坐索道时，一般以索道票作为保险凭证，保险人不另外签发保单。

二、意外伤害保险的基本内容

(一) 意外伤害保险的承保

意外伤害保险承保的风险是意外伤害，但并非一切意外伤害都是意外伤害保险所能承保的。按照是否可保，意外伤害可以分为不可保意外伤害、特约保意外伤害和一般可保意外伤害三种。

1. 不可保意外伤害

不可保意外伤害，也可理解为意外伤害保险的除外责任，即从保险原理上讲，保险人不应该承保的意外伤害，如果承保，则违反法律规定或违反社会公共利益。不可保意外伤害一般包括如下几种。

(1) 被保险人在犯罪活动中所受的意外伤害。意外伤害保险不承保被保险人在犯罪活动中受到的意外伤害，原因包括：首先，保险只能为合法的行为提供经济保障，只有这样，保险合同才是合法的，才具有法律效力。犯罪行为是违法的行为，所以，被保险人在犯罪活动中所受的意外伤害不可保。其次，犯罪活动具有社会危害性，如果承保被保险人在犯罪活动中受到的意外伤害，即使该意外伤害不是由犯罪行为直接造成的，也违反社会公共利益。

(2) 被保险人在寻衅斗殴中所受的意外伤害。寻衅斗殴是指被保险人故意制造事端挑起的斗殴。寻衅斗殴不一定构成犯罪，但具有社会危害性，属于违法行为，因而不能承保，其道理与不承保被保险人在犯罪活动中所受的意外伤害相同。

(3) 被保险人在酒醉、吸食(或注射)毒品(包括麻醉剂、兴奋剂、致幻剂)后发生的意外伤害。酒醉或吸食毒品对被保险人身体的损害是由被保险人的故意行为所致，当然不

属于意外伤害。

(4) 由于被保险人的自杀行为造成的伤害。

对于不可保意外伤害,在意外伤害保险条款中应明确将其列为除外责任。

2. 特约保意外伤害

特约保意外伤害,即从保险原理上讲并非不能承保,但保险人考虑到保险责任不易区分或限于承保能力,一般不予承保,需经投保人与保险人特别约定,有时还要另外加收保险费后才予以承保的意外伤害。特约保意外伤害包括以下几种。

(1) 战争使被保险人遭受的意外伤害。由于战争使被保险人遭受意外伤害的风险过大,保险公司一般没有能力承保。战争是否爆发、何时爆发、会造成多大范围的人身伤害,往往难以预计,保险公司一般难以确定保险费率。所以,对于战争使被保险人遭受的意外伤害,保险公司一般不予承保,只有经过特别约定并另外加收保险费以后才能承保。

(2) 被保险人在从事登山、跳伞、滑雪、江河漂流、赛车、拳击、摔跤等剧烈的体育活动或比赛中遭受的意外伤害。被保险人从事上述活动或比赛时,会使其遭受意外伤害的概率大大增加,因而保险公司一般不予承保,只有经过特别约定并另外加收保险费以后才能承保。

(3) 核辐射造成的意外伤害。核辐射造成的人身意外伤害后果,往往在短期内不能确定,而且如果发生核爆炸,往往会造成较大范围的人身伤害。从技术以及承保能力来考虑,保险公司一般不承保核辐射造成的意外伤害。

(4) 医疗事故造成的意外伤害(如医生误诊、药剂师发错药品、医生检查时造成的损伤、手术切错部位等)。意外伤害保险的保险费率是根据大多数被保险人的情况制定的,而大多数被保险人的身体是健康的,只有少数患有疾病的被保险人才存在因医疗事故遭受意外伤害的风险。为了使保险费的负担公平合理,保险公司一般不承保医疗事故造成的意外伤害。

对于上述特约保意外伤害,在保险条款中一般列为除外责任,经投保人与保险人特别约定承保后,由保险人在保单上签注特别约定或出具批单,将该项除外责任予以剔除。

3. 一般可保意外伤害

一般可保意外伤害,即在一般情况下可承保的意外伤害。除不可保意外伤害、特约保意外伤害以外,其他意外伤害均属一般可保意外伤害。

(二) 意外伤害保险的责任范围

意外伤害保险的保险责任分为两大类:一是由意外伤害造成的死亡,保险人给付的保险金为死亡保险金;二是由意外伤害造成的残疾(全部残疾或部分残疾),保险人给付的保险金为残疾保险金。

1. 被保险人在保险期限内遭受意外伤害

(1) 被保险人遭受意外伤害必须是客观发生的事实，而不是臆想的或推测的。

(2) 被保险人遭受意外伤害的客观事实必须发生在保险期限之内。

2. 被保险人在责任期限内死亡或残疾

(1) 被保险人死亡或残疾。死亡即机体生命活动和新陈代谢的终止。在法律上发生效力的死亡包括两种情况：一是生理死亡，即已被证实的死亡；二是宣告死亡，即按照法律程序推定的死亡。《中华人民共和国民法典》第四十六条规定："自然人有下列情形之一的，利害关系人可以向人民法院申请宣告该自然人死亡：(一)下落不明满四年；(二)因意外事件，下落不明满二年。因意外事件下落不明，经有关机关证明该自然人不可能生存的，申请宣告死亡不受二年时间的限制。"

残疾包括两种情况：一是人体组织的永久性残缺(或称缺损)，如肢体断离等；二是人体器官正常机能的永久丧失，如丧失视觉、听觉、嗅觉、语言机能以及运动障碍等。

(2) 被保险人的死亡或残疾发生在责任期限之内。责任期限是意外伤害保险和健康保险特有的概念，只要被保险人遭受的意外伤害发生在保险期限内，而且自遭受意外伤害之日起的一定时期内(即责任期限内，如90天、180天等)造成死亡或残疾的后果，保险人就要承担保险责任，给付保险金，即使被保险人在死亡或确定残疾时保险期限已经结束，只要未超过责任期限，保险人就要负责。

3. 意外伤害是死亡或残疾的直接原因或近因

在意外伤害保险中，被保险人在保险期限内遭受了意外伤害，并且在责任期限内死亡或残疾，并不意味着必然构成保险责任。只有当意外伤害与死亡、残疾之间存在因果关系，即意外伤害是死亡或残疾的直接原因或近因时，才构成保险责任。意外伤害与死亡、残疾之间的因果关系包括以下三种情况。

(1) 意外伤害是死亡或残疾的直接原因。例如，被保险人因雪天路滑不小心摔倒导致骨折，或者被保险人乘坐的飞机因天气骤变坠毁造成被保险人意外死亡。当意外伤害直接导致被保险人死亡或残疾时，保险人必须按合同约定给付死亡保险金或残疾保险金。

(2) 意外伤害是死亡或残疾的近因，即意外伤害是引起直接造成被保险人死亡或残疾的事件或一连串事件的最初原因。例如，被保险人被狗咬伤后患狂犬病死亡，这里被狗咬伤是意外伤害，但并未直接导致被保险人死亡，被保险人死亡的直接原因是疾病，但被狗咬伤这一意外伤害是导致被保险人死亡的近因，因此保险人要承担给付保险金义务。又如，被保险人被铁钉扎伤后死于破伤风，被铁钉扎伤是意外伤害，虽然未直接导致被保险人死亡，但被保险人是由于被铁钉扎伤才感染破伤风的，最终导致被保险人死亡，因此被铁钉扎伤是被保险人死亡的近因，保险人必须承担给付死亡保险金的责任。

(3) 意外伤害是死亡或残疾的诱因，即意外伤害使被保险人原有的疾病发作，从而加重后果，造成被保险人死亡或残疾。例如，被保险人原患血液病，受轻微外伤后血流不止致死。又如，被保险人患心脏病，乘车途中因颠簸诱发心肌梗塞而死亡。外伤、颠簸都可以认为是意外伤害，但是这些意外伤害对健康人而言所能造成的侵害后果并不严重，真正造成被保险人死亡的是原患疾病，意外伤害只是诱因。在这种情况下，保险人一般不按照保险金额和被保险人的最终伤害后果给付保险金，而是比照身体健康者遭受此种意外伤害可能产生的后果承担责任。

🔲 案例拓展

被保险人手术中意外死亡，意外险是否赔偿

某工厂为所有职工投保了团体意外伤害保险，每人保险金额为2万元，保险期限为一年。保单生效后三个月，该厂职工孙某患急性化脓性梗阻性胆管炎。在医院进行手术治疗时，孙某突然心跳过速、呼吸骤停，经医生抢救后，孙某一直处于脑缺氧状态，一个星期后死亡。医疗事故鉴定委员会对这一事故的鉴定结论是孙某的死亡属于医疗意外死亡。事后，孙某的家属持医院证明向保险公司提出索赔，保险公司以孙某并非遭受意外伤害、属于疾病死亡为由拒绝赔付。那么，保险公司这样处理是否合理？

★ **案情分析**

有关人士分析认为，孙某施行手术是因为疾病，并非因为意外伤害，而且做手术是经过孙某本人同意的，也就是说，在手术之前孙某就已经知道手术存在风险。排除医生在手术过程中存在过错的情况，孙某出现心跳过速、呼吸骤停是医生和孙某事先都没想到的，死亡确实属于意外。虽然如此，意外伤害并非孙某死亡的近因，也就是说，手术过程中确实有意外，但并不是意外伤害。所以，虽然被保险人死亡，但并不构成意外伤害保险所应承担的保险责任。

资料来源：王海艳，郭振华. 保险学[M]. 北京：机械工业出版社，2011.

(三) 意外伤害保险的费率

意外伤害保险保险费的计算原理类似非寿险，即在计算意外伤害保险费率时，应根据意外事故发生频率及其对被保险人造成的伤害程度、对被保险人的危险程度进行分类，针对不同类别的被保险人分别制定保险费率。

一年期意外伤害保险费一般按被保险人的职业类别来确定。对被保险人按职业分类称为划分工种档次，这是一项在技术上极为复杂的工作，既要讲究科学性，又要注意实际工作中的可操作性，确保工种档次的划分粗细适当。

我国一年期意外伤害保险通常把被保险人的职业按风险程度分为三档：第一档为机关、团体、事业单位和一般工商企业单位的职工；第二档为从事建筑、冶金、勘探、航海、伐木、搬运、装卸、筑路、地面采矿、汽车驾驶、高空作业的人员；第三档是从事井下采矿、海上钻探、海上打捞、海上捕鱼、航空执勤的人员。投保人在投保意外伤害保险时，应如实填报被保险人的职业、性别，保险人根据被保险人的职业风险程度，确

定不同的保险费率。投保人如填报不实,或故意遗漏,保险人可以终止合同。如果被保险人在合同有效期间变更职业,导致风险增加,也应及时通知保险人,以便保险人重新调整费率或决定是否继续承保。

对于不足一年的短期意外伤害保险费率,一般按被保险人所从事活动的性质来确定。例如,针对乘坐飞机的旅游者、游泳者、登山者、大型电动玩具游客等分别确定保险费率。短期意外伤害保险费的计收原则为:保险期限不足一个月的,按一个月计收;超过一个月不足两个月的,按两个月计收,以此类推。对一些保险期限在几星期、几天、几小时的极短期意外伤害保险来说,保险费率往往更高。这是因为对于每个被保险人来讲,意外伤害保险承保的风险不是在保险期间简单分布的,往往保险期限越短,风险越集中,参加极短期意外伤害保险的时期,往往是伤害保险事故发生最为频繁的时期。例如,被保险人在鱼汛季节出海捕鱼、参加登山运动等,危险都比较集中,因此,相应的保险费率就要定得高一些。

(四) 意外伤害保险的给付

意外伤害保险属于定额给付性保险,当保险责任构成时,保险人按保险合同约定的保险金额给付死亡保险金或残疾保险金。

1. 意外伤害保险的给付方式

(1) 死亡保险金的给付。在意外伤害保险合同中,死亡保险金的数额是保险合同约定的,当被保险人死亡时保险人应如数支付。

(2) 残疾保险金的给付。残疾保险金的数额由保险金额和残疾程度两个因素确定。残疾程度一般以百分率表示,残疾保险金数额的计算公式为

$$残疾保险金 = 保险金额 \times 残疾程度对应的给付比例$$

2. 意外伤害保险的给付注意事项

在残疾保险金的给付过程中,有以下几个方面需要注意。

(1) 一次事故,多处残疾。如果被保险人在保险有效期内因一次意外伤害事故导致身体若干部位残疾,保险人应根据保险金额与被保险人身体各部位的残疾程度对应的给付比例计算残疾保险金。一旦累计给付百分比超过100%,保险人则按照保险合同约定的保险金额给付残疾保险金,保险合同即告终止。当累计给付额尚未达到保险金额时,保险合同中的保险金余额部分继续有效。

(2) 保险期限内发生多次意外伤害。当被保险人在保险有效期内多次遭受意外伤害时,保险人应按每次致残程度分别给付保险金,但累计给付保险金不能超过保险金额。

(3) 先残后死。对于被保险人因多次遭受意外伤害事故而先残疾、后死亡的情况,残疾保险金仍按上述方法计算,但死亡保险金应为合同约定的保险金额扣除曾经给付的残疾保险金的余额,保险合同同时宣告终止。

3. 残疾程度与保险金给付比例的对照关系

残疾程度与保险金给付比例如表8-1所示。

表8-1 残疾程度与保险金给付比例

等级	项目	残疾程度	最高给付比例
第一级	一	双目永久完全失明的(注1)	100%
	二	两上肢腕关节以上或两下肢踝关节以上缺失的	
	三	一上肢腕关节以上及一下肢踝关节以下缺失的	
	四	一目永久完全失明及一上肢腕关节以上缺失的	
	五	一目永久完全失明及一下肢踝关节以上缺失的	
	六	四肢关节机能永久完全丧失的(注2)	
	七	咀嚼、吞咽机能永久完全丧失的(注3)	
	八	中枢神经系统机能或胸、腹部脏器机能极度障碍,终身不能从事任何工作,为维持生命必要的日常生活活动,全需他人扶助的(注4)	
第二级	九	两上肢,或两下肢,或一上肢及一下肢,各有三大关节中的两个关节以上机能永久完全丧失的(注5)	75%
	十	手指缺失的(注6)	
第三级	十一	一上肢腕关节以上缺失或一上肢的三大关节全部机能永久完全丧失的	50%
	十二	一下肢踝关节以上缺失或一下肢的三大关节全部机能永久完全丧失的	
	十三	双耳听觉机能永久完全丧失的(注7)	
	十四	十手指机能永久完全丧失的(注8)	
	十五	十足趾缺失的(注9)	
第四级	十六	一目永久完全失明的	30%
	十七	一上肢三大关节中,有二关节的机能永久完全丧失的	
	十八	一下肢三大关节中,有二关节的机能永久完全丧失的	
	十九	一手含拇指及食指,有四手指以上缺失的	
	二十	一下肢永久缩短5厘米以上的	
	二十一	语言机能永久完全丧失的(注10)	
	二十二	十足趾机能永久完全丧失的	
第五级	二十三	一上肢三大关节中,有一关节的机能永久完全丧失的	20%
	二十四	一下肢三大关节中,有一关节的机能永久完全丧失的	
	二十五	两手拇指缺失的	
	二十六	一足五趾缺失的	
	二十七	两眼眼睑显著缺损的(注11)	
	二十八	一耳听觉机能永久完全丧失的	
	二十九	鼻部缺损且嗅觉机能遗存显著障碍的(注12)	

(续表)

等级	项目	残疾程度	最高给付比例
第六级	三十	一手拇指及食指缺失，或含拇指或食指有三个或三个以上手指缺失的	15%
	三十一	一手含拇指或食指有三个或三个以上手指机能永久完全丧失的	
	三十二	一足五趾机能永久完全丧失的	
第七级	三十三	一手拇指或食指缺失，或中指、无名指和小指中有二个或二个以上手指丧失的	10%
	三十四	一手拇指及食指机能永久完全丧失的	

注：

1. "失明"包括眼球缺失或摘除，或不能辨别明暗，或仅能辨别眼前手动者，最佳矫正视力低于国际标准视力表0.02，或视野半径小于5度，并由保险公司指定有资格的眼科医师出具医疗诊断证明。

2. "关节机能永久完全丧失"系指关节永久完全僵硬，或麻痹，或关节不能随意识活动。

3. "咀嚼、吞咽机能永久完全丧失"系指由于牙齿以外的原因引起器质障碍或机能障碍，以致不能做阻咽、吞咽运动，除流质食物外不能摄取或吞咽的状态。

4. "维持生命必要的日常生活活动，全需他人扶助"系指食物摄取、大小便始末、穿脱衣服、起居、步行、入浴等，皆不能自己为之，需要他人帮助。

5. "上肢的三大关节"系指肩关节、肘关节和腕关节；"下肢的三大关节"系指髋关节、膝关节和踝关节。

6. "手指缺失"系指近位指节间关节(拇指则为指节间关节)以上完全切断。

7. "听觉机能永久完全丧失"系指语言频率平均听力损失大于90分贝，语言频率为500赫兹、1000赫兹、2000赫兹。

8. "手指机能永久完全丧失"系指自远位指节间关节切断，或自近位指节间关节僵硬或关节不能随意识活动。

9. "足趾缺失"系指自趾关节以上完全切断。

10. "语言机能永久完全丧失"系指构成语言的口唇音、齿舌音、口盖音和喉头音的四种语言机能中，有三种以上不能构声，或声带全部切除，或因大脑语言中枢受伤害而患失语症，并须由有资格的五官科(耳、鼻、喉)医师出具医疗诊断证明，但不包括任何心理障碍引致的失语。

11. "两眼眼睑显著缺损"系指闭眼时眼睑不能完全覆盖角膜。

12. "鼻部缺损且嗅觉机能遗存显著障碍"系指鼻软骨全部或1/2缺损及两侧鼻孔闭塞，鼻呼吸困难，不能矫治或两侧嗅觉丧失。

13. 本表中"永久完全"系指自意外伤害发生之日起经过180天后，机能仍然完全丧失，但眼球摘除等明显无法复原的情况，不在此限。

三、意外伤害保险的主要险种

(一) 按保险风险分类

1. 普通意外伤害保险

该保险所承保的风险是在保险期限内发生的各种意外伤害(不可保意外伤害除外，特约保意外伤害视有无特别约定)。目前保险公司开办的团体人身意外伤害保险、学生团体平安保险等，均属普通意外伤害保险。

2. 特定意外伤害保险

该保险是以特定时间、特定地点或特定原因发生的意外伤害为保险风险的意外伤害保险。例如，保险风险限定于在矿井下发生的意外伤害、在建筑工地发生的意外伤害、在驾驶机动车辆时发生的意外伤害、煤气罐爆炸发生的意外伤害等。

(二) 按保险期限分类

1. 极短期意外伤害保险

该类保险是指保险期限不足一年，往往只有几天、几小时甚至更短的意外伤害保险。我国目前开办的公路旅客意外伤害保险、旅游保险、索道游客意外伤害保险、游泳池人身意外伤害保险、大型电动玩具游客意外伤害保险等，均属极短期意外伤害保险。

2. 一年期意外伤害保险

该保险即保险期限为一年的意外伤害保险业务。在意外伤害保险中，一年期意外伤害保险一般占大部分。保险公司目前开办的个人人身意外伤害保险、附加意外伤害保险等均属一年期意外伤害保险。

3. 多年期意外伤害保险

该保险是指保险期限超过一年的意外伤害保险。

把意外伤害保险分为极短期、一年期、多年期的原因在于，保险期限不同，计算未到期责任准备金的方法不同。

(三) 按保险结构分类

1. 单纯意外伤害保险

该保险所承保的保险责任仅限于意外伤害保险。保险公司目前开办的个人人身意外伤害保险、公路旅客意外伤害保险、驾驶员意外伤害保险等，均属单纯意外伤害保险。

2. 附加意外伤害保险

此种保险包括两种：一种是其他保险附加意外伤害保险；另一种是意外伤害保险附加其他保险责任。

(四) 按投保动因分类

1. 自愿意外伤害保险

该保险是指投保人和保险人在自愿的基础上通过平等协商订立保险合同的意外伤害保险。投保人可以选择是否投保以及向哪家保险公司投保，保险人也可以选择是否承保。只有双方意思表示一致时才订立保险合同，确立双方的权利和义务。

2. 强制意外伤害保险

该保险又称法定意外伤害保险，即国家机关通过颁布法律、行政法规、地方性法规强制施行的意外伤害保险，凡属法律、行政法规、地方性法规所规定的强制施行范围内的人，必须投保，没有选择的余地。有的强制意外伤害保险还规定必须向哪家保险公司投保(即由哪家保险公司承保)，在这种情况下，该保险公司也必须承保，没有选择的余地。

案例拓展

意外伤害与疾病的认定

某年4月10日，赵某为其母钱某投保了福寿安康保险20份，缴纳保险费2000元，保险金额为疾病身故8600元，意外伤害身故17 200元。钱某于第三年8月15日突发脑溢血死亡，投保人(受益人)在当地卫生院取得了死亡诊断书，在当地派出所取得了死亡销户证明书，并提供了保单、所在村委会证明、本人索赔申请书等有关材料向寿险公司索赔。保险人根据上述材料进行调查核实，与投保人赵某达成一致，按福寿安康保险条款规定的疾病死亡给付标准给付了8600元，赵某于被保险人死亡后的次年9月28日领取了此笔保险金。同年12月，赵某以其母是上厕所摔倒致死为由，要求保险公司给付17 200元意外伤害保险金，被拒绝后起诉至法院。

一审法院认为，被保险人钱某因跌伤导致脑出血而死亡，被告按疾病死亡标准给付受益人保险金，明显不当。原告要求按意外伤害致死标准给付死亡保险金的诉讼请求成立，法院判由保险公司补付原告保险金8600元。

★ **案情分析**

本案焦点是意外伤害与疾病的认定问题，主要涉及条款执行及保险赔款计算是否准确两个问题。

首先，意外伤害是指在被保险人没有预见或与意愿相违的情况下，突然发生的外来侵害对被保险人的身体明显地、剧烈地造成损伤的客观事实。其次，高血压和动脉硬化是脑出血的常见原因，脑出血是疾病本身发展到一定阶段的表现及结果。最后，县公安局鉴定结果已明确指出被保险人死亡属正常死亡性质。这说明本案不论是从事实上还是从理论上来说，被保险人都属于疾病死亡。也就是说，钱某死亡的主要原因是疾病诱发，并非意外伤害。

一审结束后，保险公司不服，提出上诉。二审中级法院接到保险公司的上诉后，经过认真审理，判定保险公司的理赔给付理由成立、数额合理。在事实面前，受益人赵某自愿放弃了诉讼请求。

资料来源：徐文虎，陈冬梅. 保险学[M]. 北京：北京大学出版社，2008.

第四节 健康保险

一、健康保险及其特点

(一) 健康保险的概念

健康保险是以被保险人的身体为保险标的，保证被保险人在疾病或意外事故所致伤害时的直接费用或间接损失获得补偿的一种保险。按照保险责任，健康保险分为医疗保险、疾病保险、失能收入损失保险和护理保险等。

健康保险中的疾病与伤害是两个完全不同的概念。疾病是指由于人体内在的原因，造成精神上或肉体上的痛苦或不健全。构成健康保险所指的疾病必须满足以下三个条件。

1. 疾病必须是由明显非外来原因造成的

由于外来的、剧烈的原因造成的病态视为意外伤害，而疾病是由身体内在的生理原因所致。但若因饮食不慎、感染细菌引起疾病，则不能简单视为外来因素导致疾病。因为外来的细菌还是要经过体内抗体的抵抗以后，最后才形成疾病。因此，一般来讲，要以影响被保险人健康的因素是不是明显外来的原因作为疾病和意外伤害的分界线。

2. 疾病必须是由非先天性的原因造成的

健康保险仅对被保险人的身体由健康状态转入病态承担责任。由于先天原因，使身体发生缺陷，例如，视力、听力的缺陷或身体形态的不正常，这种缺陷或不正常则不能作为疾病由保险人负责。

3. 疾病必须是由非长存的原因造成的

在人的一生中，要经历生长、成年、衰老的过程，因此在机体衰老的过程中，也会显示一些病态，这是人必然要经历的生理现象。对每一个人来讲，衰老是必然的，但在衰老的同时，诱发其他疾病却是偶然的，需要健康保险来提供保障。而属于生理上长存的原因，即人到一定年龄以后出现的衰老现象，则不能称之为疾病，也不属于健康保险的保障范围。

(二) 健康保险的特点

1. 健康保险的内容广泛而复杂

健康保险具有综合性，不属于人寿保险和意外伤害保险的人身保险都可以划归健康保险的范畴。健康保险的保险事故可以分为疾病、生育、疾病和生育导致的残疾、疾病和生育导致的死亡四类。疾病和生育保险以补偿医疗费用的损失作为目的，这两类保险被称为单纯的健康保险。疾病和生育导致残疾的保险，除了要求对医疗费用进行补偿外，还要求补偿被保险人因为疾病和生育造成残疾的经济收入损失，属于残疾保险。因疾病和生育导致死亡的保险还要求补偿因被保险人死亡而支出的丧葬费用以及遗属的生活费用，属于死亡保险。因此，健康保险既有自身特别的保险保障范围，也同死亡保险有交集，具有综合保险的性质。

2. 健康保险有损失补偿性

和其他人身保险的给付性质不同，健康保险，尤其是针对被保险人医疗费用的健康保险具有损失补偿性。对被保险人因治疗疾病或生育在医院发生的医疗费用支出以及由此引起的其他费用损失的补偿，属于损失补偿性质的保险金；而由于疾病或生育导致死亡或残疾需要保险人承担保险责任时，保险金的支付才是给付性质。因此，健康保险的保险金带有损失补偿的性质。

3. 健康保险同时具有定额保险和不定额保险两种性质

由于健康保险中的医疗费用保险具有损失补偿的特殊性，对于疾病和生育导致的费用支出，保险人在保险金额内按照实际支出予以补偿，属于不定额保险；而对于残疾和收入损失，保险人按事先约定的保险金额给付保险金，属于定额保险。

4. 健康保险中保险人享有代位追偿权

医疗费用保险的保险金支付具有损失补偿性。根据损失补偿原则，任何人都不能因为保险而获益。保险人所支付的保险金只是对保险事故所致实际损失的补偿，被保险人不能因事故发生而得到额外的利益。在健康保险中，被保险人支出医疗费用后，假如已经从第三方得到全部或者部分补偿，保险人可以不对被保险人做出补偿或者仅补偿第三方补偿后的差额部分。假如损失责任应该由第三方承担，而保险人已经赔偿被保险人，则保险人拥有代位追偿权。

5. 健康保险的保险人赔付具有变动性和不易预测性

健康保险的赔付以疾病造成的医疗费用支出补偿、残疾补偿以及收入损失补偿为主，而无论是医疗费用支出、被保险人残疾还是收入损失都是由疾病引起的。对于疾病这一风险，其数量、发生规律和损失程度很难估计，这使得赔付的次数和数量总是处于变动之中，很难预测。健康保险也涉及许多医学上的问题，由于医疗手段越来越先进，医疗技术、药品、材料也越来越多，这使保险费的确定越发复杂。此外，医疗费用开支受到不少人为因素的影响。

6. 健康保险的责任准备金处理与其他人身保险不同

和人寿保险不同，健康保险最主要的准备金是未满期责任准备金。由于保险人承保的合同期间与营业年度不一致，保险公司在年底决算时不能将全部保险费当作收益处理。对于保险责任尚未届满、应属于次年度的部分保险费，有必要以准备金的形式提存起来，这就是未满期责任准备金。

二、健康保险的特殊条款

在健康保险中，保险人履行疾病医疗保险金的赔偿责任时往往带有很多限制或制约性条款，常见的条款包括续保条款、免赔额条款、等待期条款、比例给付条款、给付限额条款、索赔条款。

(一) 续保条款

个人健康保险续保条款描述了两个方面的内容：一是保险人有权拒绝续保或者有权解除健康保险环境因素或条件；二是保险人有增加健康保险费的权利。个人医疗费用保险和个人收入保障保险可以根据这些保单所包含的续保条款进行分类。保证续保个人健康保险保单、不可撤销个人健康保险保单以及有条件续保个人健康保险保单等，均是以保单所包含的续保条款为基础进行分类的。

(二) 免赔额条款

在健康保险中，对于一些金额较低的医疗费用多采用免赔额的规定，即在一定数额下的费用支出由被保险人自理，保险人不予赔付。免赔额条款一方面可以促使被保险人加强自我保护、自我控制意识，减少因为疏忽等原因造成保险事故发生和损失扩大，避免不必要的支出，减少道德风险；另一方面被保险人承担小额的医疗费用支出，有利于保险人减少理赔工作。

(三) 等待期条款

等待期条款也称为观望期条款。当健康保险合同生效一段时间后，保险人才对被保险人因疾病而发生的医疗费用负赔偿责任。在此之前，尽管保险合同已经成立并生效，但是保险人并不承担保险金赔偿义务。该条款是为了防止投保人带病投保的现象发生，保险人通常都会规定从保险合同生效之日起的60天或者90天作为等待期，在此期间如果被保险人患病，保险人对此不负责。

(四) 比例给付条款

比例给付条款也称为共保比例条款。在大多数健康保险合同中，都有比例给付的规定，即对超出免赔额的医疗费用，采用保险人和被保险人共同分摊的比例给付办法。采用该办法，保险人既可以按照某一固定比例给付，也可以按照累进比例给付。其中，后者的特点是随着实际医疗费用支出的增加，保险人承担的比例累进递增，被保险人自负的比例累进递减。这样规定，既有利于保障被保险人的经济利益，免除其后顾之忧，也有利于被保险人控制医疗费用。

(五) 给付限额条款

健康保险的风险大小差异很大，这使得医疗费用支出的高低也有很大差异。为加强对健康保险的管理，保障保险人和被保险人的利益，保险合同一般对保险人医疗保险金的最高给付做出限制规定，以控制总体支出水平。不过，重大疾病险中没有赔偿限额的规定，当被保险人发生保险事故时，保险人按照保险金额一次性给付保险金。

(六) 索赔条款

个人健康保险合同通常包括索赔条款，其内容涉及保险人和被保险人分别对赔付支出的时间限制和对保险人通知损失与提出索赔的时间限制，亦即被保险人发生损失后，必须在规定的时间内，如30天，用书面形式向保险公司报告损失发生和索赔要求；在规定的时间内，如60天，向保险公司提供损失证明等。保险公司在收到损失证明后，也必须在规定的时间内，对被保险人赔付损失。

三、健康保险的主要险种

(一) 医疗保险

医疗保险是指提供医疗费用的保险，它补偿被保险人因疾病或者生育需要治疗时支出的医疗费用，该费用包括治疗费用、手术费用、药费、住院费用、护理费用、检查费用和医疗设施的使用费等。不同医疗保险补偿的费用不同，但一般都是以上各项的全部或者部分的组合。医疗保险通常设定最高保险金额，保险人在此限额内支付被保险人所发生的费用，超出部分由被保险人自己承担。免赔额条款和比例给付条款也会出现在医疗保险合同中。医疗保险分为普通医疗保险、住院医疗保险、综合医疗保险等。

1. 普通医疗保险

普通医疗保险为被保险人补偿治疗疾病的一般费用，包括门诊费用、医药费用、检查诊疗费用等。此类保险成本较低，但是较难控制医药费用和检查费用的支出，条款中通常都有免赔额和比例给付的规定。当给付金额累计超出保险金额时，保险人不再给付。

2. 住院医疗保险

如果被保险人因为疾病需要住院治疗，一般需要支付一笔较大的医疗费用，保险人对住院费用单独承保，可以解决被保险人因为住院而产生的高额费用支出的问题。住院医疗保险的费用由床位费、医疗费用、手术费用、药费等组成。住院时间直接影响费用支出，因此，对此种保险通常规定住院期限，超出部分保险人不予给付。这种保险的保险金额有最高限制。

3. 综合医疗保险

该保险是保险人为被保险人提供的一种全面的医疗费用保险，其保障的医疗费用包含普通医疗保险和住院医疗保险所保障的费用范围。因此，该种保险的保险费较高，但免赔额较低，也有比例给付规定。

(二) 疾病保险

疾病保险是指以保险合同约定的疾病的发生为给付保险金条件的保险。某些特殊的疾病往往会给病人带来灾难性的费用支出。例如癌症、心脏疾病等。这些疾病一经确诊，必然会产生大额医疗费用支出。因此，通常要求这种保单的保险金额比较大，以足够补偿被保险人的各种费用支出。疾病保险的给付方式一般是在被保险人确诊为特种疾病后，保险人立即一次性支付保险金。在我国比较有代表性的疾病保险是重大疾病保险。

重大疾病保险保障的疾病有心肌梗死、冠状动脉旁路(搭桥)手术、癌症、脑中风、慢性肾衰竭和重大器官移植手术等。

重大疾病保险于1983年在南非问世，外科医生马里尤斯·巴纳德最先提出这一产品创意，他的哥哥克里斯汀·巴纳德是世界上首位成功实施心脏移植手术的医生。马里尤斯发现，在实施心脏移植手术后，部分患者及其家庭已经陷入财务困境，无法维持后续康复治疗。为缓解被保险人患上重大疾病或实施重大手术后所承受的经济压力，马里尤斯与南非一家保险公司合作开发了重大疾病保险。

1986年后，重大疾病保险被陆续引入英国、加拿大、澳大利亚等国家，以及东南亚地区，并得到了迅速发展。1995年，我国引入重大疾病保险，现已发展成为人身保险市场上重要的保障型产品。重大疾病保险在发展过程中，保障范围逐渐扩大，保障功能日趋完善，但该类产品的设计理念一直延续至今。2007年，中国保险行业协会颁布了重大疾病保险的疾病定义及使用规范，规范了重大疾病保险产品的一些问题，使得我国重大疾病保险的发展前景更加光明。

(三) 失能收入损失保险

失能收入损失保险是指当被保险人因伤病而全部或部分丧失工作能力时，由保险人定期给付保险金来补偿被保险人收入损失的一种健康保险产品。它分为短期失能保险和长期失能保险两种。

失能收入损失保险一般按月或按周给付保险金，给付金额有最高限额，通常确定为被保险人正常税前收入的50%~70%。确定最高限额的目的是防止被保险人丧失工作能力时所得保险金超过有工作能力时的收入水平。因为当被保险人所得保险金较高时，他可能不愿返回工作岗位或者会故意延长丧失工作能力的期间，这种道德风险对保险人是非常不利的。失能收入损失保险一般有三个月或半年的免责期，规定免责期的目的是排除那些因小伤小病短期无法工作的情况。同时，失能收入损失保险还有一定的给付期间，同样的保险金给付额，给付期间越长，则费率越高。短期失能保险的保险金给付期间一般为1~5年，长期失能保险的保险金给付期间为5~10年，有部分失能收入保险的保险金给付可以持续到被保险人满60岁或65岁。

近年来，随着消费者对失能收入损失保险需求的不断增加，失能收入损失保险业务有了进一步发展，有些保险内容可根据具体情况进行调整。例如，被保险人连续失能90天后，可以豁免保费；保险金可按物价指数进行调整；被保险人住院或死亡时，可以得到超出平时很多的补偿。

(四) 长期护理保险

长期护理保险又称老年护理保险,它是对被保险人因失能而生活无法自理,需要入住康复中心或需要在家中接受他人护理时产生的种种费用进行补偿的一种健康保险。

长期护理保险保障的护理项目一般包括照顾被保险人吃饭、穿衣、入浴、如厕和行动等的护理费用。合同中一般规定每日最高的保险金数额。大多数长期护理保险都有一定的免责期。此外,保险金的给付也有一定的给付期限,一般从免责期结束开始,到被保险人恢复生活自理能力后的60天为止。

长期护理保险对提供护理服务的人员和机构有严格规定,同时严格规定了除外责任,由投保前就存在的既往症导致的生活自理能力丧失一般作为除外责任。此外,由于精神、神经疾患或情感障碍,酗酒和吸毒以及自杀自伤所导致的生活能力丧失一般也在除外责任之列。

由于投保人购买长期护理保险时无法准确估计当其需要接受他人照顾时的实际花费会达到何种水平,为了抵御通货膨胀的影响,某些长期护理保险会提供递增的保险金给付,增加的幅度通常按照物价指数确定,或者规定一个固定的增加比例。

长期护理保险是相对较新的一种健康保险产品。随着人口老龄化趋势的增强和商业健康保险的发展,各类长期护理保险发展迅速。中国正在步入老龄化社会,长期护理保险在中国的潜在市场无疑是非常大的。

案例拓展

如何购买合适的人身保险

★ 单身期

单身期的一般特点是年轻、身体好,经济收入不高但花销较大,经济压力较小。这个阶段的保险需求不高,主要可以考虑意外风险保障和必要的医疗保障,以减少因意外或疾病导致的直接或间接经济损失。这类保险保费低、保障高,且一般企业或雇主都会为员工提供。但你需要检查一下你所得到的保障是否充分,衡量标准是保额是否高于年收入的3倍。

倘若父母需要你赡养,你同时需要考虑购买一些定期寿险,以最低的保费获得最高水平的保障,以确保你有不测时,用保险金保障你父母的生活。如果你年轻有为,有较强的经济实力,则可以提早考虑购买重大疾病保险、保障型终身寿险或保障储蓄型保险,因为这类保险投保年龄越小,保费越便宜,而这些保险是你成家后一定需要购买的保险。

★ 二人世界

这个时期是人生的准备期,此时的你身体健康,收入可能不高,但逐渐开始稳定。因为处在家庭和事业的新起点,你有强烈的事业心和赚钱的欲望,渴望迅速积累资产,投资风格倾向激进型。购买投资型保险产品可以帮助你实现用少量保费换取最好保障、规避风险及资金增值的目的。这就是人寿保险"四两拨千斤"的功用。

此时，你的家庭责任感和经济负担也开始增加，你开始为购房、置产、养育孩子做准备。这时选取低保费、高保障的险种，如意外险、简单医疗险，可为你增加风险保障，同时不影响你的经济支出。

★ 三口之家

这个时期是人生的基础期，养育子女是你的重要任务。随着孩子的出生，你会明显感到家庭生活负担的加重。

保险保障对有未成年子女的家庭至关重要。一方面，夫妇双方尤其是家庭经济支柱的意外保障、医疗保障、重大疾病保障和寿险保障一定要充分，以保证父母这个"水龙头"万一中断时，孩子可以通过保险得到经济支持，继续接受良好的教育；另一方面，可以考虑购买子女教育和医疗保险。如果此时供房，还应考虑购买一些保费低、保障高的定期险。做好理财规划，确保投资、保障合理，用有限的资源办好家庭的大事是你在这一阶段的财务规划准则。

★ 事业有成

这个时期也许是你人生最为得意的时期，你的事业蒸蒸日上，家庭生活稳定和谐，工作生活双丰收。已有一定积累的你，此时应做好所得税、利息税等重大税种的节税计划，以免资产缩水。伴随着事业的成功，你对工作的投入有时多于对家庭的关照，你的社会活动及应酬增多，生活有时没有规律，各种疾病悄然入侵。因此，你一定要提早为自己建立健康保障并准备家庭应急金。

在你事业稳定发展的同时，你的孩子也在悄然长大，子女教育金的准备也应列入议事日程。另外，你需要为退休及养老做准备，建议此时重新检查保险保障计划，增加投资保险、分红保险、重大疾病保险等。如果在此期间按揭购买住房、汽车，则可考虑增加房贷保险、车险等保障。

资料来源：魏丽，李朝锋.保险学[M].大连：东北财经大学出版社，2011.

练一练

一、单项选择题

1. 依据人身保险的保险利益在时效上的规定，投保人对保险标的(   )。

    A. 在投保时必须具有保险利益，但索赔时可不具有保险利益

    B. 在投保时可以不具有保险利益，但索赔时必须具有保险利益

    C. 无论是投保时还是索赔时都可不具有保险利益

    D. 从保险合同订立到合同终止，始终都必须存在保险利益

2. 按照我国《保险法》的规定，人身保险合同因未按期缴纳保险费导致合同效力中止的，自合同效力中止之日起满二年双方未达成协议的，保险人可以采取的处理方式是(   )。

  A. 收回合同　　　　　　　　　B. 解除合同

  C. 扣押合同　　　　　　　　　D. 中止合同

3. 按照我国《保险法》的规定，人身保险合同中由被保险人或者投保人指定的享有保险金请求权的人称为(   )。

  A. 受益人　　　　　　　　　　B. 投保人

  C. 被保险人　　　　　　　　　D. 保险经纪人

4. 当人身保险合同的受益人为数人，且受益顺序和受益份额未事先确定时，行使保险金请求权的规定通常是(   )。

  A. 保险金请求权由第一顺序受益人行使

  B. 保险金请求权由单一受益人行使

  C. 受益份额由数个受益人协商确定

  D. 数个受益人按照相等份额享有受益权

5. 当投保人解除人身保险合同时，如果未交足两年保险费，则保险人的处理方式是(   )。

  A. 按照保险金额给付

  B. 退还其现金价值

  C. 扣除手续费后退还保险费

  D. 不给付保险金，也不退还任何价值

6. 对寿险投保人来说，恢复原保险合同的效力往往比重新投保更为有利，原因在于(   )。

  A. 复效只需告知保险人即可生效

  B. 申请复效时推定被保险人符合投保条件

  C. 申请复效时不再适用投保时的有关条款

  D. 复效可使已超过投保年龄限制的被保险人继续参保

7. 根据我国《保险法》的规定，寿险合同的法定宽限期为(   )。

  A. 15天　　　　　　　　　　　B. 20天

  C. 30天　　　　　　　　　　　D. 60天

8. 人身保险合同自杀条款中所说的"自杀"是指(   )。

  A. 受益人的自杀　　　　　　　B. 保单所有人的自杀

  C. 被保险人的自杀　　　　　　D. 投保人的自杀

9. 人身保险和社会保险的主要区别包括(   )。

  A. 保障功能不同　　　　　　　B. 保险标的不同

  C. 费率厘定的数理基础不同　　D. 提供保障的可靠性不同

10. 通常，确定人身保险的保险金额的依据是( )。
    A. 人的生命或身体价值　　　　　B. 个人或家庭收支的实际情况
    C. 损失补偿原则　　　　　　　　D. 保险条款的规定

11. 下列合同中存在受益人的有( )。
    A. 海上保险合同　　　　　　　　B. 财产保险合同
    C. 责任保险合同　　　　　　　　D. 人身保险合同

12. 李某为其子投保了以死亡为给付保险金条件的人身保险，期限5年，保费已一次缴清。两年后，其子因抢劫罪被判处死刑并已执行，但李某仍要求保险公司履行赔付义务。对此，保险公司的处理方法是( )。
    A. 依照合同规定给付保险金
    B. 根据李某已付保费，按照保单现金价值予以退还
    C. 可以不承担给付保险金的义务，也不返还保险费
    D. 可以解除合同，但应全额返还保险费

13. 甲为自己投保一份人寿险，指定其妻为受益人。甲有一子4岁，甲母50岁且独自生活。某日，甲因交通事故身亡。该份保险的保险金依法( )。
    A. 应作为遗产由甲妻、甲子、甲母共同继承
    B. 应作为遗产由甲妻一人继承
    C. 应作为遗产由甲妻、甲子继承
    D. 应全部给付于甲妻

14. 只要投保人征得被保险人同意或承认，就对其生命或身体具有投保人身保险的保险利益。这种对于保险利益的观点属于( )。
    A. 实质关系论　　　　　　　　　B. 利害关系论
    C. 推定关系论　　　　　　　　　D. 同意或承认论

15. 在人身保险中，当被保险人与投保人不是同一人时，有关受益人的变更规定是( )。
    A. 被保险人变更受益人时须经投保人同意
    B. 投保人变更受益人时须经被保险人同意
    C. 被保险人变更受益人时须经保险人同意
    D. 投保人变更受益人时须经保险人同意

16. 一般的人身保险合同在投保人缴纳保险费一定时期后都有现金价值，例外的险种是( )。
    A. 年金保险　　　　　　　　　　B. 定期寿险
    C. 万能寿险　　　　　　　　　　D. 终身寿险

17. 按照我国《保险法》的规定，人寿保险的索赔时效和人寿保险以外的其他保险的索赔时效分别为( )。
    A. 5年和2年　　　　　　　　　　B. 5年和3年

C. 4年和2年   D. 4年和3年

18. 从产品设计类型看，定期寿险属于( )。
    A. 年金保险   B. 两全保险
    C. 新型人寿保险   D. 普通型人寿保险

19. 根据保单转让条款的规定，如人寿保单的转让未书面通知保险人，则( )。
    A. 保险人向原投保人给付保险金后不负任何责任
    B. 保险人向原投保人给付保险金后应负责追回
    C. 保险人向原受益人给付保险金后不负任何责任
    D. 保险人向原受益人给付保险金后应负责追回

20. 根据人寿保险合同贷款条款的规定，贷款的限额不得超过一定价值的若干成数。该"价值"指的是( )。
    A. 保单现金价值   B. 保险价值
    C. 保险利益   D. 保险金额

21. 根据人寿保险合同自动垫缴保费条款的规定，如投保人停止缴纳保险费，可将保单现金价值作为一次性缴纳的保险费，但被保险人通常要承担的后果是( )。
    A. 不再享受保险保障   B. 保险合同终止
    C. 保险合同效力中止   D. 保险金额减少

22. 决定人寿保险的保险金额的因素之一是( )。
    A. 被保险人遭受的实际损失   B. 被保险人支出的实际费用
    C. 保险标的的实际价值   D. 投保人的缴费能力

23. 许多人寿保险合同的贷款条款规定，担保人可以凭保单向保险人申请贷款，这表明保单的法律意义之一是( )。
    A. 明确当事人双方的权利和义务   B. 具有有价证券作用
    C. 确立保险合同的内容   D. 证明保险合同的成立

24. 在定期寿险中，若被保险人在合同约定期限内死亡，保险人应将保险金给付于保险合同主体中的( )。
    A. 被保险人   B. 受益人
    C. 投保人   D. 保单所有人

25. 在投资连结保险中，投资账户投资风险的承担者是( )。
    A. 投保人和保险人   B. 保险人
    C. 投保人   D. 保险监管机构

26. 以两个或两个以上的被保险人均生存作为年金给付条件的年金保险是( )。
    A. 个人年金   B. 联合及生存者年金
    C. 最后生存者年金   D. 联合年金

27. 下列属于风险保障型人寿保险的是( )。
   A. 年金保险   B. 分红保险
   C. 投资连结保险   D. 万能人寿保险

28. 公民甲通过保险代理人乙为自己5岁的儿子丙投保一份幼儿平安成长险,保险公司为丁。下列有关本案例的表述正确的是( )。
   A. 该保险合同中不得含有以丙的死亡为给付保险金条件的条款
   B. 受益人请求丁给付保险金的权利自其知道保险事故发生之日起5年内不行使而消灭
   C. 当保险事故发生时,乙与丁对给付保险金承担连带赔偿责任
   D. 保险代理人乙只能是依法成立的公司,不能是个人

29. 相比之下,最有条件、最适合采用团体投保方式的保险是( )。
   A. 人寿保险   B. 意外伤害保险
   C. 健康保险   D. 财产保险

30. 在意外伤害保险中,确定残疾程度的期限依据是( )。
   A. 责任期限   B. 保险期限
   C. 冷静期   D. 治疗期

31. 在意外伤害保险中,如果被保险人在保险期限内因遭受车祸而受到意外伤害,责任期限结束时治疗仍未结束,则确定其残疾程度的时点是( )。
   A. 保险赔款支付时   B. 车祸发生时
   C. 治疗期结束时   D. 责任期限届满时

32. 在意外伤害保险中,如果意外伤害致使被保险人原有的疾病发作,进而加重后果造成被保险人死亡,则该意外伤害是( )。
   A. 死亡的直接原因   B. 死亡的次要原因
   C. 死亡的近因   D. 死亡的诱因

33. 在意外伤害保险中,被保险人因意外事故下落不明,从事故发生之日起满一定期限可以向人民法院申请宣告死亡。我国《民法典》规定这一期限为( )。
   A. 一年   B. 二年
   C. 三年   D. 四年

34. 意外伤害保险中的"意外伤害"是指( )。
   A. 被保险人事先不能预见的伤害
   B. 被保险人能预见的即将发生的且在技术上可采取措施但未采取措施避免的伤害
   C. 被保险人故意使自己遭受的伤害
   D. 被保险人已预见即将发生并采取措施避免的伤害

35. 在意外伤害保险中,保险金的给付规定是( )。
   A. 死亡保险金按被保险人的实际损失给付
   B. 死亡保险金按约定的保险价值给付

C. 残疾保险金按被保险人实际损失的一定百分比给付

D. 残疾保险金按保险金额的一定百分比给付

36. 下列事故中，不属于意外伤害保险合同保险责任的是(　　)。

　　A. 被保险人因交通事故而死　　　B. 被保险人因不慎落水而死

　　C. 被保险人因心脏病突发而死　　D. 被保险人因触电而死

37. 以团体或雇主作为投保人，以团体所属员工为被保险人，由保险人承担补偿被保险人因遭遇意外伤害或疾病而丧失收入的责任的团体保险，称为(　　)。

　　A. 团体丧失工作能力收入保险　　B. 团体特种医疗费用保险

　　C. 团体(基本)医疗费用保险　　　D. 团体补充医疗保险

38. 健康保险的经营风险是(　　)。

　　A. 伤病发生的风险　　　　　　　B. 死亡发生的风险

　　C. 生存率提高的风险　　　　　　D. 收入变动的风险

39. 通常，疾病保险的给付方式是(　　)。

　　A. 在确诊为特种疾病后，按被保险人的实际损失给付

　　B. 在确诊为特种疾病后，按被保险人每天的收入损失补偿

　　C. 在确诊为特种疾病后，按被保险人每天的医疗费用补偿

　　D. 在确诊为特种疾病后，按保险金额一次性给付

40. 医疗保险给付保险金的条件是(　　)。

　　A. 发生约定的护理服务费用

　　B. 发生约定的疾病

　　C. 发生意外伤害、疾病导致被保险人收入中断或减少

　　D. 发生约定的医疗费用

41. 医疗保险通常以被保险人实际花费的医疗费用为保险赔偿限额，这表明损失补偿原则对保险赔偿金额的规定是(　　)。

　　A. 以保险金额为限　　　　　　　B. 以实际损失为限

　　C. 以保险利益为限　　　　　　　D. 以保险价值为限

42. 以约定的疾病或意外伤害导致工作能力丧失为给付保险金条件的保险称为(　　)。

　　A. 护理保险　　　　　　　　　　B. 疾病保险

　　C. 失能收入损失保险　　　　　　D. 医疗保险

43. 在健康保险中，约定保险人有权拒绝续保或者解除保险合同的条款是(　　)

　　A. 等待期条款　　　　　　　　　B. 宽限期条款

　　C. 续保条款　　　　　　　　　　D. 索赔条款

44. 医疗费用保险合同属于(　　)。

　　A. 给付性保险合同　　　　　　　B. 补偿性保险合同

　　C. 定值保险合同　　　　　　　　D. 定额保险合同

45. 下列选项中，不属于重大疾病范围的是( )。
   A. 先天性疾病　　　　　　B. 心脏病
   C. 脑中风　　　　　　　　D. 尿毒症

二、多项选择题

1. 下列选项中，投保人可以将其作为被保险人进行投保的有( )。
   A. 子女　　　　　　　　　B. 配偶
   C. 与其有抚养关系的近亲属　D. 相处很好的邻居

2. 小陈在体检中被查出已患癌症，为转嫁其高额医疗保费支出，他隐瞒病情向保险公司投保了终身寿险，保单生效7个月后小陈因癌症死亡，小陈的受益人持保单向保险公司索赔，对此，保险公司的处理方案有( )。
   A. 解除保险合同　　　　　B. 不承担死亡给付责任
   C. 退还保险费　　　　　　D. 不退还保险费

3. 李某为其妻购买了10万元人寿保险，指定受益人为他们的儿子李一。若李某想变更受益人，需要做的工作有( )。
   A. 征得李一的同意　　　　B. 征得保险公司的同意
   C. 征得妻子的同意　　　　D. 通知保险公司并办理批改手续

4. 我国《保险法》规定，下列人员中，投保人对其具有保险利益的有( )。
   A. 本人
   B. 配偶
   C. 父母、子女
   D. 与投保人具有抚养、赡养关系的人

5. 在人寿保险中，保单所有人的权利通常包括( )等。
   A. 变更受益人　　　　　　B. 领取退保金
   C. 领取保单红利　　　　　D. 以保单作抵押申请借款

6. 受益人是人寿保险合同特有的主体，其构成要件包括( )。
   A. 受益人是享有保险金请求权的人
   B. 受益人是由保单所有人指定的人
   C. 受益人必须对保险标的具有保险利益
   D. 受益人必须与被保险人具有亲密的血缘关系

三、计算题

1. 某人投保了意外伤害险，保额为10万元。单位为他投保了团体人身险，保额5万元。在保险期限内，他在行走时因心脏病突然发作跌倒死亡，其受益人可获得多少保险金？

2. 王某投保人身意外伤害险，保额为10万元。他在保险期限内不幸遭受三次意外事故：在第一次事故中，王某一目失明，保险公司按合同约定给付保险金5万元；在第二次事故中，王某折断一指，保险公司又按合同约定给付保险金1万元；在第三次事故中，王某丧失左腿，保险人应如何履行给付责任？

四、案例分析题

1. 某人生前投保意外伤害险，保额为10万元。某日，他不幸因车祸身亡，其受益人在获得10万元保险金后，又以家属身份向肇事车主索赔30万元。该家属是否应把10万元还给保险公司？

2. 学生郑小某因考试不及格遭到父亲郑某殴打。殴打中，郑小某头部正中一棒，当即昏迷不醒，经抢救无效死亡，法医鉴定结果为外力致颅伤而死。不久，郑某被刑事拘留。死者郑小某14岁，生前由所在学校投保了学生健康平安保险，保单上载明受益人为其父亲郑某。案发后，郑某妻子向保险公司申请给付保险金。在此种情况下，保险金应如何给付及如何分配？

3. 2018年6月22日，甲为自己投保了生死两全险，其子乙为受益人。2020年7月15日，甲在旅游途中发生意外事故不幸身亡。在悲痛之后，乙找到保险公司申领保险金，保险公司调查后确认甲的死亡属保险责任范围。但当保险公司查验乙提供的有关证明材料时，发现甲投保时所填写的投保年龄63岁是虚假的。实际上，甲投保时已经超出人身保险条款规定的最高投保年龄。保险公司遂以此为由拒付保险金，只同意扣除手续费后，向乙退还甲的保险费。乙则以甲并非故意虚报年龄，甲不存在过错为由，要求保险公司按照合同给付保险金。双方争执不下，乙将保险公司告上法院。法院应如何处理本案？为什么？

4. 李女士的孩子所在学校在2011年统一为学生在A保险公司投保了学平险。2012年(在保险期间)，李女士的孩子因患白血病获得了A保险公司1000元的赔偿。这件事触动了李女士。于是，2012年底，李女士又在A保险公司给自己的孩子买了一份重大疾病保险，该保险合同约定死亡保险金额为12万元、医疗保险金额为5000元。2016年3月，李女士的孩子因病情加重不幸去世。李女士到保险公司进行理赔，可保险公司却不予理赔。保险公司声称李女士没有如实填写被保险人是否患有重大疾病这一项，属于带病投保，按照法律规定，保险公司不承担赔付保险金的责任。

(1) 李女士是否履行了如实告知义务？
(2) 承保在本保险公司已获得赔付的带病标的是否构成弃权？
(3) 假设李女士后来投保的是B公司，B公司是否应该理赔？
(4) 如果需要赔付，A(或B)保险公司要赔付多少钱？

第九章 再保险

> **学习目标**
> 1. 掌握再保险的基本概念；
> 2. 理解比例再保险和非比例再保险的分保方法；
> 3. 理解再保险与原保险的关系；
> 4. 明确再保险的分类及作用；
> 5. 了解国内外再保险市场的发展状况。

第一节 再保险概述

一、再保险的基本概念

保险是专门经营风险的部门，但是任何一个保险人的承保能力都是有限的。随着社会经济的发展及科学技术的进步，保险人承担的责任范围越来越大，保险金额越来越高。为了保证保险业的稳定发展，保险人应合理运用控制、分散和转移风险的方法，再保险应运而生。

(一) 再保险的概念

再保险也称分保，它是保险人在原保险合同的基础上，通过签订再保险合同，将其所承保的风险责任的一部分或全部向其他保险人进行保险的行为。这种在保险人之间相互转移风险与分担责任的业务活动为再保险。我国《保险法》第二十八条第一款规定："保险人将其承担的保险业务，以分保形式部分转移给其他保险人的，为再保险。"保险与再保险的关系如图9-1所示。

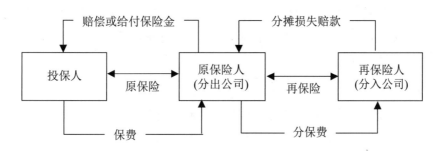

图9-1 保险与再保险的关系

原保险(即保险)合同是投保人与保险人之间签订的保障被保险人经济利益的合同,在这种合同下承保的保险业务,称之为直接业务。当保险人承保的直接业务金额较大且风险较为集中时,就会与其他保险人通过订立再保险合同确立分保关系,将集中的风险责任转移一部分出去,以保障原保险人的经营稳定与承保能力。

(二) 再保险的相关概念

1. 原保险人与再保险人

在再保险交易中,分出业务的公司称为原保险人或分出公司或分出人,其向外寻求分保的业务称为分出业务;接受业务的公司称为再保险人或分入公司或接受人,其接受的分保业务称为分入业务。

2. 风险单位、自留额与分保额

分保双方责任的分配与分担是通过自留额与分保额来体现的,自留额与分保额都是以风险单位为基础来确定的。风险单位是指保险标的发生一次灾害事故可能造成的最大损失范围。风险单位的划分应以标的和险种为依据。例如,运输工具险可分别以一艘船舶、一架飞机、一辆汽车为一个风险单位,火险通常以一栋独立的建筑物为一个风险单位。划分风险单位时,要和每次事故最大可能损失范围联系起来考虑,它不一定与保单份数相同。例如,一家航空公司的一份保单可以承保数百架飞机,涉及的单位也有数百个;不同货主的货物装载在同一艘船上,虽有数份保单,也属同一个风险单位。再保险合同一般规定,如何划分风险单位由分出公司决定。对于每一个风险单位或一系列风险单位的保险责任,分保双方通过合同按照一定的计算基础对其进行分配。分出公司根据自身承保能力所确定的责任限额称为自留额或自负责任额;经过分保由接受公司所承担的责任限额称为分保额或分保责任额或接受额。自留额与分保额均有一定的限额,如果保险责任超过限额,则超出部分由分出公司自负或另行安排再保险。

3. 分保费、分保佣金与盈余佣金

与保险人承担责任以收取保险费为条件一样,再保险人承担责任也以收取相应的保险费为条件,再保险人获得的保险费称为再保险费或分保费。由于原保险人在承揽业务的过程中支出了一定的费用,再保险人应该对原保险人的这部分费用加以补偿,原保险人获得的这种补偿费用称为分保佣金或分保手续费。再保险人按年度计算其再保险业务盈利,有时会将盈利的一定比例支付给原保险人作为报酬或奖励,原保险人获得的这种报酬或奖励称为盈余佣金。

4. 转分保

如果分保接受人又将其接受的业务再分给其他保险人或再保险人,这种业务称为转分保或再保险,双方分别为转分保分出人和接受人。

二、再保险与原保险、共同保险的比较

(一) 再保险与原保险的关系

1. 再保险与原保险的联系

(1) 再保险的基础是原保险,再保险的产生,正是基于原保险人在经营中需要分散风险,因此,保险与再保险是相辅相成的,它们都是对风险的承担与分散。

(2) 保险是投保人以缴纳保险费为代价将风险责任转嫁给保险人,实质上是在全体被保险人之间分散风险,互助共济;再保险是原保险人以缴纳分保费为代价将风险责任转嫁给再保险人,进一步分散风险、分担责任。因此,再保险是保险的进一步延续,也是保险业务的组成部分。

(3) 在现代保险经营中,再保险的地位与作用越来越重要,再保险可以支持保险业务的发展,甚至对于某些业务,如果没有再保险的支持,保险交易难以达成,再保险已成为保险业的支柱。

2. 再保险与原保险的区别

(1) 保险标的不同。原保险合同中的保险标的既可以是财产、责任、利益、信用,也可以是人的生命和身体;再保险中的标的只是原保险责任的一部分或全部。

(2) 保险合同的性质不同。原保险中的财产保险属于经济补偿性质,人身保险属于经济给付性质;再保险人只是对原保险人所支付的保险金或赔款给予一定补偿,因此,在再保险合同项下,无论是人身保险责任还是财产保险责任,都遵循经济补偿原则,也就是说,一切再保险合同都是补偿性合同。

(3) 合同双方当事人不同。原保险合同双方当事人是投保人和保险人;再保险合同双方当事人都是保险人,与投保人无关。

(4) 保险费支付方式不同。在原保险合同中,保险费是单向支付的,即投保人向保险人支付保费;在再保险合同中,原保险人向再保险人支付分保费,再保险人向原保险人支付分保佣金。

(二) 再保险与共同保险的关系

共同保险是由两家或两家以上的保险人在同一时期联合起来直接承保同一标的、同一保险利益、同一风险责任且总保险金额不超过保险标的可保价值的保险。共同保险的各保险人在各自承保金额限度内对被保险人负赔偿责任。

共同保险与再保险均具有分散风险、扩大承保能力、稳定经营成果的功效。但是,两者又有明显区别。共同保险仍然属于原保险,是原保险的特殊形式,是风险的第一次分散,因此,共同保险人仍然可以实施再保险。再保险是在原保险的基础上进一步分散风险,是风险的第二次分散,可以通过转分保使风险分散更加细化。

三、再保险的分类

再保险的险种一般按直接保险划分,因而再保险的险种有很多。常见的再保险分类标准主要有两个:一是按责任限制来划分;二是按分保安排方式来划分。

(一) 按责任限制来划分

按责任限制来划分,再保险可分为比例再保险与非比例再保险。分保双方首先应明确划分各自的责任额,责任额的划分依据可以是保险金额或赔款。以保险金额为分配责任基础的再保险为比例再保险;以赔款为分配责任基础的再保险为非比例再保险。比例再保险又可分为成数再保险、溢额再保险及成数溢额混合再保险。非比例再保险主要有超额赔款再保险和超过赔付率再保险两种。

(二) 按分保安排方式来划分

按分保安排方式来划分,再保险可分为临时再保险、合同再保险及预约再保险。

1. 临时再保险

临时再保险是分出公司根据业务需要,临时选择分保接受人,经分保双方协商达成协议,逐笔成交的再保险方式。分出公司是否安排分保、分入公司是否接受或按什么条件接受,双方完全可以自由选择。

2. 合同再保险

合同再保险是由分保双方事先订立分保合同,将分保方式、业务范围、地区范围、责任范围、除外责任、自留额、合同限额、分保佣金、账单的编制与发送等各项分保条件固定下来,以明确双方的权利和义务。凡属合同规定范围内的业务,分出公司自动分出,接受公司必须接受,对双方都有强制性。合同再保险是国际保险市场上普遍采用的再保险方式。

3. 预约再保险

预约再保险是介于临时再保险与合同再保险之间的一种再保险安排方式,对于分出公司来说它相当于临时再保险,而对于接受公司来说它相当于合同再保险。也就是说,这种安排对分出公司没有强制性,是否要办理再保险或分出多少,完全可以自由决定;但对于接受公司来说具有强制性,凡属预约分保范围的每笔业务都必须接受。

四、再保险的作用

(一) 有利于稳定保险经营

根据大数法则要求,保险公司承保的每一个风险单位的风险责任应相对平均,不宜悬殊太大。因此,保险经营中的损失率和赔付率要相对稳定。但实际上,在保险人承保的大量业务中,既有大型飞机、人造卫星损毁这样的巨额风险,也有地震、洪水这样的巨灾风险，这些风险一旦发生并造成保险标的损失，必将使保险赔付率骤然上升，严重影响保险公司财务的稳定，甚至导致保险公司破产。为避免风险集中带来的恶果，原保险人可以通过再保险将超过自身承保能力的风险责任转嫁给其他再保险人。例如，通过再保险控制每个风险单位的自留额、每次巨灾事故的最高赔付额和全年责任积累额，使风险得以广泛分散，使原保险人的责任得到控制，保证业务经营的稳定性。例如，1986年墨西哥地震，损失约30亿美元；1988年被称为"世纪飓风"的吉尔伯特飓风，几天内横扫加勒比海和其他几个中美洲中部国家，造成80亿美元的损失。由于有再保险的安排，这些灾害事故对当地各保险公司影响不大。

(二) 有利于扩大承保能力

保险人的承保能力受其资本金和公积金等自身财务状况的限制。如果保险人承保量过大，超过自己的实际承保能力，不仅会危及保险人自身的经营，也会对被保险人造成威胁，因为那就意味着被保险人可能得不到补偿。为此，各国都以法律形式对保险人的经营行为进行限制。例如，规定保险人的业务量占其资本金的适当比例；规定保险人的最低资本额；规定每笔业务或每一个风险单位的最高自留额不能超过其资本金加公积金的一定比例；等等。我国《保险法》第一百零二条规定："经营财产保险业务的保险公司当年自留保险费，不得超过其实有资本金加公积金总和的四倍。"第一百零三条第一款规定："保险公司对每一危险单位，即对一次保险事故可能造成的最大损失范围所承担的责任，不得超过其实有资本金加公积金总和的百分之十；超过的部分应当办理再保险。"但是，如果不承保大量业务、大额业务，保险人则无法在竞争中取得优势。利用再保险业务，保险人可以不受保险业务总量和单笔业务风险的限制，只要有分出能力，就可以接受任何保险业务。这就是说，再保险为保险人在不增加资本额的情况下增加业务量提供了可能，扩大了其承保能力。

(三) 有利于获取技术支持

一般来说，保险人出于占领市场的目的，会尽可能多地承保风险，但是保险人的技术力量是有限的，如果遇到保险人自身实力难以承受的风险，保险人就会进退两难。在这种情况下，寻求再保险的支持是一种较好的途径。由于再保险承保的往往是原保险人难以承保的风险，与原保险人相比，再保险人有更雄厚的实力、更丰富的经验、更高的管理水平，而且风险管理经验丰富。通过再保险，原保险人既能够获得一定的保险费收入，又能够获得保险人的技术支持，从而积累风险管理经验，提高自身的竞争能力。

(四) 有利于拓展新业务

随着社会经济的发展及科学技术的进步，新的风险不断产生。保险人在涉足新业务过程中，由于经验不足，往往十分谨慎。有了再保险，原保险人可以分散风险、控制赔付率或赔付额，从而放下顾虑，积极运作，促进新业务的拓展。

第二节　比例再保险和非比例再保险

一、比例再保险

比例再保险是以保险金额为依据来确定分出公司自留额和接受公司责任额的再保险方式。在比例再保险中，分出公司的自留额和接受公司的责任额都表示为保险金额的一定比例，保险费的分配和赔款的分摊也按此比例计算。比例再保险可分为成数再保险、溢额再保险和成数溢额混合再保险。

(一) 成数再保险

成数再保险是指分保双方以保险金额为基础，对每一个风险单位先确定一个最高责任限额，然后确定分保比例，不论分出公司承保的危险单位的保额大小、质量好坏，只要在合同规定的最高限额以内，均由分保双方按约定的比例分担责任，即确定自留额和分保额，并按此比例分配保费和分担赔款。若分出60%，自留40%，则称合同为60%的成数再保险合同。

例如，某海上货运险成数再保险合同约定，风险单位按每一船每一航次划分，最高限额为500万美元，采用60%的成数再保险。现有三笔业务，如表9-1所示。其中C船保险金额为800万美元，超过合同的最高限额500万美元，超过的300万美元由分出公司自己承担或另行安排再保险，对应的保费与赔款也一并转移。

表9-1　成数再保险安排

万美元

船名	总额100%			自留40%			分保60%			其他
	保额	保费	赔款	自留额	自留保费	自负赔款	分保额	分保费	摊回赔款	
A	50	0.5	0	20	0.2	0	30	0.3	0	
B	400	4	2	160	1.6	0.8	240	2.4	1.2	
C	800	8	20	200	2	5	300	3	7.5	300

成数再保险可使分保双方利益一致，不论质量优劣和保额高低，双方都按约定的比例承担责任，无选择机会，盈利共享，损失共担。这种方式的优点是手续简便，节省人力和费用；其主要缺点是缺乏弹性，不能均衡风险。对分出公司来说，质量好的业务不能多承担自留额，质量较差的不能多分出业务。保额小的合同，分出公司有能力多承担责任，但要按固定比例分出，分出公司不能多自留；保额大的合同，分保后自留额绝对数也大，如超出公司承担能力也没办法解决。因此，在成数再保险的基础上，分出人往往还需要采取其他分保形式来分散风险。

(二) 溢额再保险

溢额再保险是指分出人以保险金额为基础，规定每个风险单位的一定额度作为自留额,并将超过自留额即溢额的部分转给接受人。接受人按照所承担的溢额占总保险金额的比例收取分保费,分担赔偿款。

自留额是分出公司的责任限额,保险公司确定自留额的时候主要考虑三个因素。

(1) 保险公司自身的财务状况。资本金越多,保险基金越雄厚,自留额就可以越大。

(2) 承保业务的质量。发生损失的风险越大,自留额就应越小。

(3) 保险人的经营水平。保险人经营技术水平越高,对保险标的物的情况掌握越充分,经验越丰富,就越能合理确定自留额。

分出人对自留额以内的保险责任不分保,而对超过自留额的责任进行分保。溢额再保险的接受人不是无限度地接受分出人的溢额责任,通常以自留额的一定倍数即"线"数为限。例如,某溢额再保险合同规定自留额为100万元,分保额为5线,即接受人的限额为500万元。

因为普通溢额合同往往不能满足大额或巨额保险业务的需要,分出人通常会根据业务发展的需要,在原有溢额基础上设置多层次溢额。也就是说,对于超出普通溢额合同分保限额的保险业务,分出人会安排第二溢额,甚至第三溢额合同作为补充,以增强自己的承保能力,满足保险市场的需要。第一溢额是指保险金额超出分出人自留额的部分,第二溢额是指保险金额超出分出人自留额及第一溢额合同中各再保险人责任总额的部分,以此类推。

例如,假设一溢额再保险合同约定,自留额为100万元,第一溢额合同限额为5线,第二溢额合同限额为10线。现有四笔业务,其有关责任、保费和赔款的计算如表9-2所示。

表9-2 溢额再保险安排

万元

	保险业务	业务A (50万元)	业务B (500万元)	业务C (800万元)	业务D (2000万元)
总额	总保额				
	总保费	0.5	5	8	20
	总赔款	5	20	50	100
自留部分	保额	50	100	100	100
	比例	100%	20%	12.5%	5%
	保费	0.5	1	1	1
	赔款	5	4	6.25	5
第一溢额	分保额	0	400	500	500
	分保比例	0	80%	62.5%	25%
	分保费	0	4	5	5
	分摊赔款	0	16	31.25	25
第二溢额	分保额	0	0	200	1000
	分保比例	0	0	25%	50%
	分保费	0	0	2	10
	分摊赔款	0	0	12.5	50
其他					400

在表9-2中,业务D的保险金额为2000万元,超过合同的最高限额1600万元,超过的400万元由分出人自己承担或另行安排再保险,相应的20%保费与赔款也一并转移。

溢额再保险的优点是分散风险的功能更加突出,适用范围更加广泛,适用于业务质量优劣不齐、保额高低不匀的业务;其缺点是在编制分保账单和统计分析方面比较烦琐。

(三) 成数溢额混合再保险

这种混合再保险将成数再保险和溢额再保险组织在一份合同里,以成数再保险的限额作为溢额再保险的起点,再确定溢额再保险的限额,实际上是保险人在溢额分保合同自留额的基础上又以成数分保方式安排了再保险。它可以弥补上述两种方式单独运行的不足,取长补短,既解决成数分保保费过多的问题,又达到溢额分保项下保费的相对平衡,对于缔约双方均有利。

成数溢额混合再保险并无一定的形式,可视分出人的具体情况而定。

例如,有一份成数溢额混合再保险合同约定,成数分保最高限额为100万元,分出比例为60%,溢额合同限额为5线。现有三笔业务,其有关责任的计算如表9-3所示。

表9-3 成数溢额混合再保险安排

万元

保险金额	成数分保金额			溢额分保金额	其他
	保额	自留40%	分保60%		
80	80	32	48	0	
150	100	40	60	50	
800	100	40	60	500	200

二、非比例再保险

非比例再保险以损失为基础来确定再保险合同双方当事人的责任,又称为损失再保险或超过损失再保险。它是指分出人和接受人相互订立保险合同,以赔款金额作为基础分担原保险责任的一种再保险方式,即先规定分出人自己负担的赔款额,将超过这一额度的赔款分保出去,接受人只对超过部分的责任负责,故又称为第二风险再保险,以表示责任的先后。保费由双方协商,没有分保佣金和盈余佣金。非比例再保险可分为险位超赔再保险、事故超赔再保险和赔付率超赔再保险,其中,险位超赔再保险和事故超赔再保险合起来称为超额赔款再保险。

(一) 险位超赔再保险

险位超赔再保险以每一风险单位所发生的赔款来计算自负责任额和再保险责任额。

假如总赔款不超过自负责任额,全部损失由分出人赔付;假如总赔款额超出自负责任额,超出部分由接受人赔付,接受人承担的责任额一般也有一定的限额。责任计算的基础是每一个风险单位。

例如,现有一份超过50万元以后的100万元的火险险位超赔分保合同,在一次事故中有三个风险单位遭受损失，各需赔款40万元、100万元、200万元，则赔款分担情况如表9-4所示。

表9-4 险位超赔再保险安排

万元

风险单位	发生赔款	分出人承担赔款	接受人承担赔款	其他
1	40	40	0	0
2	100	50	50	0
3	200	50	100	50
合计	340	140	150	50(由分出公司处理)

(二) 事故超赔再保险

事故超赔再保险以一次巨灾事故的赔款总和来计算自负责任额和再保险责任额，对一次事故中受损风险单位数量没有限制，是以一次事故中受损的全部风险单位所导致的总赔款为基础。分出人的责任总是控制在一定范围内，其余赔款由接受人承担，主要保证分出人在遭受巨灾风险时不会受到太大的冲击，接受人也有责任限额。责任计算的关键在于一次事故的划分。

例如，有一份超过100万元以后的200万元的事故超赔再保险合同，在一次事故中有三个风险单位遭受损失，各需赔款40万元、100万元、200万元，总计340万元，则分出人承担100万元，接受人承担200万元，剩下的40万元由分出人处理。

(三) 赔付率超赔再保险

赔付率超赔再保险是按年度赔付率来计算自负责任额和再保险责任额的一种再保险。赔付率是指赔款与保费的比率，当某一年度赔付率超过一定标准时由再保险公司针对超出的部分负责至某一赔付率或金额。采用这种方式，正确、恰当地规定分出人的自留责任赔付率和接受人分保责任的赔付率是关键。

例如，有一份赔付率超赔再保险合同，合同约定赔付率超过75%的部分由接受人承担直至115%。假设分出人当年已赚保费为1000万元，已决赔款为700万元，赔付率为70%，则全部由分出人承担；若已决赔款为900万元，赔付率为90%，则分出人承担75%，即750万元，接受人承担150万元；若已决赔款为1200万元，赔付率为120%，超过接受人的最高限额115%，则接受人承担400万元[计算方法为：1000×(115%-75%)=400]，其余由分出人承担。

第三节 再保险市场

一、再保险市场的特点

市场是商品买方和卖方交换商品的场所，再保险市场则是买卖再保险的场所。和一般市场一样,再保险市场可以是买卖双方面对面的有形市场,也可以是买卖双方用其他形式联系的无形市场。由于再保险是一种特殊的商品,再保险市场也是一种具有特殊因素的市场。

首先,再保险市场具有国际性,再保险业务通过国际保险市场趋向国际化。世界上不少国家特别是发展中国家,在保险技术、承保能力方面,需要依赖国际保险市场。这种联系大多数都是通过分保形式实现的。随着跨国再保险公司的发展,它们在许多国家的重要城市设立分支机构或代理机构,吸收当地保险人的再保险业务,逐渐形成了国际保险中心和国际再保险市场。

其次,再保险市场是由再保险买方和卖方以及再保险经纪人组成的。保险人是再保险业务的买方,将自己承保的业务分出给再保险人。作为再保险业务的卖方,再保险人向保险人承担一部分风险。作为国际再保险市场的中间人,再保险经纪人一方面为分出人安排业务,另一方面向再保险接受人介绍业务。在有些市场,由保险人和再保险人直接交易。在另一些市场,双方则通过经纪人安排国际再保险业务,尤其是伦敦市场,大部分再保险业务由经纪人代理。伦敦劳合社经营再保险,其业务全部由经纪人安排。

最后,由于广泛经营各类再保险业务,再保险市场积聚了大量保险资金,对分散巨大风险有充分的保障。同时,再保险市场也集中了各方面的技术力量,对促进原保险人改进经营管理、向原保险人提供技术协助都起到了积极的作用。

二、再保险市场的组织形式

再保险市场的组织形式大体有如下几种。

(一) 一般保险公司

一般保险公司即经营直接保险业务的保险人。在当今国际保险市场上,许多经营直接保险业务的保险人往往兼营再保险业务,以自己的分出业务与同业交换再保险。许多保险人的再保险部门逐步发展壮大,单独成立办理再保险业务的子公司,进入再保险市场。

(二) 专业再保险公司

专业再保险公司也称为再保险公司,专门经营再保险业务,它对接受的再保险业务,除自留外,向外转分一部分,因此它是再保险市场上的主要供给方之一。这类公司既可直接与客户建立业务联系,也可通过再保险经纪人与客户建立间接的业务联系。专业再保险公司可在业务承接、赔款处理和人员培训等方面为客户提供技术上的帮助。当今世界上具有影响力的国际性再保险公司有德国慕尼黑再保险公司、瑞士再保险公司、美国通用保险公司、英国商业和通用再保险公司等。

(三) 再保险集团

再保险集团是由几个或多个保险人或再保险人为集中承保能力建立的集团。参加者将某种业务的全部或部分提供给集团,由集团在会员公司之间重新分配限额,统一办理再保险,旨在增进会员公司之间的承保能力和自留力量,争取有利的再保险条件,增加吸收分入业务数量。参加再保险集团的保险人,一般既是分出人,又是接受人。这些公司将本身承保的全部业务,除自留额外的全部溢额,或规定的一部分,交给集团,由集团规定总的自留额,各成员公司在集团自留额内认占份额。这样,集团的会员公司之间互相交换各自承保的业务。

(四) 再保险经纪人

通过再保险经纪人发展再保险业务是再保险市场的主要形式之一。直接保险人同时经营再保险业务,即使委托国内外代表或分支机构进行联系,再保险活动范围也总是有限的。这些代表和机构缺少再保险方面的专业技术和经验。因此,需要依靠和利用经纪人接受再保险业务,或分出保险业务。

再保险经纪人在再保险市场上的主要作用:一是提供信息,从分出人和接受人两个角度分析研究市场,保证双方对有关情况基本明了后再签订再保险合同;二是洽谈双方的分保条件,一般由经纪人起草合同文件,然后由双方核准签字;三是及时向分出人提供业务账单进行结算。

(五) 再保险代理人

再保险代理人与再保险经纪人性质不同,它可以是一个人或者是一个组织,代理一个或者若干个保险人接受再保险业务。委托代理人时,一般要以书面形式指定接受的最高金额。代理人根据委托书的授权范围,代理限额以内的各种业务;若超过限额,须征得委托人同意后方能接受。

再保险代理人的主要任务:在授权范围内,以自己的独立意志,与再保险分出人联系,办理再保险的有关事宜和手续,由委托人支付一定的劳务报酬,即代理费。

再保险代理人的具体职责:一是代表委托人核保、签订再保险合同;二是将原保险合同的一部分安排再保险;三是收集保费、投资基金及保持准备金;四是处理、给付赔款。

与再保险经纪人一样,再保险代理人也不负责代理业务的最终经营结果。因此,委托人需要慎重选择代理人。直接承保人通常应与代理人签订合同,明确各方的权利和义务;而代理行为所产生的权利和义务,直接由委托人承担。代理人和经纪人的主要区别是经纪人一般不办理分保手续,但可为分出人和再保险接受人传达文件及代理结算账务。

(六) 伦敦劳合社承保组合和美国纽约保险交易所

劳合社是保险风险的最大承担者,大多数风险都可在劳合社投保,它也是世界闻名的国际保险市场。劳合社承保组合经营的业务比较复杂,既有世界各地的直接业务,也有它所接受的再保险业务。劳合社承保组合是国际再保险市场较为特殊的买方,同时也是再保险市场上重要的卖方,其私人承保组合保费收入的大部分来源于再保险费收入。

美国的保险费收入在世界各国中排首位,由于风险承担能力所限,一些保险公司将相当部分业务分保给伦敦劳合社和其他国际性再保险公司。为了在世界保险市场上与劳合社抗衡,美国于1980年正式成立纽约保险交易所。这标志着美国拥有了把承保人和经纪人聚在一起的保险中心市场。纽约保险交易所的经营方式类似劳合社,其大部分业务是再保险,由于承保人的人数少,在世界保险市场上的声誉远不及劳合社。

三、国外再保险市场

(一) 伦敦再保险市场

英国保险市场是世界上独一无二的双轨市场,它由两个市场构成:一个是以劳合社为代表的由个人承保商组成的保险市场;另一个是由保险公司组成的保险市场,称为公司市场。英国的承保技术在国际上具有权威性,许多保险条款为世界各国所仿效,许多新的险种都源于英国。因此,伦敦再保险市场是随着伦敦作为国际保险中心发展起来的,无论是劳合社组合还是英国保险公司,在办理国际性业务方面都具有悠久的历史,为伦敦市场再保险业务的办理提供了丰富的经验和大量的专业人才。另外,伦敦作为国际金融中心的地位也促进了伦敦再保险市场的发展。在伦敦再保险市场上,再保险的卖方主要是劳合社和经营直接业务的保险公司,而不是专业再保险人。英国的再保险业务有50%是由劳合社承保的。劳合社每年高额保费收入的一半来自再保险业务。由于历史的原因,伦敦再保险市场的水险业务占再保险业务很大比重。同时,该市场也是世界再保险市场提供巨灾风险保障的中心,已形成伦敦超赔分保市场,专门为诸如地震、洪水等巨灾性损失提供全面、稳妥的保障。此外,该市场还为意外险、责任险等承担分保责任。

(二) 美国再保险市场

美国保险市场相当发达,在当今世界保险市场中处于举足轻重的地位。美国再保险市场也是较为重要的世界再保险市场之一。美国专业再保险人的规模在世界上名列前茅,一般都与分出人直接联系。当然,再保险经纪人在再保险市场上也起着重要的作用,负责安排美国国内业务的分出。

美国再保险市场的主要特点是再保险业务主要来源于国内。为减少向国外流出保费,近年来,美国以其雄厚的经济实力,在国内建立保险交易所,组织吸收大量溢额险业务,减少分保费外流。与此同时,美国许多再保险人和经营直接业务的公司在世界其他再保险中心设立机构,凭借其强大的资金实力,向其他国家渗透。美国在国际保险市场上的发展十分迅速。

(三) 欧洲大陆再保险市场

由于世界最大的专业再保险公司——慕尼黑再保险公司和瑞士再保险公司等分属德

国、瑞士等国,欧洲大陆再保险市场在国际上影响很大。德国是欧洲大陆最大的再保险中心,其再保险市场在很大程度上是由专业再保险公司控制的,直接在保险公司办理再保险的业务量很有限。慕尼黑再保险公司立足于强大的国内保险市场,再保险业务主要源于德国境内的保险业务。近年来,它将经营范围扩展到国际上并成为重要的国际性再保险公司。与德国再保险市场一样,在瑞士再保险市场上,也是专业再保险公司占统治地位。世界第二大再保险公司——瑞士再保险公司设在苏黎世的总部和它在世界各地的分支机构,在全世界范围内开展业务,具有国际性。

欧洲大陆再保险市场上的主要专业再保险人经常向世界各地派出代表,通过与分出人直接接洽获得业务。一些规模不大的专业再保险人则通过经纪人接受业务,以降低业务招揽成本。

(四)日本再保险市场

日本国内再保险集团通过向本国非寿险公司提供再保险业务,使日本国内几乎所有的公司都经营再保险业务,从而在日本国内形成较为完整的再保险市场。在此基础上,日本国内主要保险人通过与海外保险人交换业务,逐步吸收国际再保险业务,使业务范围逐步向国际化发展,不限于以本国业务为主。日本再保险市场承接国际业务的能力相当可观,东京已成为国际再保险中心之一。

四、中国再保险市场

再保险市场是完善的社会主义市场经济体系的重要组成部分,以科学发展观为指导,保险业要实现可持续发展,就要求再保险市场协调发展。当前,我国国民经济的持续稳定增长极大地带动了保险市场的繁荣,同时人民生活水平不断提高,由温饱型迈向小康型,因而对保险保障的需求也日益增长,需要分保的业务量越来越大,保险市场对再保险的需求日益强烈。现在,我国再保险业的监管环境得到了改善,监管水平不断提高。在市场环境方面,随着偿付能力监管的实施以及一些保险公司股份制改造和上市监管的要求,保险公司的风险意识不断增强,再保险需求得到极大提高。我国的保险深度和保险密度仍有很大的提升空间,这不仅为直接保险的发展带来巨大潜力,也为再保险发展提供了的巨大动力。我国加入世界贸易组织(WTO)后,再保险业对外开放,对加快形成再保险市场竞争格局,提高我国再保险业总体水平和竞争力,具有重要的历史意义。随着我国保险业的逐渐发展,国际合作会越来越密切。因此,我国有着极为广阔的再保险市场需求。

一个完善的再保险市场,要有一定数量的保险实体,其中包括分出公司、中介公司和分入公司,形成适度竞争的格局。我国再保险主体缺乏,虽然已有数十家保险公司、若干家中介公司和中国再保险公司以及多家兼营再保险业务的直接保险公司,且这些公司设有自己的再保险部门,但是经营分出、分入业务非常少,还未形成一个竞争性的再保险市场。因此，要增强分保意识，增强承保能力，提高服务水平，培养专业人才，增加竞争主体，着力于提高我国再保险业的整体竞争力，大力开展国际分出、分入业务。同时，加大直接保险公司的再保险业务经营力度，开办再保险经纪公司。总之，再保险的发展应该坚持市场化取向，建立多层次、适应经济体制要求的再保险市场。

知识拓展

地震巨灾保险制度在我国落地

从保险的角度来看，巨灾可以概括为自然灾害(如地震、洪水和飓风)、人为灾祸(如苏联的切尔诺贝利核电站事故、印度的博帕尔毒气泄漏事故)或因社会经济发展(如美国的石棉案)所导致的对保险公司的巨额索赔累积。巨灾保险是巨灾风险管理的重要市场化手段，完善的巨灾保险制度的建立需要借助政府与市场的合力，发挥原保险、再保险和资本市场的共同作用。

为贯彻落实中共十八届三中全会精神和《国务院关于加快发展现代保险服务业的若干意见》(国发〔2014〕29号，2016年5月17日，保监会、财政部印发了《建立城乡居民住宅地震巨灾保险制度实施方案》，以地震巨灾保险为突破口，探索建立专项巨灾保险制度。该制度坚持"政府推动、市场运作、保障民生"的原则。政府要为地震巨灾保险制度的建立和稳定运行营造良好的制度环境、法律环境和政策环境，筹划顶层设计，制定地震巨灾保险制度框架体系，研究相关立法，制定支持政策。商业保险公司要发挥在风险管理、专业技术、服务能力和营业网点等方面的优势，为地震巨灾保险提供承保理赔服务，利用保险产品的价格调节作用，通过风险定价和差别费率，引导社会提高建筑物抗震质量，运用国内外再保险市场和资本市场，有效分散风险。该制度采取"整合承保能力、准备金逐年滚存、损失合理分层"的运行模式。2015年4月，45家财产保险公司根据"自愿参与、风险共担"的原则发起成立住宅地震共同体。住宅地震共同体可以整合保险行业承保能力，搭建住宅地震共同体业务平台，开发标准化地震巨灾保险产品，建立统一的承保理赔服务标准，共同应对地震灾害，集中管理灾害信息等。对于地震造成的城乡居民住宅损失，将按照"风险共担、分级负担"的原则分担。损失分层方案设定总体限额，由投保人、保险公司、再保险公司、地震巨灾保险专项准备金、财政支持等构成分担主体。

从2016年7月1日起，城乡居民住宅地震巨灾保险产品全面销售，这标志着我国城乡居民住宅地震巨灾保险制度正式落地。

资料来源：中国银行保险报[EB/OL]. http://xw.cbimc.cn.

练一练

一、单项选择题

1. 共同保险与再保险虽然都具有分散风险的功能,但是两者之间存在明显的不同。就风险的分摊方式看,再保险是( )。
   A. 风险的第一次分摊　　　　B. 风险的直接分摊
   C. 风险的第二次分摊　　　　D. 风险的横向分摊

2. 再保险合同在性质上属于( )。
   A. 定值保险合同　　　　　　B. 给付保险合同
   C. 责任保险合同　　　　　　D. 强制保险合同

3. 保险标的发生一次灾害事故可能造成的最大损失范围称为( )。
   A. 损失范围　　　　　　　　B. 风险单位
   C. 保险责任　　　　　　　　D. 可保范围

4. 计算基础不同决定了再保险的种类不同,以保险金额为计算基础的分保属于( )。
   A. 险位超赔再保险　　　　　B. 事故超赔再保险
   C. 非比例再保险　　　　　　D. 比例再保险

5. 再保险合同的保险标的是( )。
   A. 原保险人承担的保险责任
   B. 原保险的保险费
   C. 原保险的保险标的
   D. 原投保人投保的不同于原保险标的的新保险标的

6. 再保险合同的性质是( )。
   A. 补偿性　　　　　　　　　B. 给付性
   C. 单方面性　　　　　　　　D. 附和性

7. 分出公司以保险金额为基础,规定每一个风险单位的一定额度作为自留额,并将超过自留额的部分分给分入公司的再保险,称为( )。
   A. 成数分保　　　　　　　　B. 溢额分保
   C. 险位超赔分保　　　　　　D. 事故超赔分保

8. 合同分保的安排与临时分保的安排相比,优点是( )。
   A. 最初协商简便　　　　　　B. 简单、省时、省费用
   C. 时间性很强　　　　　　　D. 栏目较少

二、多项选择题

1. 下列说法中，正确的有(　　)。
   A. 原保险合同的当事人是投保人和保险人
   B. 再保险合同的当事人均为保险人，一方是原保险人，另一方是再保险人
   C. 再保险合同是在原保险合同基础上产生的，没有原保险合同，就不可能有再保险合同
   D. 除法定再保险合同外，是否分保、分出多少是由原保险人根据自己的资产和经营状况自主决定的

2. 下列说法中，正确的有(　　)。
   A. 再保险人与投保人和被保险人不发生任何业务关系，再保险人无权向投保人收取保险费
   B. 被保险人对再保险人没有索赔权
   C. 原保险人不得以再保险人不履行赔偿义务为借口拒绝或延迟履行其对被保险人的赔偿或给付义务
   D. 原保险人在决定分保时，通常根据有关法律、条例以及自身的承保能力确定自留额，然后将自留额以上的部分进行分保

3. 按分保安排方式划分，再保险可以分为(　　)。
   A. 临时再保险　　　　　　　　B. 固定再保险
   C. 合同再保险　　　　　　　　D. 预约再保险

4. 下列选项中，(　　)属于非比例再保险。
   A. 溢额再保险　　　　　　　　B. 险位超赔再保险
   C. 事故超赔再保险　　　　　　D. 赔付率超赔再保险

5. 下列选项中，关于共同保险与再保险的关系，说法正确的有(　　)。
   A. 共同保险是对风险的第一次分摊，再保险是对风险的第二次分摊
   B. 共同保险与再保险反映的保险关系不同
   C. 共同保险是对风险的纵向转移，再保险是对风险的横向转移
   D. 共同保险是对风险的横向转移，再保险是对风险的纵向转移

三、简答题

1. 简述再保险和原保险的区别。
2. 简述再保险的作用。

四、计算题

1. 在某一险位超赔再保险合同中，分出公司自留额是400万元，分入公司负责500万元的赔款。如果一风险单位发生1000万元的赔款，分出公司应该承担的赔款是多少？

2. 现有一份60%的船舶成数再保险合同，规定合同的最高限额为1000万元，假定某

船保额为1200万元,费率为1%,发生赔款100万元,则分出人、接受人的保费和赔款各应为多少?

五、案例分析题

某企业为避免发生巨大经济损失,为价值2亿元的机器设备向甲保险公司投保为期一年的火灾保险,保险金额为2亿元。甲保险公司承保后,将其承担的保险责任的40%向乙保险公司投保。该企业办完投保手续后,于同年又将该机器设备向丙保险公司投保了为期一年的火灾保险,保险金额为2亿元。丙保险公司承保后,将其承担的保险责任的20%向丁保险公司投保。在这些保险合同的共同保险期间,该企业因职工操作不当发生火灾,于是该企业向保险公司索赔。

请问:
(1) 该企业应向哪家保险公司索赔?
(2) 本案中保险公司应如何理赔?

参考文献

[1] 魏华林，林宝清. 保险学[M]. 北京：高等教育出版社，2017.
[2] 胡少勇. 保险理论与实务精讲精练[M]. 北京：机械工业出版社，2016.
[3] 魏丽，李朝锋. 保险学[M]. 大连：东北财经大学出版社，2011.
[4] 孙祁祥. 保险学[M]. 北京：北京大学出版社，2009.
[5] 刘波，刘璐. 保险学[M]. 大连：东北财经大学出版社，2012.
[6] 徐文虎，陈冬梅. 保险学[M]. 北京：北京大学出版社，2008.
[7] 王贞琼. 保险学[M]. 北京：经济科学出版社，2010.
[8] 张洪涛. 财产保险案例分析[M]. 北京：中国人民大学出版社，2006.
[9] 张洪涛. 人身保险案例分析[M]. 北京：中国人民大学出版社，2006.
[10] 孙蓉，兰虹. 保险学原理[M]. 成都：西南财经大学出版社，2006.
[11] 兰虹. 保险学基础[M]. 成都：西南财经大学出版社，2005.
[12] 魏玲，雷佑新. 保险基础[M]. 北京：高等教育出版社，2009.
[13] 王海艳，郭振华. 保险学[M]. 北京：机械工业出版社，2011.
[14] 吴定富. 保险原理与实务[M]. 北京：中国财政经济出版社，2005.
[15] 陈欣. 保险法[M]. 北京：北京大学出版社，2010.
[16] 常敏. 保险法学[M]. 北京：法律出版社，2012.
[17] 董彪. 保险法判例新解[M]. 北京：社会科学文献出版社，2011.
[18] 樊启荣. 保险法[M]. 北京：北京大学出版社，2011.
[19] 冯芳怡. 保险法案例教程[M]. 北京：中国金融出版社，2011.
[20] 郝演苏. 财产保险[M]. 北京：中国金融出版社，2002.
[21] 贾林青，朱铭来，罗健. 保险法[M]. 北京：中国人民大学出版社，2015.
[22] 张海棠. 保险合同纠纷[M]. 北京：法律出版社，2010.